Umberto Pappalardo

POMPEJI
LEBEN AM VULKAN

Aus dem Italienischen von Agnes Allroggen-Bedel

Zaberns Bildbände
zur Archäologie

Sonderbände der
ANTIKEN WELT

Umberto Pappalardo

POMPEJI
LEBEN AM VULKAN

168 Seiten mit 98 Farb- und 17 Schwarzweißabbildungen

Umschlag vorne:

Pompeji, Blick auf das Forum;
Interfoto/ATV
Tanzender Satyr aus der Casa del Fauno,
Pompeji, 1. Jh. n. Chr.; akg/Erich Lessing

Seiten 2/3:

Straßenkreuzung mit Brunnen in der Regio IV,3
in Pompeji (vgl. Abb. 19)

Seiten 8/9:

Stabianer Thermen (Regio VII, 1,8) Frigidarium,
Ostwand

Umschlag hinten:

Amphitheater (vgl. Abb. 81)
Fries in der Mysterienvilla (vgl. Abb. 62a)
Blick über Pompeji (vgl. Abb. 106)

Weitere Publikationen finden Sie unter:
www.zabern.de

Gestaltung:

Konstanze Engelbach
dreivorzwölf marketing GmbH, Mainz

Herstellungsbetreuung:

Ilka Schmidt
Verlag Philipp von Zabern, Mainz

Übersetzung:

Agnes Allroggen-Bedel, Bad Ems

Übersetzung der Bildlegenden:

Cornelius Hartz, Hamburg

Lektorat:

Cornelius Hartz, Hamburg

Redaktion:

Stephanie Müller und Annette Nünnerich-Asmus,
Verlag Philipp von Zabern, Mainz

Bibliografische Information der Deutschen Nationalbibliothek

Die Deutsche Nationalbibliothek verzeichnet diese Publikation in der Deutschen Nationalbibliografie; detaillierte bibliografische Daten sind im Internet über <http://dnb.d-nb.de> abrufbar.

© 2010 Verlag Philipp von Zabern, Mainz am Rhein
ISBN 978-3-8053-4240-7

Alle Rechte, insbesondere das der Übersetzung in fremde Sprachen, vorbehalten. Ohne ausdrückliche Genehmigung des Verlages ist es auch nicht gestattet, dieses Buch oder Teile daraus auf photomechanischem Wege (Photokopie, Mikrokopie) zu vervielfältigen oder unter Verwendung elektronischer Systeme zu verarbeiten und zu verbreiten.
Printed on fade resistant and archival quality paper
(PH 7 neutral) • tcf

Graciela, Carlotta und Stefano –
dieses Buch ist für euch

Inhalt

Vorwort	10
«Baut eure Städte an den Vesuv!»: im Schatten des Vulkans	12
Vulkane und Mythen	12
Der Vesuv – Daten und Fakten	12
Leben am Fuße des Vesuvs	16
Osker, Etrusker, Samniten und Römer: die Geschichte Pompejis	19
Vorgeschichtliche Spuren	19
Etrusker und Samniten	20
Romanisierung	21
Die Stadt in der Kaiserzeit	24
Das Erdbeben von 62 n. Chr.	25
Der Vulkanausbruch von 79 n. Chr.	26
Wiederentdeckung und Ausgrabung	29
Zerstörung im Namen des Königs	30
Neue Techniken und Methoden	32
Pompeji vom 20. Jahrhundert bis heute	34
Von Mozart bis Clinton: berühmte Besucher	37
Die Infrastruktur Pompejis	40
Straßen und Verkehr	44
Die öffentlichen Bauten und ihre Funktionen	45
Das Forum	47
Die Curia	50
Die Basilica	50
Wirtschaft und Gesellschaft	53
Finanzpolitik	55
Leben im Luxus: die Privathäuser in Pompeji	58
Provinznest oder «paradiesische Stadt»?	59
Schöner Wohnen à la Pompeji: die Wohnhäuser	61
Das «Haus des Fauns»	64
Möblierung, Beleuchtung und Heizung	68
Die pompejanische Malerei: Technik und Stile	70
Das «Haus der Vettier», das «Haus der Julia Felix» und die pompejanischen Gärten	74
Das «Haus mit den vergoldeten Amoretten»	78
Das «Haus des Loreius Tiburtinus»	80
Wein, Brot und schicke Kleidung: Handel und Gewerbe in Pompeji	82
Edle Tropfen: Weinproduktion	82
Die «Mysterienvilla»	82
Die «Villa della Pisanella» in Boscoreale	83
Die «Villa Regina» in Boscoreale	86
Täglich Brot: das Bäckerhandwerk	86
Die «Bäckerei des Sotericus»	87
Haselmäuse in Honig: die römische Küche	88
Die Garküche an der Via dell'Abbondanza	90
Spinner, Walker, Färber: die Textilindustrie	91
Patronin der Textilindustrie: Eumachia	91

Die «Werkstatt des Verecundus»	93
Aus alt mach neu: Walkereien	93

Gesundheit, Hygiene und die Kunst, das Wasser zu nutzen — 97

Medizin im alten Rom — 97
Der Asklepios-Tempel — 98
Das «Haus des Arztes» — 98

Wasserversorgung und Brunnen — 99
Das Wasserreservoir — 99

Bäder, Gladiatoren und Bordelle: Freizeitgestaltung in Pompeji — 100

Badekultur und Thermen — 100
Die Stabianer Thermen — 101

Bordelle und Erotik — 103

Theater, Odeion und Theaterleben — 105

Amphitheater, Palästra und Gladiatorenkämpfe — 110

Unter dem Schutz der Götter: Leben im Diesseits und Jenseits — 118

Religion in Pompeji — 118

Die Tempelbauten — 121
Der Dorische Tempel — 121
Das Capitolium — 124
Der Apollo-Tempel — 126

Die orientalischen Kulte — 128
Der Isis-Tempel — 129

Kaiserkult und augusteische Ideologie — 131

Christen und Juden — 134

Grabarchitektur und Totenkult — 135
Das Grab des Gaius Vestorius Priscus vor der Porta Vesuvio — 140

Konservierung einer zerstörten Stadt — 141

Moderne Grabungs- und Restaurierungstechniken — 143

Das Weiterleben Pompejis nach 79 n. Chr. — 145

Anhang — 147

Glossar — 150

Im Text erwähnte Häuser mit Ortsbezeichnung — 152

Chronologie der Stadtgeschichte — 154

Chronologie der Grabungsgeschichte — 158

Literatur — 160

Bildnachweis — 167

Anmerkungen — 168

Welches Wunder begibt sich? Wir flehten um trinkbare Quellen,
  Erde, dich an und was sendet dein Schooß uns herauf!
Lebt es im Abgrund auch? Wohnt unter der Lava verborgen
  Noch ein neues Geschlecht? Kehrt das entflohne zurück?
Griechen, Römer, o kommt! o seht, das alte Pompeji
  Findet sich wieder, aufs neu bauet sich Hercules' Stadt.
Giebel an Giebel steigt, der räumige Portikus öffnet
  Seine Hallen, o eilt, ihn zu beleben, herbei!
Aufgethan ist das weite Theater, es stürze durch seine,
  Sieben Mündungen sich flutend die Menge herein.
Mimen, wo bleibt ihr? Hervor! Das bereitete Opfer vollende
  Atreus' Sohn, dem Orest folge der grausende Chor!
Wohin führet der Bogen des Siegs? Erkennt ihr das Forum?
  Was für Gestalten sind das auf dem curulischen Stuhl?
Traget, Lictoren, die Beile heran! Den Sessel besteige
  Richtend der Prätor, der Zeug' trete, der Kläger vor ihn.
Reinliche Gassen breiten sich aus, mit erhöhetem Pflaster
  Ziehet der schmälere Weg neben den Häusern sich hin.
Schützend springen die Dächer hervor, die zierlichen Zimmer
  Reihn um den einsamen Hof heimlich und traulich sich her.
Oeffnet die Läden geschwind und die lange verschütteten Thüren!
  In die schaudrigte Nacht falle der lustige Tag!
Siehe, wie rings um den Rand die netten Bänke sich dehnen,
  Wie von buntem Gestein schimmernd das Estrich sich hebt!
Frisch noch erglänzt die Wand von heiter brennenden Farben.
  Wo ist der Künstler? Er warf eben den Pinsel hinweg.
Schwellender Früchte voll und lieblich geordneter Blumen
  Fasset der muntre Feston reizende Bildungen ein.
Mit beladenem Korb schlüpft hier ein Amor vorüber,
  Emsige Genien dort keltern den purpurnen Wein;
Hoch auf springt die Bacchantin im Tanz, dort ruhet sie schlummernd,
  Und der lauschende Faun hat sich nicht satt noch gesehn.
Flüchtig tummelt sie hier den raschen Centauren, auf einem
  Knie nur schwebend, und treibt frisch mit dem Thyrsus ihn an.
Knaben! was säumt ihr? Herbei! da stehn noch die schönen Geschirre
  Frisch, ihr Mädchen, und schöpft in den etrurischen Krug!
Steht nicht der Dreifuss hier auf schön geflügelten Sphinxen?
  Schüret das Feuer! Geschwind, Sklaven! Bestellet den Herd
Kauft, hier geb' ich euch Münzen, vom mächtigen Titus geprägt;
  Auch noch die Waage liegt hier, sehet, es fehlt kein Gewicht
Stecket das brennende Licht auf den zierlich gebildeten Leuchter,
  Und mit glänzendem Oel fülle die Lampe sich an!
Was verwahret dies Kästchen? O seht, was der Bräutigam sendet,
  Mädchen! Spangen von Gold, glänzende Pasten zum Schmuck!
Führet die Braut in das duftende Bad, hier stehn noch die Salben,
  Schminke find ich noch hier in dem gehöhlten Krystall.
Aber wo bleiben die Männer? die Alten? Im ernsten Museum
  Liegt noch ein köstlicher Schatz seltener Rollen gehäuft
Griffel findet ihr hier zum Schreiben, wächserne Tafeln;
  Nichts ist verloren, getreu hat es die Erde bewahrt.
Auch die Penaten, sie stellen sich ein, es finden sich alle
  Götter wieder; warum bleiben die Priester nur aus?
Den Caduceus schwingt der zierlich geschenkelte Hermes,
  Und die Victoria fliegt leicht aus der haltenden Hand.
Die Altäre, sie stehen noch da, o kommet, o zündet –
  Lang' schon entbehrte der Gott – zündet die Opfer ihm an!

Friedrich Schiller, Pompeji und Herkulaneum, 1797

Vorwort

Seit 1748, als die Ausgrabungen in Pompeji begannen, werden unter dem Lavagestein immer wieder großartige Funde hervorgeholt, die auch heute noch die gesamte Welt faszinieren. Die Stadt wurde zu einem wesentlichen Kapitel in der Geschichte der westlichen Kultur: Ihr Schicksal erinnert daran, wie glanzvoll, wie vergänglich aber auch das Leben sein kann – besonders an den Hängen eines Vulkans. Das erklärt, weshalb jedes Jahr über 2 Millionen Besucher hierherkommen und weshalb sich an manchen Tagen bis zu 25.000 Menschen in der Stadt drängen, etwa so viele wie in der Antike.

Pompeji hat allen etwas zu sagen. Die Bedeutung der Stadt liegt einerseits in ihrem dramatischen Schicksal, andererseits in der Fülle und dem Wert der dort überlieferten Gegenstände und nicht zuletzt in der Möglichkeit, die antiken Monumente hier innerhalb einer Stadt und damit in ihrem ursprünglichen Zusammenhang zu sehen. Ein dicht besiedelter Ort, in dem der Vesuvausbruch von 79 n. Chr. alles versiegelt hat, von den edelsten bis zu den schlichtesten Zeugnissen, und der daher wie eine zweitausend Jahre alte Momentaufnahme erscheint.

Dies alles galt schon für die ersten Jahrzehnte nach Beginn der Ausgrabungen. So schreibt Goethe in seiner «Italienischen Reise» am 13. März 1787: «Es ist viel Unheil in der Welt geschehen, aber wenig, das den Nachkommen so viel Freude gemacht hätte» (s. S. 36). Friedrich Schiller war zwar nie in Pompeji – er kannte die Stadt nur von den Zeichnungen, die Goethe ihm besorgte; trotzdem scheint ihm kein Detail entgangen zu sein, wie sein Gedicht «Pompeji und Herkulaneum» (S. 9) beweist.

Für Altertumswissenschaftler ist Pompeji unverzichtbarer Bestandteil ihrer Ausbildung. Während man die Welt der Antike sonst meist nur in Teilbereichen kennenlernt, aus den oft rätselhaften griechischen und römischen Schriftquellen oder aufgrund oft bruchstückhafter und schwer verständlicher Ruinen, erscheint sie in Pompeji in ihrer ganzen schlichten und ursprünglichen Komplexität. Unsere fragmentarischen Kenntnisse der römischen Zivilisation, die wir den großartigen Monumenten in Rom und in hunderten anderer, meist nur wie Ruinenfelder wirkender antiker Städte in Europa, Nordafrika und im Nahen Osten verdanken, fügen sich in Pompeji zu einem Gesamtbild von Politik, Wirtschaft und Institutionen zusammen.

Danken möchte ich Annette Nünnerich-Asmus, die immer an dieses Buch geglaubt und es durch Kritik und Anregungen bereichert hat. Den Soprintendenten Stefano De Caro (Neapel) und Pier Giovanni Guzzo (Pompeij) sowie den Direktoren Antonio D'Ambrosio und Antonio Varone danke ich für Ihre Großzügigkeit. Nicht zuletzt danke ich meinen Mitarbeitern Mario Grimaldi, Ivan Varriale und vor allem Rosaria Ciardiello, die auch bei dieser Gelegenheit bereit waren, den Stress, aber auch die Befriedigung des Archäologenlebens mit mir zu teilen.

Umberto Pappalardo
im April 2010

Abb. 1
Eine Mänade foltert einen Kentauren. Dieses Fresko aus der «Villa des Cicero» befindet sich, wie viele Funde aus Pompeji und Herculaneum, heute im Museo Archeologico Nazionale, Neapel (Inv.-Nr. 9133).

«Baut eure Städte an den Vesuv!»: im Schatten des Vulkans

Vulkane und Mythen

Für den griechischen Geographen Strabo lag der Ursprung der ältesten, häufig mit dem Jenseits verbundenen Mythen in der vulkanischen Natur der Phlegräischen Felder und der Gegend um den Vesuv. Die vielen heißen Quellen wurden mit den Flüssen im Totenreich, dem Periphlegeton und dem Kokytos, in Verbindung gebracht; man lokalisierte den Hades beim Lago d'Averno und identifizierte den achärontischen Sumpf mit dem Lago di Lucrino.

Häufig sind solche Mythen Ausdruck des Konflikts zwischen Mensch und Vulkan. So vermutete man unter der Insel Ischia den Körper des Typhon, eines Titanen, der gegen die Götter rebelliert hatte und dessen verwesender Körper nun Feuer und Schwefel ausströmte. Bei einem Vulkanausbruch im 5. Jh. v. Chr. war Ischia zerstört und danach verlassen worden. Ihre ersten Bewohner sollen die Kimmerer gewesen sein, die unter der Erde wohnten und in deren Inneren Metall abbauten.

An den Küsten lebten die Lästrygonen, gigantische Ungeheuer, die das Schiff des Odysseus mit Steinen bewarfen. Seit dem Sieg der Olympischen Götter über die Giganten wurden sie hier gefangen gehalten. Im Versuch, sich zu befreien, schleuderten sie Steinbrocken gegen den Himmel und ließen so die Erde erbeben.

Der Vesuv – Daten und Fakten

Der 1281 m hohe Vesuv (Abb. 2) hat eine Grundfläche von etwa 10 x 8 km. Der elliptisch geformte Krater misst etwa 550 x 650 m und ist 330 m tief. Die Magmakammer dürfte in einer Tiefe von 5 km liegen.

Als er im Jahre 79 n. Chr. ausbrach, reichte die Rauchsäule zwischen 15 und 30 km in den Himmel und verbreitete sich bis zum 70 km entfernt liegenden Agropoli (südlich von Salerno). Das ausgestoßene Material bedeckte eine Fläche von 3 km^2. Höhe und Art der Verschüttung variierten je nach Entfernung zum Krater: In den weiter entfernten Orten «regnete» es Gestein und Asche, während die am nächsten gelegenen Ortschaften von herabströmendem Material verschüttet wurden. Pompeji, das etwa 12 km vom Krater entfernt liegt, wurde unter einer etwa 5 m hohen Schicht aus Asche, Lavabrocken und Lapilli begraben, das nur 7 km vom Krater entfernte Herculaneum liegt dagegen unter einer 20 m hohen Tuffsteinschicht.

Der Vulkan selbst hat zwei Gipfel: einen jüngeren, den Vesuv, und einen älteren, den Monte Somma, Rest des antiken Kraters. Untersuchungen in einer Tiefe von bis zu 1345 m deuten auf ein Alter von mindestens 300.000 Jahren hin. Als er noch aktiv war, war der Monte Somma wahrscheinlich höher als heute. Der früheste nachweisbare Ausbruch scheint vor 25.000 Jahren stattgefunden zu haben; seine letzte aktive Periode dauerte von 1631 bis 1944, mit mindestens 19 bedeutenden Ausbrüchen in einem Abstand von durchschnittlich 16 Jahren.

Eruptionen wie diejenigen des Vesuvs, die sich bei jeder neue Aktivität mit einer katastrophalen Explosion ankündigen, bezeichnet man als «plinianisch» (Abb. 3), nach der Beschreibung des Ausbruchs 79 n. Chr. in den Briefen Plinius' des Jüngeren, bei der dessen Onkel ums Leben kam (s. S. 26). Trotz allem ist aus römischer Zeit der Kult eines Iuppiter Vesuvius inschriftlich bezeugt – ein Zeichen dafür, dass der Vulkan als heiliger Berg galt.

Abb. 3
Schematische Darstellung einer
plinianischen Eruption

1 Aschewolke
2 Vulkanschlot
3 Ascheregen

4 Asche-/Lavaschichten
5 Gesteinsschichten
6 Magmakammer

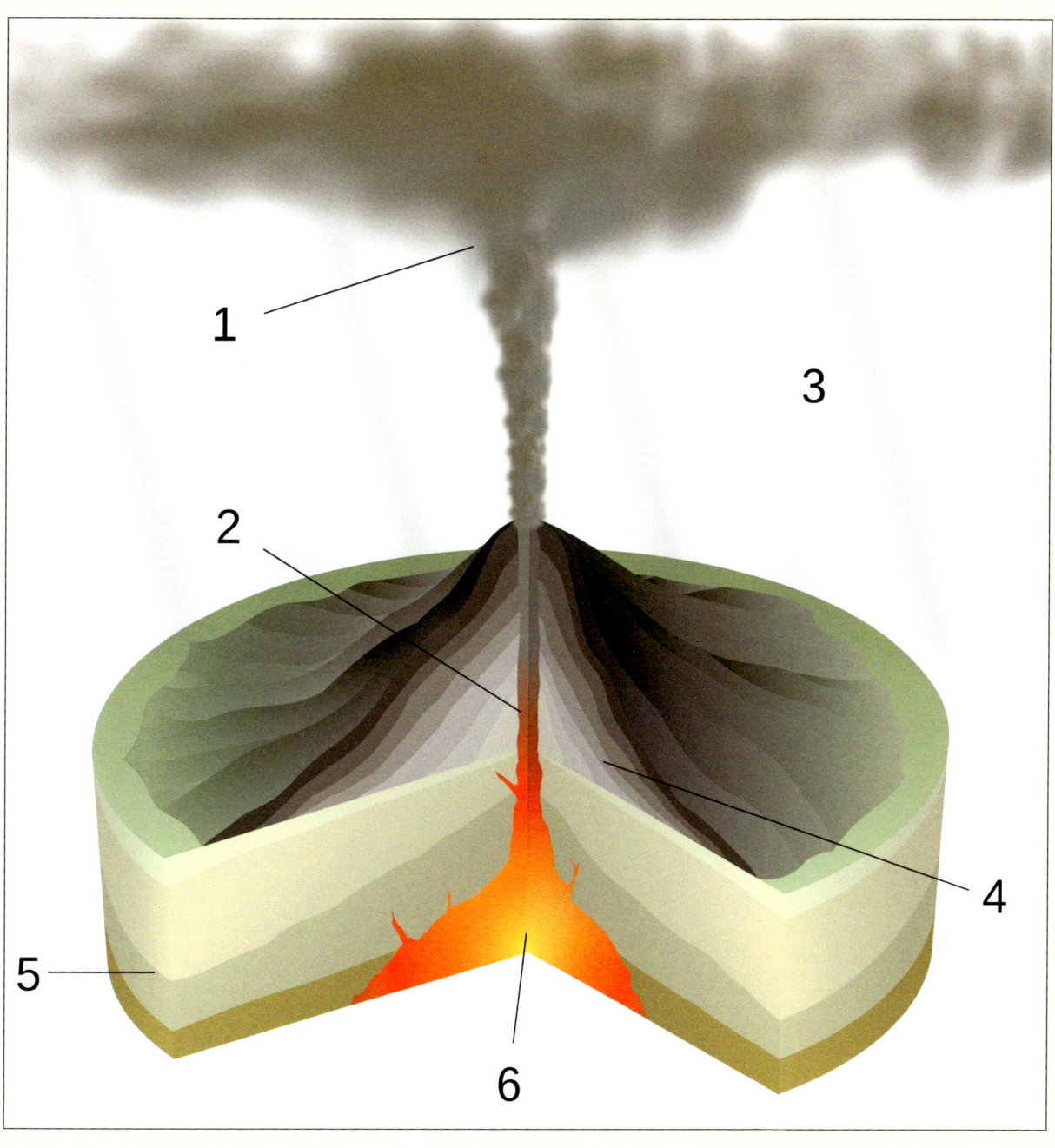

Abb. 2
Blick auf den Vesuv.

Leben am Fuße des Vesuvs

Schon in der Antike waren sich die Menschen bewusst, am Golf von Neapel, mit dem Vesuv auf der einen und dem Meer auf der anderen Seite, eines der eindrucksvollsten Szenarien des Mittelmeeres vor sich zu haben. Dies beweisen die Zeugnisse der antiken Schriftsteller, aber auch die zahllosen zwischen Misenum und der Spitze der Sorrentinischen Halbinsel erbauten Villen reicher Römer. Dabei zeigt die Geschichte, dass diese Region – die Phlegräischen Felder und die Gegend um den Vesuv – immer von Erdbeben und Vulkan-Ausbrüchen bedroht war, und zwar sowohl vor als auch nach dem großen Ausbruch von 79 n. Chr. Um 1880–1680 v. Chr. zerstörte ein Vulkan-Ausbruch, dessen Eruptionswolke auf das heutige Avellino zutrieb und daher «Pomici di Avellino» genannt wird, ein Dorf und eine Nekropole der Mittleren Bronzezeit in der heutigen Ortschaft Sant'Abbondio bei Pompeji. Zwei weitere als A und B bezeichnete Ausbrüche ereigneten sich zwischen dem 10. und 8. Jh. v. Chr.

Es folgten immerhin etwa neun ruhige Jahrhunderte bis zur Katastrophe von 79 n. Chr. Danach brach der Vesuv noch rund zwei Dutzend Mal aus, unter anderem in den Jahren 472, 1139, 1631, 1794, 1872 und 1906. Der letzte Ausbruch fand 1944 statt (Abb. 4) – seitdem «schläft» der Vulkan, wie man sagt.

Auch im letzten Jahrhundert haben allein die Erdbeben in Kampanien hunderte von Toten und Schäden in Millionenhöhe gefordert. Trotzdem war die Region immer dicht besiedelt: In römischer Zeit lebten in Pompeji mindestens 20.000, in Herculaneum

Abb. 4
Am 18. März 1944, mitten im Zweiten Weltkrieg, brach der Vesuv zum letzten Mal aus. Glücklicherweise trat aus dem Krater nur Rauch hervor, die Katastrophe blieb aus.

16 | «Baut eure Städte an den Vesuv!»: im Schatten des Vulkans

mindestens 10.000 Menschen, und in Neapel und Puteoli (dem heutigen Pozzuoli) dürfte die Einwohnerzahl damals das Zehnfache betragen haben. Heute wohnen in dieser Region etwa drei Millionen Menschen, wobei mit dem Bevölkerungswachstum und der Konzentration von Wirtschaftsgütern (Industrie, Wohnungen) auch das Risiko ständig steigt. Obwohl die Vulkanologen den nächsten großen Ausbruch für die kommenden 30 bis 300 Jahre vorausgesagt haben, lebt und baut man hier weiter. Nietzsches provokante Aufforderung: «Baut eure Städte an den Vesuv!»[1], mit der er seine Landsleute auffordern wollte, ein weniger durchgeplantes Leben zu führen, würde heute makaber erscheinen.

Warum wurden und werden die Menschen von einer so gefährlichen Gegend angezogen? Die Antwort ist einfach: aufgrund ihrer natürlichen Ressourcen. Ein Vulkan bringt Tod und Zerstörung, aber er bedeutet auch eine unerschöpfliche Quelle des Reichtums für viele Generationen: mineralienreiche und daher ungewöhnlich fruchtbare Böden, die bis zu fünf Ernten im Jahr erlauben, eine unglaubliche Vielfalt an Baumaterialien, zahlreiche Wasserläufe, viele davon thermomineralisch, und schließlich eine wunderschöne Landschaft, wie sie nur in vulkanischen Gegenden so vielfältig ausgeprägt vorkommt.

Dies alles drückten die Römer mit einem einfachen Begriff aus: *Campania felix*. «Glückliches Kampanien» – es war der Schriftsteller Gaius Plinius Secundus, bekannt als Plinius der Ältere (23–79 n. Chr.), der diesen Begriff prägte: «Hier liegt das glückliche Kampanien ... Nacheinander besaßen es die Osker, die Griechen, die Umbrer, die Etrusker und die Kampaner ... An der Küste liegt Neapel, das von den Chalkidikern gegründet und nach dem Grab einer Sirene «Parthenope» genannt wurde, außerdem Herculaneum, und nahe am Vesuv Pompeji, das vom Sarno umflossen wird, hier liegen die Ländereien von Nuceria und 900 Schritte vom Meer entfernt die Stadt Nuceria selbst, außerdem Sorrent mit dem Vorgebirge der Minerva, einst Sitz der Sirenen» (NH 3, 60/62).

Plinius erwähnt in seiner «Naturgeschichte» zahlreiche Orte an der Küste zwischen den Phlegräischen Feldern und dem Vesuv oder zwischen Cuma und der Sorrentinischen Halbinsel. In augusteischer Zeit, also nur wenig früher, beschreibt der Geograph Strabo (etwa 64 v. Chr. bis 23 n. Chr.) die Bucht, wobei auch er die dichte Besiedelung hervorhebt: «Der gesamte Golf ist mit Städten, Gebäuden, Gärten und Äckern durchsetzt, die so ineinander übergehen, dass sie das Bild einer einzigen großen Stadt ergeben ... Darüber ragt der Vesuv, der mit Ausnahme des Gipfels vollständig mit schönen Gärten bedeckt ist» (Geogr. 5, 4, 8). Vergil und Strabo preisen das Land um den Vesuv wegen der Fruchtbarkeit, Pompejis Zwiebeln und Wein waren berühmt (s. S. 82).

Nicht zu vergessen ist der Überfluss an Baumaterialien, die man dem Vulkan verdankte: Tuff, Lava und schließlich die Pozzolan-Erde (*pulvis puteolanus*). Mit Kalk gemischt, behielt dieser vulkanische Sand seine Festigkeit auch im Meerwasser – eine Art hydraulischer Zement, der den Römern den Bau ihrer großartigen Hafenanlagen ermöglichte. Cato erwähnt Pompeji und Nola als Märkte für Ölpressen. Außerdem war die Gegend um den Vesuv wahrscheinlich eines der größten Zentren für die Produktion und den Export von Getreidemühlen, die aus dem sog. «Lava-Schaum» gefertigt wurden.

Zu betonen ist auch die Bedeutung des Wassers als unersetzliche Ressource für das Leben des Menschen. In Kampanien gibt es zahlreiche Wasserläufe, von denen viele Thermalwasser führen. Da die wasserundurchlässige vulkanische Asche das Versickern verhindert, sind einige Flüsse sogar schiffbar.

Im Vorgriff auf moderne Zeiten wussten die Römer diese Ressourcen zu ihrem Vorteil zu nutzen. Ein gewisser Gaius Sergius Orata in Baiae erfand ein System zum Bau von Bädern, die er über der austretenden heißen Luft und den heißen Quellen anlegen ließ, aber auch von Warmwasser-Becken (*balineae pensiles*), die er für die Zucht von Muränen und kostbaren Fischen nutzte.

Ein gewisser Marcus Crassus Frugi richtete in Torre Annunziata kostenpflichtige Thermen ein, die über gemischten Quellen mit thermisch-mineralischem Wasser liegen und noch heute in Funktion sind. Auch Plinius erwähnt ihn: Frugi hatte in Pozzuoli eine künstliche Insel errichten lassen, um eine im Meer entspringende Quelle mit heißem Wasser nutzen zu können.

Der gesamte Wohlstand der Region hing mit ihrer vulkanischen Natur zusammen. Die vom Vesuv erzeugte Fruchtbarkeit, die Lage am Meer, das milde Klima und vor allem die vielen Wasserläufe schufen ein Ökosystem, das die Besiedelung besonders begünstigte und zu der extremen Siedlungsdichte führte, die den Golf seit der Antike bis heute charakterisiert. Schon 1879 schrieb Julius Beloch: «Denken wir uns den Kegel des Vesuvs als nicht vorhanden, und die landschaftliche Physiognomie des Golfs von Neapel wird bis zur Unkenntlichkeit verändert.»[2]

Der verschwundene Hafen

Heute liegt Pompeji etwa einen Kilometer vom Meer entfernt. Dass die Stadt in der Antike einen Hafen besaß, bezeugen die antiken Schriftquellen, einige Malereien (Abb. 5) und Graffiti sowie das in Pompeji gefundene seemännische Gerät.

Columella spricht von einer natürlichen Bucht, einem Meeressumpf, der von den Salinen des Herkules an der Küste bis ins Land hinein reichte und die Westhänge des Stadtfelsens berührte: «*dulcis Pompeia palus vicina salinis Herculeis*» («der süße pompejanische Sumpf neben den Salinen des Herkules»; rust. 10, 135–136).

Dass der Hafen heute nicht mehr zu sehen ist, liegt am Ausbruch von 79 n. Chr., der die Küstenlinie verschob und den etwa 800 m von der heutigen Küste entfernten Hafen verschüttete. Dank geologischer Bohrungen und archäologischer Zeugnisse konnte er jedoch sicher lokalisiert und damit ein wichtiges Element der antiken Wirtschaftsgeschichte der Stadt und ihrer Umgebung zurückgewonnen werden. Der Hafen von Pompeji lag an der Stelle der heutigen Ortschaft Bottari, an der Mündung des Sarno gegenüber dem Scoglio di Rovigliano, einem in der Antike als «*petra Herculis*» («Felsen des Herkules») bezeichneten Inselchen, wo schon im 19. Jh. Mauerreste und Amphoren gefunden wurden. An der Flussmündung befanden sich zwei schmale, als Anlegestellen genutzte Einbuchtungen.

Wie der Hafen aussah, lässt sich nicht mehr feststellen. Wahrscheinlich handelte es sich um einen einfachen Lagunen- und Fluss-Hafen, viel bescheidener als der monumentale Hafen von Pozzuoli, den Sueton beschreibt und den man in einem berühmten Gemälde aus Stabiae erkennen wollte.

Das Interesse der Forschung am Hafen von Pompeji hält an. Immer wieder erscheinen eindrucksvolle Rekonstruktionen, die ihn vor der Porta Marina oder zwischen den Getreidemagazinen und den Sarno-Thermen ansiedeln, wo bisher jedoch nur Ackerland zum Vorschein kam.

Abb. 5
Ein Schiff mit Venus, der Schutzherrin Pompejis, am Steuerruder, gefunden im Haus I 13, 10 in Pompeji. Es befindet sich heute im Antiquarium in Boscoreale (Inv.-Nr. 20697).

Osker, Etrusker, Samniten und Römer: die Geschichte Pompejis

Der Ursprung des Namens «Pompeji» ist unbekannt. In den vergangenen Jahrzehnten vermuteten Sprachwissenschaftler, er entstamme der Wurzel des griechischen *pémpe* («fünf»), da die Stadt aus dem Zusammenschluss (Synoikismos) von fünf Dörfern entstanden sein soll; vermutlich ist dies eine Anlehnung an den Mythos von der Sieben Hügel-Stadt Rom. Andere erwogen die Herleitung vom griechischen *pompé* («Prozessionszug»), als Anspielung auf die Prozession, die bei den Oskern dem Stadtgründungsritual voranging. Heute wagt sich die Sprachwissenschaft nicht mehr auf dieses unsichere Feld der Etymologie, sondern beschränkt sich auf die Feststellung, dass «Pompeji» der alte oskische Name der Stadt ist, dessen adjektivische Form *pumpaiian-* sich in zahlreichen offiziellen Inschriften aus vorrömischer Zeit erhalten hat.

Diese italische Form wird später im offiziellen Namen der römischen Kolonie latinisiert als *Colonia Cornelia Veneria Pompeianorum*.

Vorgeschichtliche Spuren

Die reichen natürlichen Ressourcen veranlassten schon in vorgeschichtlicher Zeit die Menschen, sich hier anzusiedeln. Damals umfasste das Plateau von Pompeji – eine ungefähr 66 Hektar große, von einem vorgeschichtlichen Lavastrom gebildete Hochebene – einige Dörfer, die zwischen das Ende der Steinzeit und den Beginn der frühen Bronzezeit (3. bis 2. Jt. v. Chr.) zu datieren sind. Bei Schichtengrabungen gefundene Materialien bezeugen eine Besiedlung während der Bronze- und der Eisenzeit.

Eine neuere, erstmals systematisch durchgeführte Grabung im Ortsteil Sant'Abbondio hat außerhalb der Hochebene, innerhalb der modernen Stadt Pompeji, sogar eine Nekropole aus der Bronzezeit ans Licht gebracht, die um das 16. Jh. v. Chr. zu datieren ist.

Die Einführung der Schrift gilt im Allgemeinen als Trennlinie zwischen Vorgeschichte und Geschichte. Die Entdeckungen in Pompeji fügen sich in unser Bild von der Vorgeschichte Kampaniens: Für die geschichtliche Zeit bereichern sie mit den Zeugnissen der etruskischen und der samnitischen Epoche unser Bild von der Geschichte Italiens. Für die Zeit nach Gründung der römischen Kolonie ergänzen sie unser Bild von der römischen Kultur, indem Pompeji weit mehr Informationen über das Alltagsleben liefert als Rom selbst.

Für das Verständnis der antiken Welt ist Pompeji unverzichtbar; zu Beginn des 20. Jhs. richtete man in Neapel sogar einen Lehrstuhl für «pompejanische Archäologie» ein. In der Nachkriegszeit geriet die «Pompejanistik» jedoch in eine Sackgasse: Man erforschte Pompeji losgelöst von der übrigen antiken Welt.

Einige Forscher, vor allem Jean Andreau, sprachen ironisch von «pompejanischem Provinzialismus». Dieser Situation versuchte man vor allem in den letzten 20 Jahren entgegenzuwirken, indem man die internationale Zusammenarbeit mit den angesehensten Universitäten der Welt verstärkte, um die Erforschung des Alltagslebens und der römischen Geschichte wieder miteinander zu verknüpfen.

Etrusker und Samniten

Der Geograph Strabo fasste in augusteischer Zeit die historische Entwicklung der Region so zusammen: «Die Osker besetzten Herculaneum und das benachbarte Pompeji, an dem der Sarno vorbeifließt; danach folgten nacheinander die Etrusker, die Pelasger und die Samniten, die schließlich (von den Römern) verjagt wurden» (5, 4, 8).

Zwischen dem Ende des 7. und dem Anfang des 6. Jhs. v. Chr. (als die Griechen seit fast eineinhalb Jahrhunderten auf Ischia siedelten und den gesamten Golf von Neapel beherrschten, während die Etrusker das Hinterland von Capua bis Pontecagnano (bei Salerno) kontrollierten) zog sich eine im Sarnotal beheimatete, zur sog. Fossa-Gräber-Kultur gehörende Gruppe auf den Hügel von Pompeji zurück. Der Vesuv war ruhig, die Erde fruchtbar, von dem etwa 30 m hohen Plateau aus konnte man sich gut verteidigen, und in unmittelbarer Nähe der Sarnomündung profitierte man außerdem vom Hafen und dem Handel mit den Stämmen im Binnenland.

Zu Beginn des 6. Jhs. befestigten die Einwohner das gesamte Plateau mit einem Mauerring aus Lavablöcken, die aus dem Hügel gebrochen waren («Pappamonte-Tuff»). Die Siedlung entwickelte sich im westlichen Bereich auf einer kleinen Fläche von etwa 9,3 Hektar, um das belebte Apollo-Heiligtum herum. Dort wurden bei Ausgrabungen korinthische und attische Keramik und sogar Bucchero mit etruskischen Inschriften gefunden. Die strategische Bedeutung der neuen Siedlung, die am Meer lag und den Fluss kontrollierte, lässt annehmen, dass politische und wirtschaftliche Interessen zu ihrer Gründung führten. Möglicherweise waren die Etrusker aus Nola, die ebenfalls Handel mit dem kampanischen Hinterland trieben, an der Vorherrschaft über die Stadt interessiert – eben wegen ihrer Lage.

Noch im 6. Jh. weihten die Griechen auf dem damals am Rand der Siedlung gelegenen «Forum Triangolare» («Dreieckiges Forum») der Athene (röm. Minerva) und dem Herakles (röm. Herkules) einen dorischen Tempel (s. S. 121). Zwischen dem Ende des 6. und dem Anfang des 5. Jhs. wurden die aus Lavagestein, dem Pappamonte-Tuff, errichteten Mauern durch einen Mauerring aus Sarno-Kalk ersetzt – möglicherweise ein Zeichen dafür, dass die 525 und nochmals 474 v. Chr. durch die Cumaner und die Syrakusaner gebrochene Herrschaft der Etrusker zu Ende ging. Ende des 5. Jhs. v. Chr. drangen die Samniten, eine kriegerische Volksgruppe aus den Bergen Hirpinias und Samniums, in die kampanische Ebene ein und eroberten auch Pompeji. Die Inschriften in oskischer Sprache bezeugen für Pompeji eine typisch samnitische Organisationsstruktur: mit dem *meddix* als höchstem Verwaltungsbeamten, dem ein *aidilis* (Ädil) und ein *kvaistur* (Quästor) zur Seite standen. Im Laufe des 4. Jhs. wurde die Stadt völlig neu aufgebaut, erweitert und städtebaulich neu geordnet.

Da Pompeji in den Krieg zwischen Samniten und Römern (343–290 v. Chr.) verwickelt war, errichtete man eine neue Befestigungsanlage (Abb. 6). 310 v. Chr. unternahm die römische Flotte einen Kriegszug entlang der Küste. Livius berichtet über den Samnitischen Krieg: «Zur gleichen Zeit landete die römische Flotte unter Publius Cornelius, dem der Senat das Kommando über die Küste übertragen hatte, in Pompeji und Kampanien. Die Seeleute und die Händler machten sich an die Plünderung von Nuceria und seinem Umland. Nicht zufrieden damit, dort zu rauben, von wo aus sie leicht zu den Schiffen zurückkehren konnten, drangen sie, angelockt von leichter Beute, weiter ins Landesinnere vor und provozierten die Feinde» (9, 38,2).

Im Verlauf des Zweiten Punischen Kriegs (218–201 v. Chr.), als Hannibal sechzehn Jahre lang Italien mit Feuer und Schwert bekämpfte, schlug sich Pompeji wahrscheinlich wie andere italische Städte auf die Seite des Angreifers aus Karthago. Man errichtete eine neue Mauer aus grauem Nocera-Tuff und verstärkte die ältere Kalkstein-Mauer.

Am Ende des Krieges siegte Rom und zwang Pompeji – wie viele andere Städten in Kampanien – sich mit Rom zu verbünden. Die Stadt befand sich damit im römischen Einflussbereich. Seitdem erweiterte man das bewohnte Gebiet über den archaischen Kern hinaus; in der Regio VI und in den östlichen Bereichen des Plateaus wurden Häuser aus Sarno-Kalk gebaut.

Als Rom im Laufe des 2. Jhs. v. Chr. zur absoluten Macht im Mittelmeer aufgestiegen war, beschränkte es die Autonomie der Stadt immer mehr. Der neue Reichtum – nicht nur ein Ergebnis der Kriegsbeute, sondern auch der militärischen Besetzung und der damit verbundenen Öffnung der Märkte des Ostens – zeigte jedoch auch in Pompeji seine Wirkung. Die samnitische

Oberschicht orientierte sich an der griechischen Kunst und Kultur, so dass die Stadt allmählich griechischen Charakter annahm.

Ein eindrucksvolles öffentliches Bauprogramm wurde auf den Weg gebracht. Am Forum errichtete man auf dem Gelände des alten archaischen Heiligtums einen neuen, dem Apollo geweihten Tempel. Unmittelbar am Forum selbst wurde der Jupiter-Tempel erbaut, an der Südwestecke des Forums die Basilica. Der Reichtum der Stadt zeigt sich jedoch vor allem bei den Privatbauten: prächtige Häuser mit ausgedehnten Gärten wie das «Haus des Fauns» (VI 12, 2–5), das «Haus der Silberhochzeit» (V 2, 2), das «Haus des Labyrinths» (VI 11, 9) oder das «Haus des Obellius Firmus» (IX 14, 2–4). Für die künstlerische Gestaltung dieser samnitischen Wohnhäuser wurde die in Magna Graecia (Süditalien und Sizilien) verbreitete gemeinsame Bildsprache übernommen. So sind beispielsweise die Portale des «Hauses des Stiers» (V 2 h) und des «Hauses mit den Figuralkapitellen» (VII 4, 57) mit korinthischen Kapitellen aus Tuff geschmückt, die mit Stuck überzogen sind und dionysische Motive zeigen.

Romanisierung

Zu Beginn des 1. Jhs. v. Chr. forderten die italischen Bundesgenossen das römische Bürgerrecht, da ihre Rechte in keinem Verhältnis zu den ihnen aufgebürdeten Pflichten standen. Ihre Forderungen wurden zurückgewiesen, woraufhin sie sich auflehnten und den sog. «Bundesgenossenkrieg» auslösten, an dem sich auch Pompeji beteiligte.

In der Folge wurde die Stadt 89 v. Chr. von römischen Truppen unter dem Kommando des Diktators Lucius Cornelius Sulla erobert. 80 v. Chr. ließ Sulla durch seinen Neffen Publius eine Kolonie von Veteranen mit ihren Familien ansiedeln. Die Stadt verlor ihre Autonomie als italisches *municipium* und wurde offiziell in *«Colonia Cornelia Veneria Pompeianorum»* umbenannt, was den neuen juristischen Status als Kolonie bezeichnet, verbunden mit dem Familiennamen des Diktators und dem Namen seiner Schutzgöttin, Venus.

Damit begann ein rascher Prozess der Romanisierung. Die Stadt übernahm in kürzester Zeit die politische Organisation, die Sprache, die Kulte und die Gewohnheiten der Römer. Die Kolonisatoren zogen die politische Macht an sich: das Lateinische ersetzte die oskische Sprache, die römische Verwaltung die samnitische. Die Mitglieder der alten einheimischen Oligarchie wurden für Jahrzehnte von allen Ämtern ausgeschlossen.

Zur neuen Führungsschicht in der Kolonie gehörten beispielsweise die großzügigen Erbauer des Amphitheaters und des Odeions, Marcus Porcius und Gaius Quinctius Valgus, die in einer Reihe von Inschriften erwähnt werden. Auch Cicero kannte Quinctius als reichen Landbesitzer in Hirpinia und Gefolgsmann Sullas.

Die Romanisierung fand auch ihren städtebaulichen Ausdruck. Das stattliche öffentliche Bauprogramm, mit dem die Samniten vor dem Krieg gegen Rom begonnen hatten, wurde von der neuen herrschenden Klasse zu Prestige- und Propagandazwecken wieder aufgenommen.

Man errichtete das Amphitheater, das Odeion und die Thermen am Forum, man vollendete die Arbeiten im Theater-Viertel und baute den Jupiter-Tempel für den römischen Kult der kapitolinischen Trias um. Der römische Charakter der Stadt verrät sich auch in Einzelheiten: Beispielsweise erscheint anstelle des italisch-korinthischen Kapitells das einige Jahrzehnte zuvor von griechischen Baumeistern in Rom eingeführte korinthische Kapitell.

Auch die Landschaft veränderte sich: Überall entstanden landwirtschaftliche Anwesen und Villen für die Sommerfrische, und die Nekropole vor der Stadt füllte sich mit Grabbauten, die dort für die Familien der neuen kolonialen Oberschicht errichtet wurden.

Befestigungsanlage nahe der Porta Nocera. (Detail zu Abb. 6, s. nächste Seite)

Abb. 6
Ende des 4. Jhs. errichteten die Samniten im Krieg gegen die Römer auf der alten Mauer eine neue Befestigungsanlage mit Blöcken aus Sarno-Kalk, hier nahe der Porta Nocera.

Die Stadt in der Kaiserzeit

Abb. 7
Eines der Reliefs aus dem «Haus des Caecilius Iucundus», die die Auswirkungen des Erdbebens von 62 n. Chr. zeigen. Ihm kann man entnehmen, dass die Hauptrichtung der Erdstöße auf einer von Ost nach West führenden Linie verlief. Hier sieht man die einstürzende Nordseite des Forums mit dem Triumphbogen auf der linken und einer Opferszene auf der rechten Seite. Das andere Relief zeigt das noch aufrecht stehende Castellum Aquae, die einstürzende Porta Vesuvio und ein Stück Stadtmauer.

Auf Verbreitung der kaiserlichen Ideologie ausgerichtet, sollten die politischen Programme der augusteischen und julisch-claudischen Zeit den kulturellen Zusammenhalt begünstigen und alle Spuren der früheren oskischen Kultur auslöschen. Neue, mit dem Kaiserhaus verbundene Familien beherrschten die politische Szene. Eine Reihe von Bauten an der Ostseite des Forums (Macellum, Heiligtum der Lares publici, Tempel des Vespasian oder Collegium der Augustalen, «Gebäude der Eumachia») verherrlichten die kaiserliche Ideologie. In der neuen, neben dem Amphitheater erbauten Palästra trainierte die *iuventus Pompeiana*, eine von Augustus geförderte Jugendorganisation, die dort ihre Paraden abhielt. Der Bürger Marcus Tullius stellte sein Grundstück hinter dem Forum für den Bau eines Tempels der Fortuna Augusta zur Verfügung.

Marcus Holconius Rufus war vom Kaiser zum *tribunus militum a populo* (Militärkommandant durch

Hinzu kamen die Vorteile dieser zwar gefährlichen, aber auch fruchtbaren und reizvollen Region. Die kaiserliche Macht garantierte den Frieden, und die Pompejaner konnten ihre Produkte – Wein, Öl, Gemüse und eine ausgezeichnete Fischsoße, das *garum* – nun in die gesamte Welt exportieren (s. S. 82). Also ein Leben ohne größere Ereignisse von historischer Tragweite. Pompeji hatte den Status einer Provinzstadt von lediglich regionaler Bedeutung, in der sich jedoch die Ereignisse in Rom widerspiegelten. Die politische Krise in der Zeit von 40–50 n. Chr., nach der Ermordung des Kaisers Caligula (41 n. Chr.) und der Ernennung des Claudius, zeigt sich beispielsweise daran, dass Inschriften mit pompejanischen Amtspersonen fehlen.

Nero (54–68 n. Chr.) betrieb eine gegen den Senat gerichtete Politik, gestützt auf die Gunst des Volkes und des Ritterstandes (der ungefähr unserem Bürgertum entsprach). Zu diesem Zweck führte er eine

Volksentscheid) ernannt worden, obwohl er nie militärisches Kommando ausgeübt hatte. Er ließ sich an der Via dell'Abbondanza eine Statue errichten, die ihn nach dem Vorbild des Mars Ultor auf dem Augustus-Forum in Rom mit einem Panzer bekleidet zeigt. Holconius Rufus wurde in den Jahren 2–1 v. Chr. zum vierten Mal *duumvir* (einer von zwei Stadtvorstehern). Vor seinem fünften Duumvirat bekam er außerdem eine Ehrenstatue im Theater, außerdem hatte er einen ständigen Ehrenplatz im Theater.

Die Unternehmerin Eumachia baute die Portikus ihres Handelsgebäudes am Forum zu einer Galerie der *summi viri* («bedeutendsten Männer») um, ebenfalls eine Anspielung auf das Augustus-Forum in Rom. Es gab demnach eine pompejanischen Oberschicht, die sich den römischen Senatoren anglich und deren Großzügigkeit und Freigiebigkeit übernahm.

Währungsreform zugunsten des Volkes durch, indem er das Gewicht des *denarius*, der Silberwährung der bürgerlichen Mittel- und Unterschicht, reduzierte, nicht jedoch dessen Kaufkraft.

Diese verschwenderische Politik der neronischen Zeit scheint sich auch in Pompeji ausgewirkt zu haben. Das gewerbe- und handeltreibende pompejanische Bürgertum zog ganz offensichtlich Vorteile aus dieser Entwicklung; ein Haus wie das der Vettier (VI 15, 1) ist Ausdruck dieses allgemeinen Wohlstands.

Überall dekorierte man die Häuser nach der neuesten Mode. Dieser sog. Vierte Stil (vgl. Abb. 51) ist durch eine barocke, bisweilen übertriebene und vulgäre Zurschaustellung von Luxus charakterisiert. Er ist Ausdruck eines aufsteigenden neuen Bürgertums, das dem Trimalchio in C. Petronius Arbiters Roman «Satyricon» ähnelt. Petronius Arbiter war an der Verschwörung des Gaius Calpurnius Piso gegen Nero (65/66 n. Chr.) beteiligt und wurde daher wie der Philosoph Seneca zum Selbstmord gezwungen. Auch die Christenverfolgung durch den Kaiser scheint sich in der kampanischen Stadt widerzuspiegeln.

57 n. Chr. wurde im benachbarten Nuceria eine neue neronische Kolonie gegründet, für die Pompeji Ländereien abgeben musste. Zwei Jahre später, 59 n. Chr., entlud sich der Groll der Pompejaner gegen ihre neuen Nachbarn aus geringfügigem Anlass in einer blutigen Schlägerei im Amphitheater von Pompeji. Der Senat reagierte mit Vergeltung und disqualifizierte die Arena von Pompeji für gut zehn Jahre.

Das Erdbeben von 62 n. Chr.

Drei Jahre später meldete sich der Vesuv nach fast tausendjähriger Ruhe mit einem schrecklichen Erdbeben zurück (es hätte wohl etwa 6,5 Grad auf der Richter-Skala gemessen). Fast alle öffentlichen Gebäude stürzten ein, viele Menschen starben.

Zwei als Dank für die Rettung der Überlebenden geweihte Reliefs vom Lararium im «Haus des Caecilius Iucundus» (V 1, 26) sind realistische Zeugnisse der Folgen dieses Erdbebens. Sie beschreiben in volkstümlicher Weise die Auswirkungen der Katastrophe auf die Porta Vesuvio und einige öffentliche Gebäude am Forum (Abb. 7). Die überlebenden Pompejaner hatten kein Wasser, ihre Häuser waren beschädigt und wurden zur Beute von Spekulanten. Zum Glück hatten einige Familien, beispielsweise die Poppaei Sabini, Eigentümer des «Hauses des Menander» (I 10, 4), des «Hauses mit den vergoldeten Amoretten» (VI 16, 7) und vielleicht auch der Villa von Boscoreale, verwandtschaftliche Beziehungen zur Kaiserin Poppaea. Wahrscheinlich kam Nero sogar persönlich nach Pompeji, auf jeden Fall gewährte er schnell Hilfe.

Vespasian (69–79 n. Chr.), Soldat und Sohn eines im Gebiet der heutigen Schweiz tätigen Steuerbeamten, fiel die Aufgabe zu, den Staat nach Neros Misswirtschaft und Verschwendung zu sanieren. Er regelte die Beziehungen zwischen Senat und Kaiser mit einer *Lex de imperio Vespasiani*, einer Zusammenfassung aller Sonderrechte des Prinzipats, das damit zu einer übergeordneten Verwaltung wurde. Außerdem dämmte er das finanzielle Ausbluten des Staates ein, indem er neue Steuern einführte und die öffentlichen Ausgaben reduzierte.

Die veränderte wirtschaftliche Situation wirkte sich auch in Pompeji aus, wo die neuen Dekorations-Moden (der sog. «Vespasianische Vierte Stil» oder «Felderstil») eine größere Schlichtheit, Bescheidenheit und weniger überladenen Reichtum ausdrückten. Zu den Programmen für die Konsolidierung der öffentlichen Kassen gehörte auch die staatliche Rücknahme der *subseciva*, der von Privatleuten unrechtmäßig besetzten Ländereien. So wurden auch in Pompeji zahlreiche Grundstücke durch einen von Rom entsandten Präfekten enteignet; wie vier Grenzsteine mit Inschriften – an der Porta Marina, der Porta Nuceria, der Porta Vesuvio und der Porta Ercolano – bezeugen, hatte Titus Suedius Clemens als *restitutor locorum publicorum* (Kommissar für die Rückgewinnung der öffentlichen Grundstücke) die Aufgabe, das Kataster neu zu ordnen (Abb. 8).

17 Jahre nach dem Erdbeben von 62 n. Chr. wirkte die Stadt immer noch wie eine einzige große Baustelle, wobei die Arbeiten an den Privathäusern schneller vorangingen als die an den öffentlichen Gebäuden. Während viele Wohnhäuser schon wieder aufgebaut waren, scheinen das Forum, die Basilica und der Tempel der Venus anscheinend noch nicht benutzbar gewesen zu sein.

Viele vornehme Anwesen zeigen deutliche Zeichen des Niedergangs, möglicherweise aufgrund einer sozialen Umschichtung nach der Katastrophe, die einer neuen Schicht den Weg geebnet hatte: den Spekulan-

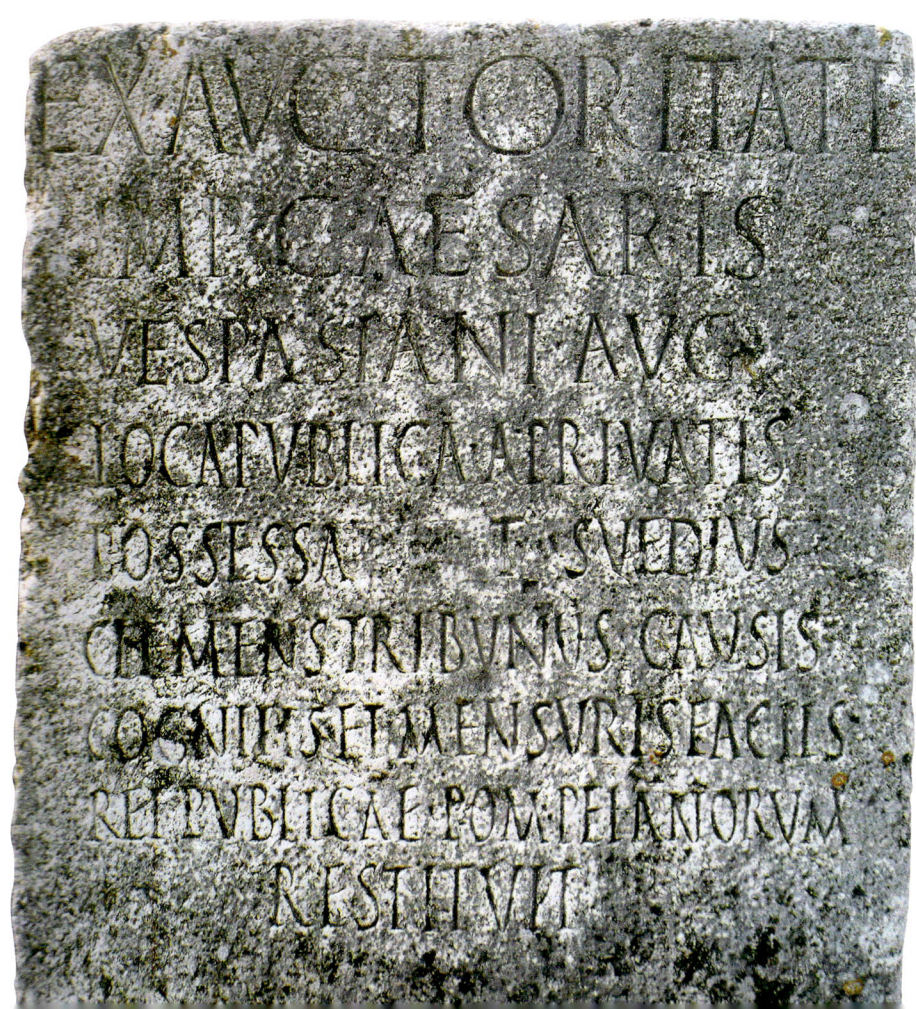

Abb. 8
Vor der Porta Ercolano gefundener Cippus, ein Grabstein, mit einer Inschrift, die Titus Suedius Clemens als *restitutor locorum publicorum* ausweist: «Auf Befehl Kaiser Vespasians hat T. Suedius Clemens den von Privatleuten in Besitz genommenen öffentlichen Grund der Bürgerschaft der Pompejaner zurückgegeben, nachdem die Fakten geklärt und Messungen veranstaltet worden sind.» (CIL X, 1018)

ten. Offensichtlich waren viele vormals Vermögende gezwungen, ihre Besitztümer zu einem lächerlichen Preis abzugeben oder zumindest zu vermieten. Überall wurde fieberhaft gearbeitet, und vielleicht hatten die Pompejaner trotz alledem allmählich ihre Ruhe wiedergefunden – da brach der Vesuv aus und begrub Pompeji zusammen mit Herculaneum und Stabiae für immer unter der Asche.

Kurz danach dichtete der neapolitanische Poet Statius (Silv. 4, 81–85): «Werden zukünftige Generationen glauben können, dass unter ihren Füßen Städte mit ihren Einwohnern begraben sind und dass die Äcker ihrer Vorfahren in einem Meer aus Feuer untergingen, wenn hier erneut Frucht wächst und diese Wüste wieder grünen wird?»

Der Vulkanausbruch von 79 n. Chr.

Am 24. August 79 n. Chr. brach der Vesuv aus, ungefähr um ein Uhr mittags. Kurz danach wurde es dunkel, dann wurde die Stadt innerhalb von vier Tagen vollständig unter einer ungefähr 5 m hohen Decke aus Asche und Bimssteinen begraben. Über die Katastrophe gibt es einen unmittelbaren Bericht: zwei Briefe an den Historiker Tacitus, die Plinius der Jüngere im Alter von 18 Jahren schrieb, um ihm über den Tod seines Onkels, des damals 56-jährigen Naturforschers Plinius des Älteren zu berichten.

Als Admiral der kaiserlichen Flotte in Misenum wollte Plinius d. Ä. seinen Freunden Rectina und Cascus in Herculaneum zu Hilfe kommen. Da die Schiffe jedoch durch das Seebeben und die vom Vulkan ins Meer geschleuderten Gesteinsbrocken behindert wurden, wich er nach Stabiae aus. Dort wollte er seinem Freund Pomponius helfen, fand jedoch selbst den Tod, vielleicht aufgrund seines Übergewichts und eines Herzleidens. Leider wissen wir nicht, wie Tacitus diesen Bericht für seine «Historiae» ausgearbeitet hat; denn obwohl noch im 9. Jh. sein gesamtes Werk in Fulda vorhanden war, ist es heute nur teilweise erhalten.

Mit ihrer rhetorischen Emphase gehören Plinius' Briefe zur literarischen Gattung des *exitus hominum illustrium* («Tod berühmter Männer») und sind in diesem Sinne zu interpretieren. Für die Geschichte, aber auch für die Vulkanologie sind sie von großer Bedeutung.

Berichte eines Augenzeugen: die Briefe Plinius' d. J.

Gaius Plinius grüßt seinen Tacitus. Du bittest mich, das Ende meines Onkels zu schildern ... Er war in Misenum und führte persönlich das Kommando über die Flotte. Am 24. August etwa um die siebente Stunde ließ meine Mutter ihm sagen, am Himmel stehe eine Wolke von ungewöhnlicher Gestalt und Größe ... Von welchem Berg sie ausging, war nicht zu erkennen (später erfuhr man, dass es der Vesuv war). Ihre Form ähnelte am ehesten einer Pinie, denn sie stieg wie ein Riesenstamm in die Höhe und verzweigte sich dann in eine Reihe von Ästen, wohl weil ein kräftiger Luftzug sie emporwirbelte und dann nachließ, so dass sie den Auftrieb verlor oder auch durch ihr Eigengewicht sich in die Breite verflüchtigte, manchmal weiß, dann wieder schmutzig und fleckig, je nachdem ob sie Erde oder Asche mit sich emporgerissen hatte.

Mein Onkel befahl, ein Boot bereitzumachen ... Beim Verlassen des Hauses erhielt er ein Briefchen von Rectina, der Frau des Cascus, die sich wegen der drohenden Gefahr ängstigte (ihre Villa lag am Fuß des Vesuvs, und nur per Schiff konnte man fliehen); sie bat, sie aus der bedenklichen Lage zu befreien ... Er ließ Vierdecker zu Wasser bringen und ging selbst an Bord, um nicht nur Rectina, sondern auch vielen anderen zu Hilfe zu kommen, denn die liebliche Küste war dicht besiedelt.

Schon fiel Asche auf die Schiffe, immer heißer und dichter, je näher sie herankamen, bald auch Bimsstein und schwarze, halbverkohlte, vom Feuer geborstene Steine; schon trat das Meer plötzlich zurück, und das Ufer wurde durch Felsbrocken vom Berg her unpassierbar. Einen Augenblick war er unschlüssig, ob er umkehren solle, dann rief er dem Steuermann, der dazu geraten hatte, zu: «Dem Mutigen hilft das Glück, halt auf Pomponianus zu!» Dieser befand sich in Stabiae, am anderen Ende des Golfs, wo sich das Meer in sanft gekrümmtem Bogen ins Land drängt. Dort hatte er, obwohl noch keine unmittelbare Gefahr bestand, aber doch sichtbar drohte und, wenn sie wuchs, unmittelbar bevorstand, sein Gepäck auf die Schiffe verladen lassen, entschlossen zu fliehen, wenn der Gegenwind sich legte. Dorthin fuhr jetzt mein Onkel mit dem für ihn günstigen Wind, schloss den Verängstigten in die Arme, tröstete ihn, redete ihm gut zu, und um dessen Angst durch seine eigene Ruhe zu beschwichtigen, ließ er sich ins Bad tragen. Nach dem Bad ging er zu Tisch, speiste seelenruhig oder – was nicht weniger großartig wäre – scheinbar seelenruhig. Inzwischen leuchteten vom Vesuv her an mehreren Stellen weite Flammenherde und hohe Feuersäulen auf, deren strahlende Helle durch die dunkle Nacht noch verstärkt wurde. Um das Grauen der anderen zu beschwichtigen, erklärte mein Onkel, Bauern hätten in der Aufregung ihre Herdfeuer brennen lassen, und nun stünden ihre unbeaufsichtigten Hütten in Flammen. Dann begab er sich zur Ruhe und schlief tatsächlich ganz fest, denn seine wegen seiner Leibesfülle ziemlich tiefen, lauten Atemzüge waren vernehmlich, wenn jemand an seiner Tür vorbeiging. Aber der Boden des Vorplatzes, von dem aus man sein Zimmer betrat, hatte sich, von einem Gemisch aus Asche und Bimsstein bedeckt, schon so weit gehoben, dass man, bliebe man noch länger in dem Gemach, nicht mehr hätte herauskommen können. So weckte man ihn denn; er trat heraus und gesellte sich wieder zu Pomponianus und den Übrigen, die die Nacht durchwacht hatten. Gemeinschaftlich berieten sie, ob sie im Hause bleiben oder sich ins Freie begeben sollten, denn infolge häufiger, starker Erdstöße wankten die Gebäude und schienen, gleichsam aus ihren Fundamenten gelöst, hin und her zu schwanken ... Sie stülpten sich Kissen über den Kopf und verschnürten sie mit Tüchern; das bot Schutz gegen den Steinschlag ...

Man beschloss, an den Strand zu gehen und sich aus der Nähe zu überzeugen, ob das Meer schon gestatte, etwas zu unternehmen. Aber es blieb immer noch rau und feindlich. Dort legte mein Onkel sich auf eine ausgebreitete Decke, verlangte hin und wieder einen Schluck kalten Wassers und trank. Dann jagten Flammen und als ihr Vorbote Schwefelgeruch die andern in die Flucht und schreckten ihn auf. Auf zwei Sklaven gestützt, erhob er sich und brach gleich tot zusammen, vermutlich weil ihm der dichtere Qualm den Atem nahm und den Schlund verschloss, der bei ihm von Natur schwach, eng und häufig entzündet war. Sobald es wieder hell wurde – es war der dritte Tag von dem an gerechnet, den er als letzten erlebt hatte –, fand man seinen Leichnam unberührt und unverletzt, zugedeckt, in den Kleidern, die er zuletzt getragen hatte, in seiner äußeren Erscheinung eher einem Schlafenden als einem Toten ähnlich ...

(Epistulae 6, 16)

Gaius Plinius grüßt seinen Tacitus ... Vorangegangen waren mehrere Tage lang nicht eben beunruhigende Erdstöße – Kampanien ist ja daran gewöhnt; in jener Nacht wurden sie aber so stark, dass man glauben musste, alles bewege sich nicht nur, sondern stehe auf dem Kopf ... Es war bereits um die erste Stunde, und der Tag kam zögernd, sozusagen schläfrig herauf ... Erst jetzt entschlossen wir uns, Misenum zu verlassen. Eine verstörte Menschenmenge schließt sich uns an, lässt sich – was bei einer Panik beinahe wie Klugheit aussieht – lieber von fremder statt von der eigenen Einsicht leiten und stößt und drängt uns in endlosem Zuge mit sich fort ... Die Wagen, die wir hatten herausbringen lassen, rollten hin und her, obwohl sie auf völlig ebenem Grund standen, und blieben nicht einmal auf demselben Fleck, wenn wir Steine unterlegten. Außerdem sahen wir, wie das Meer sich zurückzog und durch die Erdstöße gleichsam zurückgedrängt wurde. Jedenfalls war der Strand vorgerückt und hielt zahllose Seetiere auf dem trockenen Sande fest. Im Osten erschien eine schaurige, schwarze Wolke, kreuz und quer von feurigen Schlangenlinien durchzuckt, die sich in lange Flammengarben spalteten, Blitzen ähnlich, nur größer ... Schon regnete es Asche, doch zunächst nur dünn ... Im Rücken drohte dichter Qualm, der uns, sich über den Erdboden ausbreitend, wie ein Sturzbach folgte ... Kaum hatten wir uns an den Straßenrand gesetzt, da wurde es Nacht ... Man hörte Weiber heulen, Kinder jammern, Männer schreien; die einen riefen nach ihren Eltern, die anderen nach ihren Kindern, wieder andere nach ihren Männern oder Frauen und suchten sie an den Stimmen zu erkennen; ... manche flehten aus Angst vor dem Tode um den Tod, ... die letzte, ewige Nacht schien über die Welt hereingebrochen ... Dann wieder fiel Asche, dicht und schwer, die wir, immer wieder aufstehend, abschüttelten; wir wären sonst verschüttet und durch die Last erdrückt worden ...

Endlich wurde der Qualm dünner und verflüchtigte sich sozusagen zu Dampf oder Nebel. Bald wurde es richtig Tag, sogar die Sonne kam heraus, doch nur fahl wie bei einer Sonnenfinsternis. Den noch verängstigten Augen erschien alles verwandelt und mit einer hohen Ascheschicht wie mit Schnee überzogen.

Wir kehrten nach Misenum zurück, machten uns notdürftig wieder zurecht und verbrachten eine unruhige Nacht, schwankend zwischen Furcht und Hoffnung. Die Furcht überwog, denn die Erdstöße hielten an ...

(Epistulae 6, 20)

Abb. 10
Carlo di Borbone (1716–1788); man bemerke am unteren Bildrand: links die Waffen des Kriegsherren, rechts die des Archäologen. Frontispiz von «Le antichità di Ercolano esposte» (1757).

Wiederentdeckung und Ausgrabung

Nach dem Ausbruch des Vesuvs verschwand Pompeji bald aus der Erinnerung der Menschen. Die noch unausgegrabenen 40% des Stadtgebiets vermitteln noch heute ein Bild von der Zeit nach der Verschüttung bis zur Wiederentdeckung der Stadt (Abb. 9): Äcker mit einigen Ruinen dazwischen ...

Die offiziellen Ausgrabungen in Pompeji begannen 1748, zehn Jahre nach den 1738 von Carlo di Borbone (1716–1788) dem späteren spanischen König Carlos III., begonnenen Grabungen in Herculaneum (Abb. 10). Die Untersuchungen hatten anfangs eher zufälligen Charakter, sie dienten vor allem der Suche nach besonders kostbaren oder schönen Gegenständen (Abb. 11), die den borbonischen Hof und berühmte Gäste des Königreichs erfreuen und unterhalten sollten.

Die Leitung der Ausgrabungen hatte zunächst ein spanischer Ingenieur inne, Roque Joachin de Alcubierre. Als erstes Gebäude wurde das Amphitheater ausgegraben. 1755 folgte das «Haus der Julia Felix» (II 4, 2), das seiner gesamten Ausstattung beraubt und dann wieder zugeschüttet wurde, bis Amedeo Maiuri es zwischen 1936 und 1953 erneut freilegte.

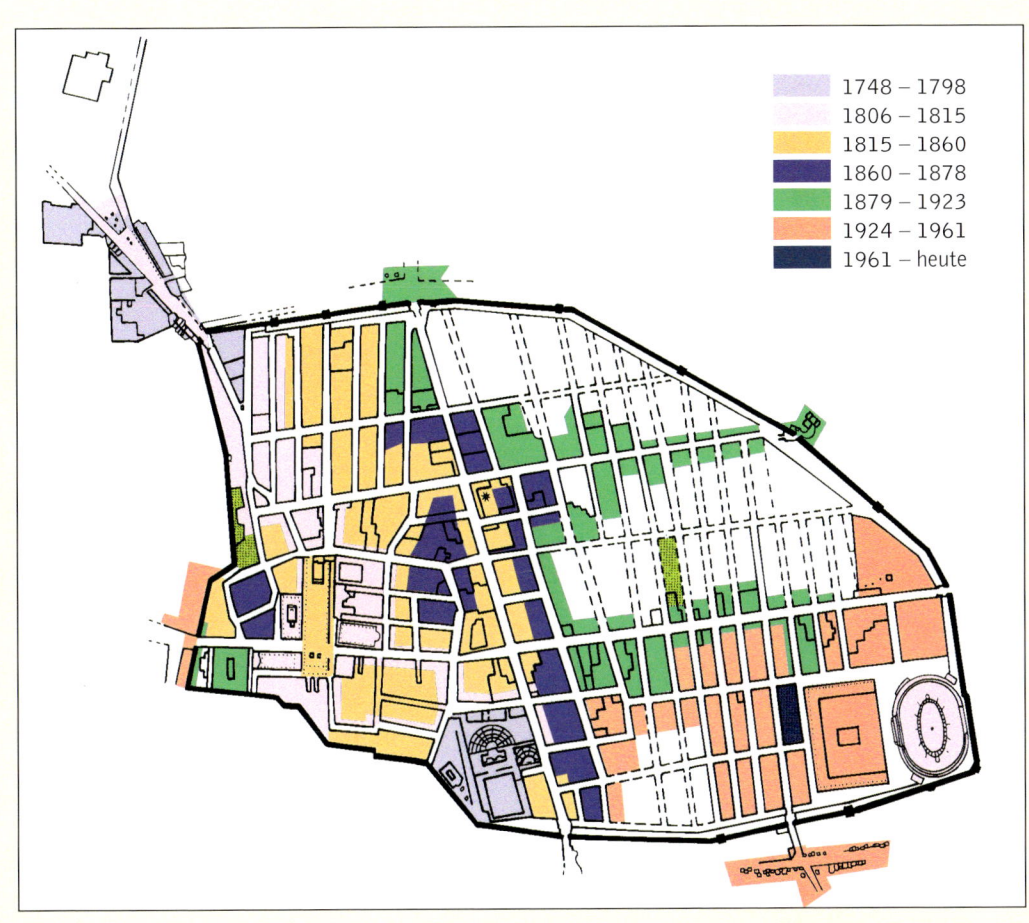

Abb. 9
Übersichtskarte Pompejis mit Darstellung der Grabungsgeschichte; die Farben bezeichnen die verschiedenen Perioden der Ausgrabung.

Abb. 11
Ein Ephebe aus Bronze, der bereits zu römischer Zeit als Lampenständer «missbraucht» wurde – ein sog. Lampadophoros.

Zerstörung im Namen des Königs

Da die borbonischen Herrscher eifersüchtig über die Entdeckungen wachten, war das Anfertigen von Skizzen und Zeichnungen verboten, so dass viele Besucher – darunter auch Johann Joachim Winckelmann – ihre Zeichnungen nach dem Besuch aus dem Gedächtnis anfertigten. Bei den Ausgrabungen wurden im Allgemeinen alle Fußböden und Malereien, die sich für das vom König in seiner Villa in Portici eingerichtete Museum eigneten, weggeschafft. Die vor Ort verbliebenen Malereien und Mosaiken wurden mit Pickelschlägen zerstört, damit sie nicht in fremde Hände gelangen konnten. Erst im November 1763 nahm man diese Anordnung auf ausdrücklichen Wunsch des Königs Ferdinand IV. zurück.

In der Zeit von 1760 bis 1770 wurde die Gegend um das Theater ausgegraben. Dort legte man das Große und das Kleine Theater sowie den Isis-Tempel frei, dessen hervorragender Erhaltungszustand großes Aufsehen erregte und in ganz Europa eine wahre «Ägyptomanie» auslöste. 1770 besuchte der damals 14-jährige Wolfgang Amadeus Mozart den Tempel, der ihn tief beeindruckte (s. S. 129).

1764 übernahm Francisco La Vega die Leitung der Ausgrabungen, die von nun an nach anderen Prinzipien durchgeführt wurden. Man grub systematischer und konzentrierte sich auf bestimmte Gebiete, um wenigstens einen Teil der Stadt zugänglich zu machen (Abb. 12). Jedes Gebäude sollte erst vollständig ausgegraben werden, bevor man zum nächsten überging, und zudem sollten die untersuchten Bauten nicht, wie früher üblich, wieder zugeschüttet werden. La Vega grub an der Gräberstraße, der Via dei Sepolcri, wo man die monumentale Villa des Diomedes fand. Innerhalb der Stadt, hinter der Porta Ercolano, legte man einige Wohnhäuser frei, darunter das «Haus des Chirurgen», das seinen Namen dem Fund von 40 chirurgischen Instrumenten aus Bronze und Eisen verdankt. Im südlichen Teil der Stadt erweiterte man dagegen die Grabungen zur Porta Ercolano hin, ausgehend von Alcubierres Untersuchungen im Jahr 1764, bei denen damals das Große Theater entdeckt worden war.

1806 begann die Zeit der französischen Herrschaft. Carolina, Schwester Napoleons und Gemahlin des Königs Gioacchino Murat, wollte die Stadt in weniger als vier Jahren vollständig ausgraben lassen. Die Leitung wurde Michele Arditi (1807–1839) anvertraut; er empfahl, alle über der antiken Stadt liegenden Grundstücke zu erwerben, wobei es sich weniger um einen Kauf handelte als vielmehr um einen Tausch gegen Ländereien aus öffentlichem Besitz, die in den benachbarten Ortschaften Scafati und Angri lagen.

Um die Ausdehnung der antiken Stadt mit ihren

Abb. 12
Jakob Philipp Hackert: «Die Ausgrabungen in Pompeji», 1799. Öl auf Leinwand. Attingham Park, Shropshire.

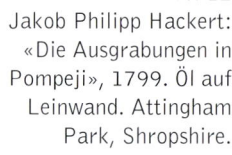

Abb. 13
Rekonstruktionszeichnung von Désiré-Raoul Rochette aus dessen Werk «Pompéi, choix d'édifices inédits» (1828): das «Haus des Tragödiendichters».

Toren und den wichtigsten Durchgangsstraßen genau feststellen zu können, nahm Arditi die Untersuchung der Stadtmauer in Angriff. Der gesamte Mauerring wurde freigelegt und sein Verlauf durch die Anpflanzung von Pinien gekennzeichnet.

Arditi gab zunächst alle vereinzelt gelegenen Grabungsplätze zugunsten der «Villa des Diomedes» und des «Hauses des Sallust» (VI 2, 4) auf, um die beiden Grabungen bei der Porta Ercolano zusammenzuführen. In jenen Jahren (1806–1823) wurden das Forum mit allen angrenzenden Gebäuden, dann der Tempel der Fortuna Augusta, das «Haus des Tragödiendichters» (VI 8, 3–5), das «Haus des Pansa» (VI 6, 1) und die Via Consolare bis zum «Haus des Sallust» ausgegraben. Damit schuf man eine direkte Verbindung zwischen den frühesten Ausgrabungen und dem Forum im Zentrum der Stadt.

Während der Regierungszeit von Gioacchino und Carolina Murat fand eine gewisse Liberalisierung statt; Architekten, Maler und Zeichner aus Frankreich erhielten Zutritt zu den Grabungen und konnten Pläne, Skizzen und Zeichnungen anfertigen. Der französische Architekt François Mazois (1783–1826) erhielt von Murat den Auftrag, die Ausgrabung der Stadt und ihrer Monumente zu veröffentlichen. Ergebnis seiner Arbeiten ist ein prachtvolles, teilweise postum erschienenes Werk in vier Bänden: «Les ruines de Pompéi» (1824–1838). Nach seinem Tod fanden zahlreiche junge französische Architekten und Künstler, Stipendiaten der Académie de France a Rome, in Pompeji ein großartiges Betätigungsfeld für ihre Studien (Abb. 13). 1817 wurde auch der erste Führer durch die Ausgrabungen veröffentlicht: «Viaggio a Pompei» («Reise nach Pompeji») von Abate Domenico Romanelli.

1830–1832 legte man das «Haus des Fauns» frei. Es wird auch «Casa di Goethe» genannt, nach August von Goethe, dem im Oktober 1830 in Rom an den Pocken verstorbenen Sohn des berühmten Dichters. Das Atrium und das schöne Peristyl hat er nie gesehen, da sie erst später ausgegraben wurden. Hier fand man 1831 das berühmte Mosaik mit der «Alexanderschlacht».

Die letzten Jahre der borbonischen Herrschaft fanden ihren Höhepunkt mit der teilweisen Freilegung der Regio VI. Man folgte der Via della Fortuna, der Via di Nola und schließlich der Via di Stabia, um das tiefer gelegene Viertel bei den Theatern mit dem angrenzenden Stadtteil zu vereinen. Bei diesen Grabungen entdeckte man 1851/52 zwei weitere Stadttore, die Porta Marina und die Porta di Stabia. Außerdem fand man innerhalb der Stadt die Stabianer Thermen (1854–1857) und das «Haus des Kitharaspielers» (I 4, 5–25; 1853–1861).

Neue Techniken und Methoden

Giuseppe Fiorellis Ernennung zum Inspektor (1860) und einige Jahre später zum Direktor (1863) der Ausgrabung bezeichnet eine wichtige Etappe der Grabungsgeschichte. Fiorelli gab die bis dahin angewandte Grabungsweise zugunsten einer neuen Methode auf; man ging nicht mehr von den Straßenfassaden aus, sondern trug die Erde von oben nach unten in horizontalen Schichten ab. So konnte man auch Informationen über die oberen Teile der Mauern gewinnen.

Dies ermöglichte Restaurierungen und auch Rekonstruktionen, wie etwa beim «Haus mit dem Balkon» (VII 12, 28), wo der Balkon im ersten Stock wiederhergestellt wurde. Fiorelli beabsichtigte, die Porta Stabiana mit der Via dell'Abbondanza (beim «Quadrivio di Holconius») und der Via di Nola (beim «Quadrivio di Orfeo») zu verbinden, um so den städtebaulichen Zusammenhang wieder herzustellen.

Auch die Einteilung Pompejis in *regiones* und *insulae* wird Fiorelli verdankt. Die Abfolge bildet eine gegen den Uhrzeigersinn gerichtete Spirale von links nach rechts. Fiorelli hielt den 1872 vom Ingenieur Giacomo Tascone veröffentlichten Stadtplan immer auf dem neuesten Stand.

Auf der Suche nach neuen Dokumentations-Techniken trieb Fiorelli ein weiteres großes Projekt voran: ein Modell der Stadt, das den baulichen Zustand unmittelbar nach der Ausgrabung dokumentierte und eine gleichermaßen umfassende und detaillierte Aufnahme des Stadtgebiets schuf (Abb. 14). In dieser Funktion nahm das Modell die moderne archäologische Technik der Luftaufnahme vorweg. Der größte Teil befindet sich im Museo Nazionale in Neapel, ein kleinerer ergänzender Teil ist im Antiquarium von Boscoreale ausgestellt.

Mit dieser rein archäologischen Aktivität eng verbunden war ein weiteres von Fiorelli finanziertes Unternehmen: die Zusammenfassung sämtlicher Berichte über die borbonischen Ausgrabungen in Pompei, die in den grundlegenden Werken «Pompeianarum Antiquitatum Historia» (1860) und dem «Giornale degli scavi di Pompei 1748–1860» (1861) veröffentlicht wurden. Seine eigenen Arbeiten dokumentierte er in regelmäßigen Veröffentlichungen; für die Besucher fasste er seine Ergebnisse in einem Führer («Descrizione di Pompei», 1875) zusammen.

Ein anderes wichtiges Verdienst von Fiorelli war die Gründung der «Scuola Archeologica di Pompei» im Jahr 1866. Damit wollte er junge, vor Ort geschulte Forscher heranziehen. Die «Schule» befand sich in einem kleinen Haus aus dem 19. Jahrhundert, ungefähr gegenüber dem «Haus des Sallust». Heute sind hier die Laboratorien der Chemiker und Naturwissenschaftler untergebracht.

Fiorelli, ein Mann von großer Liberalität, eröffnete die internationale wissenschaftliche Phase der pompejanischen Archäologie. Endlich wurde auch Ausländern gestattet, die Ausgrabungen zu erforschen. Erwähnt seien Theodor Mommsen, Karl Friederichs, Wolfgang Helbig und August Mau, der zum Gründer eines neuen archäologischen Forschungszweigs wurde: dem der «pompejanischen Malerei».

Abb. 14
Giuseppe Fiorelli wurde 1863 Leiter der Ausgrabungen. Er schuf u. a. ein detailliertes Modell Pompejis im Maßstab 1:100.

Abb. 15
Giuseppe Fiorelli führte zahlreiche Neuerungen ein und er war es auch, der den Einfall hatte, die Hohlräume, die die Körper der von der Vulkanasche begrabenen Pompejaner gebildet hatten, mit Gips auszufüllen.

Tote Pompejaner in Gips

Am 7. Februar 1863 meldete Giuseppe Fiorelli im Grabungs-Tagebuch, er habe erstmals einen Gipsabdruck hergestellt, und zwar von einem der vier im Vicolo degli Scheletri gefundenen Körper. Seit Beginn der Ausgrabungen in Pompeji waren immer wieder Tote gefunden worden. Aber erst 115 Jahre später hatte Fiorelli den Einfall, Gips-Abgüsse davon herzustellen, um so die ganze Dramatik des Geschehens festzuhalten (Abb. 15). Welchen Einfluss hatte die romantische Sicht des 19. Jhs. auf diese «Entdeckung»?

Die Methode hatte Fiorelli aus der ihm vertrauten Numismatik übernommen. Die jahrhundertelang in der Erde gelagerten organischen Substanzen hatten sich langsam zersetzt und ihre Negativ-Form hinterlassen. In den Hohlraum, den die verwesten Körper in der Asche hinterließen, wurde flüssiger Gips gegossen. Beim Festwerden umschloss er das Skelett, ließ Gesichter, Kleider und Gegenstände jedoch deutlich erkennen. Diese Erfindung erregte eine unglaubliche Begeisterung. Auch heute noch ist es ein bewegender Augenblick, wenn das Erdreich vom Gips entfernt wird, da man vorher nie weiß, ob es sich um den Körper eines Menschen oder eines Tieres oder aber um einen Baum oder eine Kiste handelt. So fand man im «Haus des Vesonius Primus» (VI 14, 20) einen angeketteten, sich krümmenden Hund, in der Villa Regina in Boscoreale ein Ferkel, das dort für den Winter gemästet worden war, an der Via dell'Abbondanza eine Ladentür und im «Haus des Epheben» (I 7, 10) eine geschlossene Haustür, mit der man vergeblich versucht hatte, Asche und Bimssteine aufzuhalten.

Die Gipsabdrücke sind Zeugnisse des Todeskampfs der Pompejaner. Im «Haus mit der Kryptoportikus» (I 6, 2) fand man Personen, die sich noch im Garten aufgehalten hatten: eine Mutter, die versuchte, ihre Tochter zu schützen. In der Regio I fand man einen Mann, der seine schwangere Frau mit dem eigenen Körper beschützen wollte, und einen Sklaven, der am Fuß noch den Ring trägt, mit dem er angekettet war. Aus älteren Grabungen stammen ein neugeborenes Kind in Windeln und ein kauernder Mann, der sein Gesicht mit den Händen vor der vulkanischen Asche zu schützen versuchte.

Seit den 1990er Jahren wird eine neue Technik erprobt, bei der man anstelle des Gipses ein durchsichtiges Wachs benutzt, so dass das Skelett und die Gegenstände, die der Flüchtende bei sich trug, sichtbar bleiben, etwa Schmuckstücke und Münzen.

Michele Ruggiero, Ingenieur und Humanist, war ein würdiger Nachfolger Fiorellis, dessen Werk er nicht als nur Ausgräber fortsetzte. Er sammelte und ordnete alle Daten und Fakten über die Ausgrabungen in Herculaneum und veröffentlichte sie 1885. Ruggiero betreute auch den anlässlich der Hundertjahrfeiern 1879 veröffentlichten Bericht «Pompei e la regione sotterrata dal Vesuvio», ein bewundernswertes Beispiel für die Zusammenarbeit von Archäologie und Naturwissenschaften.

Während der Amtszeit von Giulio De Petra entdeckte man in Boscoreale die «Villa della Pisanella» und die «Villa des Publius Fannius Synistor». Leider wurden beide von Privatleuten ausgegraben und ihrer Ausstattung beraubt. Aus einer der beiden Villen stammt ein prächtiger Silberschatz, der schließlich im Louvre landete. Von den kostbaren Wandmalereien des Zweiten Stils (s. S. 70 ff. 82), die in der anderen Villa gefunden wurden, kamen einige nach Neapel ins Museo Nazionale, andere nach New York ins Metropolitan Museum, wieder andere nach Paris in den Louvre, nach Mariemont in Belgien und ins Allard Pierson Museum in Amsterdam.

De Petra musste wegen dieser Vorfälle zurücktreten und durfte erst später (1906–1910) wieder als Leiter der Ausgrabungen und des Museums arbeiten. Verantwortlich war das Fehlen von Gesetzen zum Schutz der archäologischen Denkmäler Italiens; es galten immer noch die alten borbonischen Regelungen, die Grabungen durch Private erlaubten.

Antonio Sogliano, Professor für Pompejanische Archäologie an der Universität Neapel, der die Ausgrabungen von März 1905 bis Ende 1910 kommissarisch leitete, gab den Grabungen und Restaurierungen eine neue Richtung. Ende des 19. und Anfang des 20. Jhs. wurden das «Haus der Silberhochzeit» (1891–1894), das «Haus der Vettier» (1894–1896) und wenige Jahre später das «Haus mit den vergoldeten Amoretten» (1906–1908) ausgegraben und sofort restauriert.

Die Leiter der Ausgrabungen in Pompeji

1748–1760	Roque Joaquin De Alcubierre	1906–1910	Giulio De Petra/Antonio Sogliano
1764–1804	Francisco La Vega	1911–1923	Vittorio Spinazzola
1804–1806	Pietro La Vega	1924–1961	Amedeo Maiuri
1807–1838	Michele Arditi	1961–1977	Alfonso de Franciscis
1839–1850	Francesco Maria Avellino	1977–1982	Fausto Zevi
1850–1863	Domenico Maria Odoardo Spinelli	1982–1984	Maria Giuseppina Cerulli Irelli
1863–1875	Giuseppe Fiorelli	1984–1994	Baldassarre Conticello
1875–1893	Michele Ruggiero	seit 1995	Pier Giovanni Guzzo
1893–1900	Giulio De Petra		

Pompeji vom 20. Jahrhundert bis heute

Vittorio Spinazzola (1863–1943), Literat und Kunsthistoriker, leitete die Ausgrabungen von 1911 bis 1923. Er versuchte, das alte Grabungsgebiet mit dem noch isolierten Amphitheater an der Südostecke der Stadt zu verbinden. Dafür legte er in der Via dell'Abbondanza die Straßenfronten auf einer Länge von etwa 200 m frei. Nur die interessantesten Komplexe wurden vollständig ausgegraben: das «Haus mit der Kryptoportikus», das «Haus mit dem Ilias-Schrein» (I 6, 4), das «Haus der Ceii» (I 6, 15), das «Haus des Paquius Proculus» (I 7, 1), das Haus IX 12, 1–5, das «Haus des Moralisten» (III 4, 2–3), das «Haus der Iphigenie» (III 4, 4) und das «Haus des Loreius Tiburtinus» (II 2, 2).

Die Bedeutung von Spinazzolas Methode liegt darin, dass er erstmals versuchte, die Dächer und die oberen Stockwerke der Wohnhäuser mit den Fassaden, den Loggien und Balkonen, den großen Fenstern und den vielen auffallenden «Ladenschildern» soweit wie möglich zu erhalten. Die Via dell'Abbondanza ist daher noch heute einzigartig. Spinazzolas Werk ist in dem monumentalen Band «Pompei alla luce degli

Scavi Nuovi di Via dell'Abbondanza» (1910–1923) zusammengefasst (das Original wurde bei den Bombardierungen 1943 zerstört, von seinem Schwiegersohn Salvatore Aurigemma, dem berühmten Ausgräber von Ostia, jedoch wiederhergestellt und nachgedruckt).

Im September 1923 übernahm Amedeo Maiuri (Abb. 16) die Leitung der Ausgrabungen, die er bis zu seiner Pensionierung im Jahr 1960 innehatte. Sein Programm ist eindrucksvoll: 1925/26 wurde die Insula I 7 ausgegraben; dazu gehörten das «Haus des Fabius Amandus» (I 7, 3), das «Haus des Priesters Amandus» (I 7, 7) und das «Haus des Epheben», in dem man die berühmte Bronzestatue fand, die dem Haus seinen Namen gab. 1927 schloss er die Ausgrabung der – teilweise schon von Spinazzola erforschten – Insula I 6 ab, wobei das «Haus mit den Theater-Bildchen» (I 6, 11) freigelegt wurde. Von 1927 bis 1932 wurde im «Haus des Menander» gegraben, wo man am 5. Mai 1930 den berühmten Silberschatz entdeckte. 1929 bis 1930 fanden die Ausgrabungen in der «Mysterienvilla»

Abb. 16
Amedeo Maiuri wurde 1923 Leiter der Ausgrabungen in Pompeji. Er sollte es beinahe 40 Jahre lang bleiben.

ihren Abschluss mit dem Bereich um das Peristyl und den landwirtschaftlichen Teil, wobei man eine Statue der Livia, der dritten Ehefrau des Augustus, entdeckte. Zwischen 1935 und 1939 beendete man die Ausgrabung des letzten Abschnitts der Via dell'Abbondanza bis zum Platz vor dem Amphitheater, wo die Große Palästra freigelegt wurde.

Der Krieg unterbrach die Grabungstätigkeit innerhalb der Stadt; 1943 wurden bei Bombardierungen durch die Royal Air Force zahlreiche Bauten beschädigt und das Antiquarium zerstört. Bei der Restaurierung der Bombenschäden gab es jedoch einige Überraschungen: 1948 kam vor der Porta Marina unter den Trümmern des Antiquariums und zu Füßen der Terrasse des Venus-Tempels eine prächtige Villa ans Licht. Wegen der monumentalen Ausmaße des Komplexes und der Raffinesse der Wandmalereien erhielt das Gebäude den Namen «Villa Imperiale» («kaiserliche Villa»). Und in der Umgebung Pompejis, auf der Anhöhe von Sant'Abbondio, legte man ein Dionysos-Heiligtum frei.

In den fünfziger Jahren konnten außerplanmäßige Mittel der «Cassa del Mezzogiorno», die für die Trockenlegung des Geländes an der Sarnomündung und für die Planierung der Trasse für die Autostrada Napoli/Salerno bestimmt waren, eingesetzt werden. Maiuri begann, die antike Stadt am Südrand zwischen Porta Marina und Amphitheater vom Erdaushub der borbonischen Grabungen zu befreien. Während dieser umfangreichen Erdarbeiten wurden zwischen dem Venus-Tempel und dem Foro Triangolare die in Terrassen angelegten Häuser freigelegt, und im Südosten der Stadt die Porta Nocera mit ihrer Nekropole ans Licht gefördert. Später dehnte man die Arbeiten zur Stadtmitte hin aus und erforschte die südlich der Via dell'Abbondanza gelegenen *insulae* der Regionen I und II.

Maiuri führte sehr viele und sehr intensive Grabungen durch, besonders während der letzten Jahre seiner Amtszeit. Dieses Erbe lastet noch heute auf seinen Nachfolgern; sie müssen erforschen und publizieren, was der berühmte «Pompejanist» ans Licht gebracht hat, vor allem aber müssen sie es erhalten.

In den 1960er und 1970er Jahren wurden die Ausgrabungen durch Alfonso de Franciscis fortgesetzt. Dabei kamen zwei prächtige Wohnhäuser ans Licht, dasjenige des Marcus Fabius Rufus am Westrand des Plateaus und das des Gaius Iulius Polybius an der Via dell'Abbondanza. Es sind wichtige Grabungen, da man zum ersten Mal versuchte, wirklich alle verfügbaren Daten zu sammeln, ohne irgendetwas zu übergehen. Die Ausgrabung des «Hauses der keuschen Liebenden» (IX 12, 6), neben dem «Haus des Gaius Iulius Polybius» (IX 13, 1–3), läuft seit 1987.

In den vergangenen Jahrzehnten öffnete Pompeji seine Tore für Universitäten und wissenschaftliche Institute aus aller Welt, die heute vor allem Untersuchungen und Forschungen zu den ältesten Phasen der Stadtgeschichte betreiben.

Goethe in Pompeji

In seinem Tagebuch «Italienische Reise» schreibt Goethe am 11. März 1787: «Mit Tischbein fuhr ich nach Pompeji, da wir denn alle die herrlichen Ansichten links und rechts neben uns liegen sahen, welche, durch so manche landschaftliche Zeichnung uns wohl bekannt, nunmehr in ihrem zusammenhängenden Glanze erschienen. Pompeji setzt jedermann wegen seiner Enge und Kleinheit in Verwunderung. Schmale Straßen, obgleich grade und an der Seite mit Schrittplatten versehen, kleine Häuser ohne Fenster, aus den Höfen und offenen Galerien die Zimmer nur durch die Thüren. Selbst öffentliche Werke, die Bank am Thor, der Tempel, sodann auch eine Villa in der Nähe, mehr Modell und Puppenschrank als Gebäude. Diese Zimmer, Gänge und Galerien aber auf's heiterste gemalt, die Wandflächen einförmig, in der Mitte ein ausführliches Gemählde, jetzt meist ausgebrochen, an Kanten und Enden leichte und geschmackvolle Arabesken, aus welchen sich auch wohl niedliche Kinder- und Nymphengestalten entwickeln, wenn an einer andern Stelle aus mächtigen Blumengewinden wilde und zahme Thiere hervordringen. Und so deutet der jetzige ganz wüste Zustand einer erst durch Stein- und Aschenregen bedeckten, dann aber durch die Ausgrabenden geplünderten Stadt auf eine Kunst- und Bilderlust eines ganzen Volkes, von der jetzo der eifrigste Liebhaber weder Begriff, noch Gefühl, noch Bedürfniß hat.

Bedenkt man die Entfernung dieses Orts vom Vesuv, so kann die bedeckende vulcanische Masse weder durch ein ¬Schleudern noch durch einen Windstoß hierher getrieben seyn; man muß sich vielmehr vorstellen daß diese Steine und Asche eine Zeitlang wolkenartig in der Luft geschwebt, bis sie endlich über diesem unglücklichen Orte niedergegangen.

Wenn man sich nun dieses Ereignis noch mehr versinnlichen will, so denke man allenfalls ein eingeschneites Bergdorf. Die Räume zwischen den Gebäuden, ja die zerdrückten Gebäude selbst wurden ausgefüllt, allein Mauerwerk mochte hier und da noch herausstehen, als früher oder später der Hügel zu Weinbergen und Gärten benutzt wurde. So hat nun gewiß mancher Eigenthümer, auf seinem Antheil niedergrabend, eine bedeutende Vorlese gehalten. Mehrere Zimmer fand man leer und in der Ecke des einen einen Haufen Asche, der mancherlei kleines Hausgeräthe und Kunstarbeiten versteckte.

Den wunderlichen, halb unangenehmen Eindruck dieser mumisirten Stadt wuschen wir wieder aus den Gemütern, als wir in der Laube, zunächst des Meeres, in einem geringen Gasthof sitzend ein frugales Mahl verzehrten und uns an der Himmelsbläue, an des Meeres Glanz und Licht ergötzten, in Hoffnung, wenn dieses Fleckchen mit Weinlaub bedeckt seyn würde, uns hier wieder zu sehen und uns zusammen zu ergötzen.

Näher an der Stadt fielen mir die kleinen Häuser wieder auf, die als vollkommene Nachbildungen der Pompejanischen dastehen. Wir erbaten uns die Erlaubniß, in eins hineinzugehen und fanden es sehr reinlich eingerichtet. Nett geflochtene Rohrstühle, eine Commode ganz vergoldet, mit bunten Blumen staffirt und lackirt, so daß nach so vielen Jahrhunderten, nach unzähligen Veränderungen, diese Gegend ihren Bewohnern ähnliche Lebensart und Sitte, Neigungen und Liebhabereyen einflößt.»

Noch unter dem starken Eindruck des in Pompeji Gesehenen fährt Goethe zwei Tage später am Dienstag, 13. März 1787, fort: «Sonntag waren wir in Pompeji. – Es ist viel Unheil in der Welt geschehen, aber wenig das den Nachkommen so viel Freude gemacht hätte. Ich weiß nicht leicht etwas Interessanteres. Die Häuser sind klein und eng, aber alle inwendig auf's zierlichste gemalt. Das Stadtthor merkwürdig, mit den Gräbern gleich daran. Das Grab einer Priesterin als Bank im Halbcirkel, mit steinerner Lehne, daran die Inschrift mit großen Buchstaben eingegraben. Über die Lehne hinaus sieht man das Meer und die untergehende Sonne. Ein herrlicher Platz, des schönen Gedankens werth.

Wir fanden gute, muntere Neapolitanische Gesellschaft daselbst. Die Menschen sind durchaus natürlich und leicht gesinnt. Wir aßen zu Torre dell' Annunziata, zunächst des Meeres tafelnd. Der Tag war höchst schön, die Aussicht nach Castell a Mare und Sorrent nah und köstlich.»

Abb. 17
Goethe: «Vesuvausbruch», Sommer 1787. Feder in Schwarz über Bleistiftspuren, Aquarell. Kunstsammlungen Weimar.

Von Mozart bis Clinton: berühmte Besucher

Pompeji ist noch heute eine der bekanntesten archäologischen Stätten der Welt; neben Ägypten hat es die moderne westliche Kultur am stärksten beeinflusst. Viele bekannte Persönlichkeiten besuchten die antike Stadt, deren Faszination sich kaum jemand entziehen kann: Wolfgang Amadeus Mozart, Johann Wolfgang von Goethe, Giuseppe Garibaldi, Leo Trotzki, Pablo Picasso, Kaiser Hirohito, Benito Mussolini, Hermann Göring, Königin Elisabeth, Ingrid Bergmann, Helmut Kohl und Bill Clinton.

Goethe besuchte die Stadt zusammen mit dem Maler Johann Tischbein. An den Wänden seines Arbeitszimmers in Weimar hingen Zeichnungen von den Entdeckungen in Pompeji (Abb. 17), darunter auch das Alexander-Mosaik in einer Zeichnung von Wilhelm Zahn, dem Gründer der «Archäologischen Gesellschaft» in Berlin. Französische Architekten wurden zum Studium nach Pompeji geschickt. Als man um 1750 über die städtebauliche Neuordnung von Paris diskutierte und dabei von den traditionellen Triumph- und Prachtbauten abrückte, wurde Herculaneum mit seinem regelmäßigen Straßennetz als Beispiel einer Stadtplanung angeführt, die den Anforderungen an eine demokratische und moderne Stadt entsprach.

Der Abdruck einer weiblichen Brust regte Théophile Gautier 1852 zu dessen berühmter Pompeji-Novelle «Arria Marcella» an. Die Tragödie Pompejis und die Ausgrabung des «Hauses des Tragödiendichters» in den Jahren 1824/25 inspirierten Bulwer-Lytton zu seinem Roman «Die letzten Tage von Pompeji», dessen Verfilmung von 1959 (mit Steve Reeves und Christine Kaufmann) ein Klassiker der Filmgeschichte ist.

Der große Architekt Le Corbusier, der Pompeji 1911 besuchte, fertigte zahlreiche Skizzen und füllte sein Notizbuch mit überschwänglichen Bemerkungen, die er in seinem Werk «Vers une architecture» («Ausblick auf eine Architektur») wieder aufgriff. Picasso, der 1917 mit seinem Freund Massine in Pompeji war, wurde durch die Mosaiken im «Haus des Labyrinths» zu seiner berühmten Minotaurus-Serie angeregt.

Als der Ölmagnat Paul Getty während der 1970er Jahre in Malibu seinen zahllosen Villen eine weitere hinzufügte, entschied er sich für die getreue Kopie einer antiken «pompejanischen» Villa (Abb. 18). Heute ist diese Villa an der Küste Kaliforniens eines der bedeutendsten amerikanischen Antikenmuseen.

Abb. 18
Die Getty Villa im Stadtteil Castellammare von Pacific Palisades (nahe Malibu) ist eine Kopie der «Papyrus-Villa» in Herkulaneum. Sie ist Teil des J. Paul Getty Museums und beherbergt eine der bedeutendsten Antikensammlungen der USA.

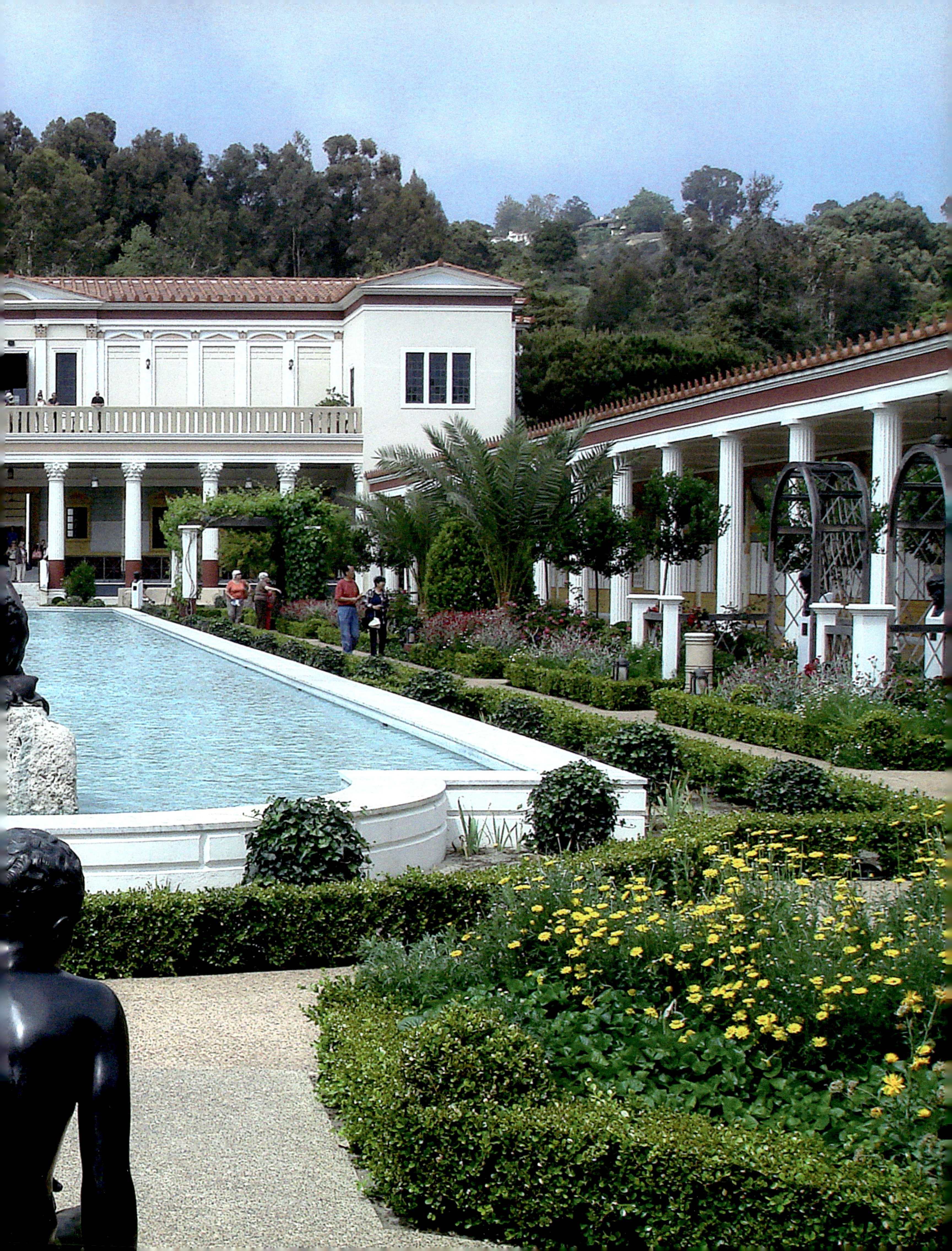

Die Infrastruktur Pompejis

Von oben gesehen präsentiert sich die Stadt als elliptisch geformte Siedlung auf einem etwa 66 Hektar großen, 30 m über dem Meeresspiegel gelegenen Lava-Plateau, umschlossen von einer Befestigungsanlage mit Toren und Türmen. Man erkennt ein etwa kreisförmiges altes Zentrum in der Gegend des Forums, an das sich die jüngere Bebauung mit regelmäßigen, sich rechtwinklig kreuzenden Straßen anschließt. Die in Ost-West-Richtung verlaufenden Straßen werden als *decumani*, die etwas schmaleren, in Nord-Süd-Richtung verlaufenden, als *cardines* bezeichnet (Abb. 19, siehe nächste Seite).

Man glaubte, im Stadtgefüge einen älteren, am Forum gelegenen Kern zu erkennen: eine Altstadt, von der aus sich die Stadt nach Norden und Osten ausdehnte. Die Chronologie der städtebaulichen Erweiterungen war in den letzten Jahrzehnten Gegenstand heftiger Kontroversen, die allerdings nur im Rahmen weiterer, umfangreicherer Studien zu klären sein werden. Auch wenn die gesamte Fläche möglicherweise schon in der ersten Hälfte des 6. Jhs. v. Chr. von einer Mauer umschlossen und ein Großteil der Fläche landwirtschaftlich genutzt war, so legt die unterschiedliche Orientierung einzelner Gruppen von *insulae* (Häuserblocks) doch eine schrittweise Bebauung nahe.

Pompeji war von einer 3,2 km langen Mauer mit zwölf Türmen eingefasst. Es gab sieben Tore: Porta Marina, Porta di Stabia, Porta di Nocera, Porta del Sarno, Porta di Nola (Abb. 20), Porta Vesuvio und Porta Ercolano. Die Namen sind modern und beziehen sich auf die Richtung der von dort ausgehenden Straßen: von der Porta Nocera aus erreichte man das antike Nuceria, von der Porta di Stabia aus Stabiae usw. Für einige Tore sind sind die ursprünglichen Namen auf Inschriften in oskischer Sprache überliefert: *Veru Sarinu* (= Porta Salina, d. h. «Salztor») für die Porta Ercolano, *Veru Sarneis* für die Porta del Sarno und *Veru Urublanu* (= Porta Urbulana) für die Porta Nuceria.

1813/14 untersuchte man auf Befehl des damaligen Königs von Neapel, Gioacchino Murat, erstmals den Mauergürtel, um die Ausdehnung der Stadt präzise festzustellen. Die vom Aushub der Ausgrabungen fast vollständig bedeckten Mauern wurden erst im vorigen Jahrhundert von Amedeo Maiuri freigelegt. Ihre Untersuchung erwies sich als außerordentlich wichtig für die Stadtgeschichte und für die verschiedenen Bauphasen.

Die erste Befestigung wurde um die Mitte des 6. Jh. v. Chr. angelegt. Man verwendete den sog. «Pappamonte-Tuff», einen lokalen Stein vulkanischen Ursprungs von geringer Qualität. Noch heute sind vor der Porta Nocera Reste dieser ersten, in einem jüngeren Abschnitt verbauten Mauer sichtbar.

Im 5. bis 6. Jh. v. Chr. ersetzte man die aus Pappamonte-Tuff erbaute Mauer durch einen doppelten

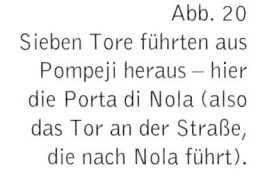

Abb. 20
Sieben Tore führten aus Pompeji heraus – hier die Porta di Nola (also das Tor an der Straße, die nach Nola führt).

Mauerring und einen dazwischen aufgeschütteten Erdwall; das heißt, man errichtete zwei parallele Mauerzüge und füllte den Zwischenraum mit Steinbrocken und gestampfter Erde. Als Baumaterial verwendete man Sarno-Kalk, ein schmutzig-gelbes, poröses Gestein, das sich leicht bearbeiten lässt.

Zu Beginn der samnitischen Periode, zwischen dem Ende des 4. und dem Beginn des 3. Jhs., wurde der innere Mauerring mit einem unmittelbar an die äußere Mauer anschließenden Erdwall bedeckt. Als im 3. Jh. v. Chr. erneut ein doppelter Mauerring mit einem Erdwall dahinter angelegt wurde, benutzte man für die äußere Mauer Sarno-Kalk, für die innere dagegen grauen Tuff aus Nocera. Bei dieser Gelegenheit wurde auch ein Wehrgang gebaut; er war über Treppen erreichbar, von denen eine bei der Porta Ercolano noch zu sehen ist.

Um 120–90 v. Chr., kurz vor dem Bundesgenossenkrieg, wurde die Stadtmauer von Pompeji ein letztes Mal verstärkt, indem man in regelmäßigen Abständen widerstandsfähige, in *opus incertum* errichtete Wachtürme in den Mauerring einfügte (Abb. 21). Obwohl sie solche Anstrengungen auf den Mauerbau verwendet hatten, konnten die Pompejaner den Angriff der römischen Truppen unter Sulla jedoch nicht abwehren. Die Belagerer schossen mit Katapulten; die Spuren dieser Geschosse sind im Abschnitt zwischen der Porta Vesuvio und der Porta Ercolano noch sichtbar.

Neuere Schichtengrabungen führten zu lebhaften Diskussionen über die Chronologie der Stadtmauer. Bemerkenswert ist, wie die Mauern mit Gründung der Kolonie ihre Verteidigungsfunktion verloren: im Laufe der Zeit wurden sogar private Wohnhäuser illegal an die Mauern angebaut.

Im Garten des «Hauses mit dem Sarno-Lararium» (I 14, 6–7) hat sich ein hübsches, bemaltes Lararium erhalten, auf dem das Treiben am Flusshafen von Pompeji dargestellt ist: das Wiegen der Waren auf einer großen Waage, zwei Esel, die am Ufer schwere Säcke transportieren, und schließlich ein Lastschiff mit landwirtschaftlichen Produkten, vielleicht den berühmten Zwiebeln aus Pompeji.

Die Erforschung des (nach dem Vesuvausbruch von 79 n. Chr. verlandeten) Hafens von Pompeji faszinierte vor allem Ende des 19. Jhs. viele Forscher. Damals begann ein Privatmann, Gennaro Matrone, im Ortsteil Bottaro an der sumpfigen Küste südlich der Stadt nach dem Strand und dem Hafen von Pompeji zu suchen. Dabei gelang es ihm, zwischen 1899 und 1901 eine ursprünglich am Meer gelegene Villa auszugraben, die er phantasievoll Cicero zuschrieb. Er behauptete sogar,

Abb. 21
«Turm XI», am nördlichen Ende der Via Mercurio. Zwölf solcher Türme waren um die Stadt entlang der Mauer Pompejis verteilt; trotz aller Bemühungen um sichere Befestigungsanlagen wurde Pompeji aber dennoch von Sulla erobert und 80 v. Chr. zur römischen Kolonie.

unter den Skeletten einiger Flüchtlinge Plinius d. Ä. zu erkennen. Man fand einen Anker (heute in den Magazinen am Forum), Angeln, Netze mit Bleigewichten, außerdem Reste von Häusern, Lagergebäuden und Schenken, die zum Hafenviertel (*pagus maritimus*) der antiken Stadt gehörten.

1959 wurden beim Bau der Autostrada Pompeji/Salerno im Fondo Murecine ein Gebäude mit Wandmalereien und eine Kiste voll Wachstäfelchen gefunden – Dokumente von Kaufleuten, die mit Pozzuoli Handel trieben. Außerdem fand man ein kleines Schiff; da man damals noch nicht wusste, wie man es restaurieren und konservieren sollte, wurde es auseinandergebaut und endete in der Gladiatorenkaserne.

Abb. 19
Straßenkreuzung mit öffentlichem
Brunnen in der Regio VI,3.

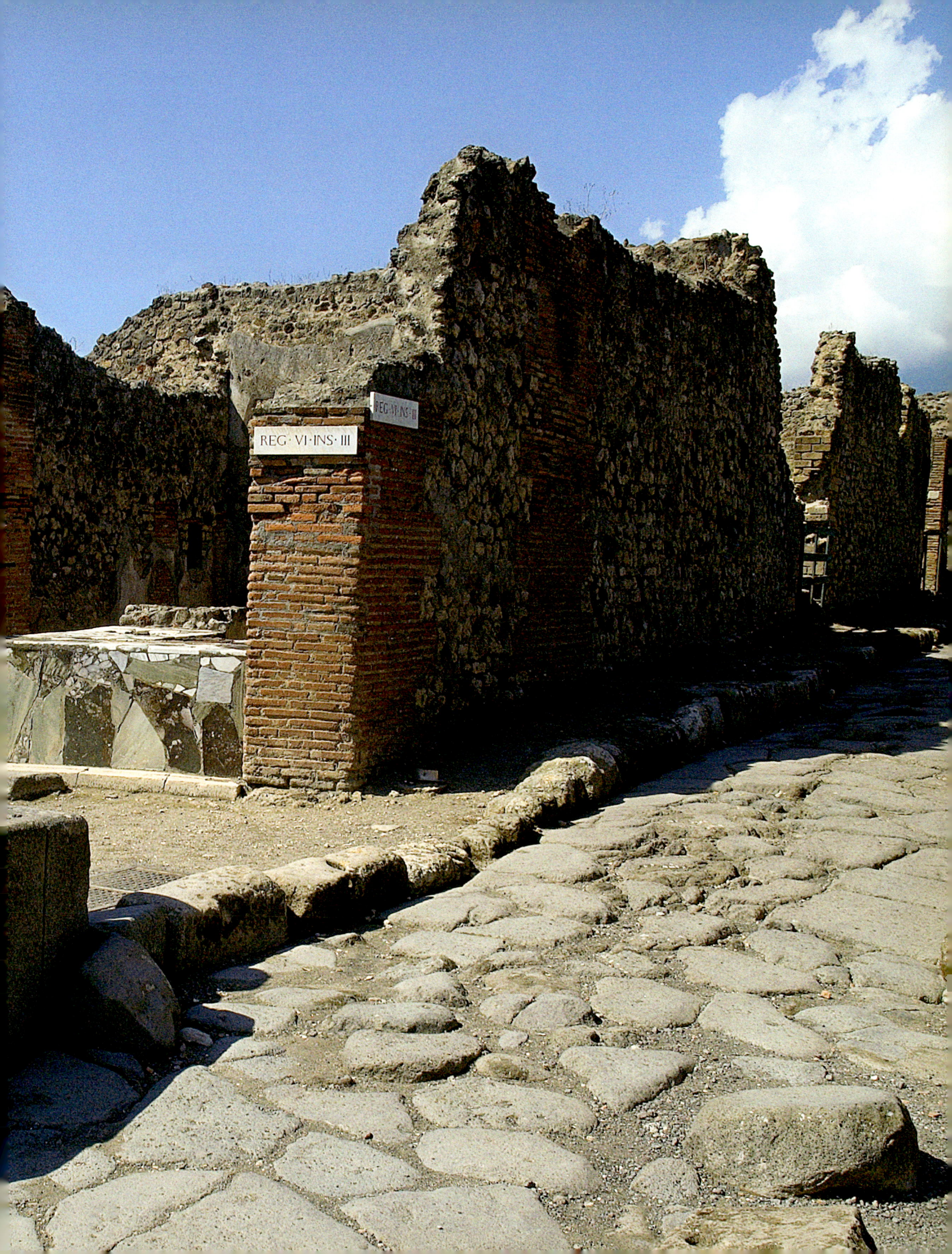
REG·VI·INS·III
REG·VI·INS·III

Straßen und Verkehr

Auch die Straßen Pompejis haben viel zu erzählen. Sie waren mit Steinen aus vulkanischer Lava gepflastert (Abb. 22). Die Bürgersteige waren unterschiedlich gestaltet, ein Zeichen dafür, dass jeder Bürger selbst für den Schmuck vor dem eigenen Haus oder dem eigenen Laden zu sorgen hatte. Große quadratische Einlassungen vor den Läden deuten darauf hin, dass dort eine von zwei im Bürgersteig festgemachten Pfählen gestützte Markise den Eingang schützte.

Die zahlreichen tiefen Spurrillen im Straßenpflaster zeugen vom dichten Verkehr in der Stadt. Es gab auch regelrechte «Fußgängerzonen», die vollständig für den Verkehr geschlossen waren, so das Forum, das Foro Triangolare und, zumindest während der Spiele, das Viertel am Amphitheater. Es gab auch Einbahnstraßen und Straßen, die für bestimmte Fahrzeuge gesperrt waren. Auf besonders steilen Straßen, wie an der Porta Marina, konnte man keine Wagen benutzen; dort erfolgte der Transport mit Maultieren.

Wie die Straßen in der Antike benannt waren, weiß man nicht. Es sind einige Täfelchen erhalten, die möglicherweise als Straßenschilder dienten. Sie zeigen einfachste geometrische Figuren wie Sterne oder Rhomben, aber auch figürliche Motive, wie beispielsweise ein Maultier oder Männer mit Amphoren. Reliefs mit geflügelten Phalli könnten auf nahe gelegene Bordelle hingewiesen haben. Einzigartig ist ein riesiger Phallus, der am Anfang der Via dell'Abbondanza als Relief in den Boden gemeißelt ist und der wohl ebenfalls als Wegweiser dienen sollte.

Die rechteckigen weißen Marmortäfelchen mit den römischen Ziffern gehören dagegen zu dem von Giuseppe Fiorelli im 19. Jh. eingeführten modernen Nummerierungs-System. Sie bezeichnen die Nummer des Viertels (*regio*) und des Häuserblocks (*insula*), während die quadratischen Platten an den einzelnen Eingängen die Hausnummer in arabischen Ziffern wiedergeben. So wird beispielsweise das unter dem Namen «Haus der Vettier» bekannte Haus mit den Ziffern «VI, XV, 1» bezeichnet, wobei «VI» das Viertel, «XV» den Häuserblock und «1» den Hauseingang angibt (in der modernen Literatur wird nur noch die *regio* als lateinische Ziffer wiedergegeben: VI 15, 1).

Die Namen der Häuser sind frei erfunden, bisweilen angeregt durch den Namen der Eigentümer, aber auch durch außergewöhnliche Funde, den Besuch wichtiger Persönlichkeiten oder wichtige Ereignisse. So bezieht das «Haus der Vettier» seinen Namen von den antiken Eigentümern, das «Haus des Fauns» den seinen vom Fund eines Fauns aus Bronze. Das «Casa di Pio IX.» erinnert an den Besuch des Papstes im Jahr 1849 und das «Haus der Silberhochzeit» daran, dass es 1893 ausgegraben wurde, im Jahr, als das italienische Königspaar Umberto und Margherita Silberhochzeit feierte.

Zwei- oder vierspännige Wagen wurden in Pompeji nicht gefunden, auch wenn man, beeinflusst von zahlreichen Kinofilmen, bei römischen Verkehrsmitteln meist an Wagen denkt. In Wirklichkeit jedoch benutzte man in einer Kleinstadt selten Wagen. Nur eine Malerei im «Haus der Julia Felix» hat das Bild einer Quadriga überliefert, wobei sich der unbekannte Maler wohl von den Rennen im Amphitheater oder den großen Ehrenstatuen auf dem Forum inspirieren ließ, nicht von der Alltagswirklichkeit der Kleinstadt.

Abb. 22
Bei starkem Regen verwandelten sich die Straßen in regelrechte Flüsse. Damit die Fußgänger keine nassen Füße bekamen, gab es hohe Bürgersteige und große Basaltblöcke, die nicht nur das Überqueren zu Fuß, sondern auch das bequeme Durchfahren mit zwei Wagen erlaubten. Via di Mercurio, Reg. VI.

Die Pompejaner benutzten vorwiegend Pferde und Maultiere: Pferde eigneten sich für Reisen von einer Stadt zur anderen, Händler und Bauern nutzten dagegen Maultiere. Zahlreiche Löcher in den Bordsteinen vor den Häusern und Läden zeigen, dass man hier Pferde festband. Auf einer anderen Malerei, den «Forumsszenen» (wiederum aus dem «Haus der Julia Felix»), sieht man ein Maultier mit einem dicken Ledersattel. Vielleicht wurde es von einem Hausierer genutzt oder von einem Bauern, der seine Produkte verkaufte. Eine andere Szene zeigt zwei Maultiere, die einen Bauernkarren mit scheibenförmigen Rädern und einem hohen Aufbau für den Transport von Waren und landwirtschaftlichen Produkten ziehen. Mit solchen Wagen wurde Wein transportiert, der in große Schläuche aus Rinderhaut gefüllt auf Karren geladen wurde. Es gab auch kleine Wagen mit zwei Speichenrädern; die Rekonstruktion einer solchen Kalesche (*cisium*) steht heute im «Haus des Menander» (Abb. 23).

Abb. 23
Rekonstruktion eines *cisium*. Diese zweirädrigen Karren fuhren wohl hin und wieder auch durch Pompejis Straßen; gefunden hat man jedoch keinerlei Wagen.

Die öffentlichen Bauten und ihre Funktionen

Der Schriftsteller Italo Calvino hat einmal gesagt, eine Stadt bestehe «aus den Beziehungen zwischen den Maßen ihres Raumes und den Ereignissen in ihrer Vergangenheit».³ Diese Aussage findet ihre anschaulichste Bestätigung in den öffentlichen Plätzen und Gebäuden einer Stadt; hier sammeln sich im Laufe der Zeit die Zeugnisse einer Gemeinschaft und ihres Wirkens. In Pompeji ist dies besonders offensichtlich.

Seit Gründung der Stadt in archaischer Zeit bildeten sich zwei innerstädtische Zentren mit öffentlichen Funktionen heraus. Das erste umfasste den Bereich des späteren Forums. Dort trafen die beiden Hauptachsen, an denen sich die archaische Stadt entwickelte, aufeinander: die Nord-Süd-Achse mit der Via di Mercurio und der Via delle Scuole und die Ost-West-Achse mit der Via Marina und der Via dell'Abbondanza.

Hier wurde das Apollo-Heiligtum errichtet (s. S. 126). Der aus Holz erbaute Tempel hatte ein hohes Podium, seine Säulen standen auf Sockeln aus vulkanischem Gestein und trugen ein reich verziertes Dach mit Stirnziegeln aus Terrakotta, die nach etruskisch-kampanischer Art bemalt waren. Die Gruben, in denen man die Weihgaben «entsorgte», enthielten eine Fülle von Materialien aus früharchaischer bis frühhellenistischer Zeit: bemalte attische Vasen und Buccero-Gefäße, einige davon mit Weihinschriften. Um das eigentliche Heiligtum herum siedelten sich *tabernae* (Läden) an, die dort bis zur Gründung der römischen Kolonie existierten.

Am Rand der archaischen Stadt entstand auf einem natürlichen, durch einen prähistorischen Lavastrom entstandenen Plateau ein zweites Heiligtum, der sog. «Dorische Tempel» (s. S. 121). Eine zweite Phase der Neugestaltung des öffentlichen Raums ist für die samnitische Zeit, insbesondere das 2. Jh. v. Chr., bezeugt, als die der Kleinstadt am Vesuv, die von den großen römischen Eroberungen im hellenistischen Orient profitierte, ihre Blütezeit erlebte. In der Tat gestaltete die Stadt ihre neuen Bauten nach dem Vorbild der großen hellenistischen Städte. Damals wurde der archaische Apollo-Tempel am Forum vollständig erneuert. Man ersetzte die alte Holzkonstruktion durch ein neues, ganz aus Stein errichtetes Gebäude.

In jener Zeit wurde auch der Platz vor der Ostseite des Tempels monumental umgestaltet. Hier errichtete man an der Nordseite einen neuen, dem Jupiter geweihten Tempel mit einem großen Altar davor. Auch der Platz selbst, an dem bis dahin nur bescheidene *tabernae* gestanden hatten, erhielt mit einer Pflasterung aus großen Tuff-Platten und einer dorischen Portikus aus Tuff, die den südlichen Abschnitt des Platzes an drei Seiten umgab, monumentalen Charakter. Hier errichtete man das wohl großartigste Gebäude des samnitischen Pompeji: die Basilica (s. S. 50). Das Gebäude, das für die Justizverwaltung und den Handel bestimmt war, bestand aus einer großen rechteckigen Halle, die mit korinthischen, aus Ziegelsteinen gemauerten und von korinthischen Kapitellen bekrönten Säulen in drei Schiffe untergliedert war. An ihrer Stirnseite war das *tribunal*, eine Ädikula auf einem hohen Podium. Dort saß der Magistrat während der Anhörungen. Zum Forum hin öffnete sich ein monumentaler Eingang.

Angeregt von griechischen Vorbildern, entwickelte sich der Bereich des Forum Triangolare in dieser Phase zu einer Art kulturellem Zentrum. Zu Füßen der Terrasse des Dorischen Tempels nutzte man den steilen Abhang für den Bau eines Theaters, dessen Bühne wie bei den griechischen Theatern von der *cavea*, den Sitzen der Zuschauer, getrennt war. Wahrscheinlich führte man hier Komödien auf: die berühmten, bei den Oskern so beliebten volkstümlichen Possen (*atellanae*) und die lateinischen Komödien von Plautus und Terenz. Die Vertreter der städtischen Aristokratie waren aber wohl auch in der Lage, die großen Tragödien des Aischylos, Sophokles und Euripides auf Griechisch zu verstehen.

Hinter der Bühne des Theaters lag ein großer, von 74 dorischen Säulen aus grauem Nocera-Tuff eingefasster Platz, in dem man ein Gymnasium erkennen wollte. Er war mit der Terrasse des Athene-Tempels über eine monumentale Treppe verbunden. Möglicherweise benutzte man sie für Prozessionen, die den Schauspielen im Theater vorangingen.

Auch die Terrasse des Foro Triangolare wurde monumental umgestaltet. Vor dem eigentlichen Eingang zum Platz errichtete man eine elegante Halle mit sechs ionischen Säulen. Das Gebiet des Athene-Heiligtums wurde an drei Seiten von einer Portikus mit dorischer Säulenordnung eingefasst. Vor dem östlichen befand sich eine Piste, die von der Terrasse des Athene-Tempels durch eine niedrige Mauer getrennt war, und die man daher als «Stadion» deutete.

Nordwestlich vom Theater wurde ein rechteckiges, von Säulenhallen umgebenes Gebäude mit drei Räumen an der Westseite errichtet. Aufgrund der Weihinschrift des Quästors Vibius Adiranus wollte man darin die Palästra erkennen, in der die Sprösslinge der angesehensten Familien des samnitischen Pompeji trainierten. Auf einem wie ein Altar gestalteten Sockel stand eine Kopie des Doryphoros (Abb. 24), einer berühmten, um 440 v. Chr. von Polyklet geschaffenen Statue. Der jugendliche Speerträger soll Achilleus, den mythischen Sieger über die Trojaner, darstellen, den Jüngling, der alle männlichen und militärischen Tugenden (*virtutes*) der Griechen verkörperte und den sich sogar Alexander der Große, der stets mit der «Ilias» unter dem Kopfkissen schlief, zum Vorbild nahm. Die Statue betonte ganz offensichtlich die erzieherische Funktion der Anlage. Die samnitische Jugend, die hier trainierte, verehrte die Statue als Idol; siegte ein Jugendlicher, setzte er dem Helden den Siegeskranz auf. Hierfür diente wohl das Treppchen an der Rückseite der Statuenbasis.

Auch in samnitischer Zeit blieb das Foro Triangolare ein Ort, von dem aus eher randständige Kulte ihren Weg in die pompejanische Gesellschaft hinein fanden. Schon im Laufe des 2. Jhs. v. Chr. wurde nördlich vom Theater ein Tempel für den Isiskult erbaut (s. S. 129). Dass dieser Kult in der Stadt am Vesuv so früh auftaucht, erklärt sich aus den engen Verbindungen zwischen Pompeji und Pozzuoli, Roms wichtigstem Hafen während der gesamten republikanischen Zeit, ein Tor zum Mittelmeer und insbesondere zu Ägypten. Auf diesem Weg kamen Fremde nach Pompeji, Händler und Künstler, aber auch neue, eschatologische Kulte, die in breiten Schichten der Bevölkerung Fuß fassten. Am Ende der samnitischen Epoche oder in den ersten Jahren der römischen Kolonie wurde östlich vom Isis-Tempel ein kleiner Tempel errichtet, der Asklepios, ebenfalls einer fremden Gottheit, geweiht war.

Nach Gründung der römischen Kolonie (und ganz besonders in der Kaiserzeit) trieben die neuen Eroberer die Aneignung des gesamten öffentlichen Raums immer mehr voran. Sulla, dem Gründer der *Colonia Cornelia Veneria Pompeianorum*, verdanken wir den Bau eines prächtigen der *Venus Physica Pompeiana* geweihten Tempels. Vom Tempel selbst, der an der Rückseite der Basilica stand, ist nur der Sockel erhalten. Er war an drei Seiten von einer Portikus eingefasst, die vierte Seite war zum Sarnotal und zum Meer hin ausgerichtet. Durch diese beherrschende Lage bildete das Heiligtum eine Art ideologischen Gegenpart zum ähnlich gelegenen alten Athene-Tempel.

Beim Foro Triangolare erbaute man ein kleineres, überdachtes Theater für musikalische Aufführungen. In augusteischer Zeit restaurierten Marcus Holconius Rufus und sein Bruder Celer das alte samnitische Theater mit kostbaren Marmorplatten und vielen Statuen.

In der neuen Kolonie fehlte jedoch noch ein Gebäude für die beliebteste Freizeitbeschäftigung der Römer: das Amphitheater. Es wurde in der Südwestecke der Stadt in einer recht abgelegenen Gegend errichtet, was die Bewältigung der Zuschauermassen während der Spieltage erleichterte. Das Halbrund des Zuschauerraumes, die *cavea*, ist zum Teil an die Stadtmauer herangebaut. Für die Arena wurde dagegen in die Tiefe gegraben; den Aushub verwendete man für den Aufbau der Stufen. Das dank der Großzügigkeit des Marcus Porcius und Gaius Quinctius Valgus, zweier Magistrate der kürzlich gegründeten Colonia, errichtete Gebäude wurde im Laufe der Zeit mit eleganten Sitzstufen aus Tuff verschönert.

In augusteischer Zeit erbaute man gegenüber vom Amphitheater eine große Palästra für das Training der *iuventus Pompeiana*. Sie ersetzte die inzwischen zu klein gewordene samnitische Palästra beim Forum Triangolare.

Das Forum

Das Zentrum des religiösen, politischen und wirtschaftlichen Lebens, das Forum (Abb. 25), war für den Verkehr geschlossen. Der Platz, an dem keine Privatgebäude standen, zeigt sich heute als Ergebnis verschiedener Bauphasen, da er immer wieder umgestaltet und durch repräsentative Prachtbauten ergänzt wurde.

Zunächst umgaben die öffentlichen Bauten den Platz ohne eine strenge Ordnung. Im 2. Jh. v. Chr. versuchte dann der Quästor Vibius Popidius, dem Platz eine regelmäßige Form zu geben, indem er eine

Abb. 24
Kopie des sog. Doryphoros (Speerträger) des Polyklet, die in der Palästra beim Theater stand. Museo Nazionale, Neapel (Inv.-Nr. 6011).

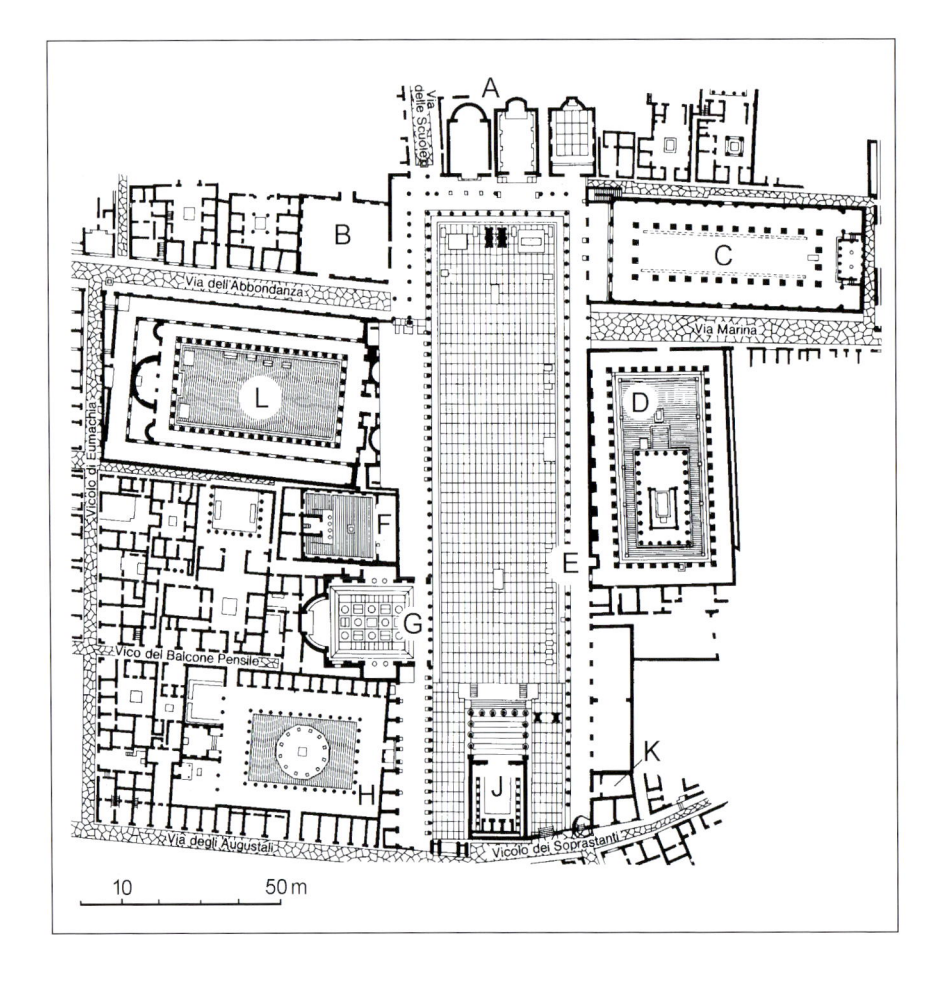

Abb. 25
Plan des Forums von Pompeji:
A Curia
B Comitium
C Basilica
D Apollo-Tempel
E *mensa ponderaria*
F Tempel des Vespasian
G Tempel der *Lares publici*
H Macellum
J Capitolium
K Latrine
L «Gebäude der Eumachia»

Portikus aus Tuff errichten ließ. In augusteischer Zeit schließlich wurde der Platz an drei Seiten mit einer zweistöckigen Portikus aus Travertin eingefasst und das antike Tuff-Pflaster durch große Travertin-Platten ersetzt. Nur an der Südseite blieb die Tuff-Portikus aus republikanischer Zeit erhalten. Die Travertin-Säulen vor dem Macellum und vor dem «Gebäude der Eumachia» (VII 9, 1) sind, im Gegensatz zu den übrigen Säulen, kanneliert.

Die Umgestaltung wurde wahrscheinlich durch das Erdbeben von 62 n. Chr. einige Jahre lang unterbrochen. Die Arbeiten zur Wiederherstellung wurden wieder aufgenommen, waren jedoch anscheinend 79 n. Chr. noch nicht abgeschlossen. Bei den Ausgrabungen fand man zwar zahlreiche Statuensockel, aber keine einzige Ehren- oder Reiterstatue von Angehörigen des Kaiserhauses oder prominenten Pompejanern, und von den großen Bodenplatten aus Travertin fehl-

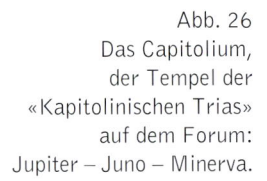

Abb. 26
Das Capitolium, der Tempel der «Kapitolinischen Trias» auf dem Forum: Jupiter – Juno – Minerva.

Abb. 27
Das Macellum war der zentrale Marktplatz der Pompejaner, das Forum hatte diese Funktion zum Zeitpunkt des Vesuvausbruchs 79 n. Chr. lange abgegeben.

ten die meisten. Dies könnte allenfalls mit Plünderungen nach der Verschüttung erklärt werden.

Der Platz hat eine langgestreckte rechteckige Form (143 x 38 m) und entspricht damit nicht dem von Fachschriftsteller Vitruv geforderten Verhältnis von 2:3, das bei öffentlichen Darbietungen die beste Sicht ermöglichen sollte. Möglicherweise ist in dieser Abweichung eine griechische Tradition zu erkennen.

Die nach Norden gelegene Rückseite nahm der in ein Capitolium umgewandelte Jupiter-Tempel ein (Abb. 26). Wie auf dem Relief am Lararium des Gaius Caecilius Iucundus dargestellt, wurde er von zwei Ehrenbögen gerahmt (s. Abb. 7). Sie waren ursprünglich mit Marmor verkleidet und mit Brunnen ausgestattet. In den Nischen des östlichen Bogens standen dem Fragment einer Inschrift zufolge Statuen von Nero und Drusus, und auf dem Bogen stand eine Reiterstatue. Der westliche Bogen war dem Tiberius gewidmet.

Dem Tempel gegenüber lag die Curia mit den Büros von Verwaltung und Politik. An der östlichen Längsseite befanden sich das Wahllokal (*comitium*), der Markt (*macellum*, Abb. 27) und die Gebäude für den Kaiserkult (das «Gebäude der Eumachia», der Tempel des Vespasian und der Tempel der Lares publici), an der westlichen Längsseite lagen das Eichamt (*mensa ponderaria*), die Getreidespeicher, die Latrine und das Gefängnis.

Der französische Architekt Le Corbusier vermerkte 1911 in seinen Notizen: «Anordnung heißt Hierarchie der Ziele, Klassifizierung der Absichten. Der Grundriss des Forums enthält viele Achsen, aber trotzdem würde er niemals auch nur den dritten Preis von der «École des Beaux Arts» bekommen, man würde ihn ablehnen, er bildet ja keinen Stern! Einen solchen Grundriss zu betrachten und auf dem Forum spazieren zu gehen, ist eine Freude für den Geist!»[4]

Ein Fries aus dem «Haus der Julia Felix» wurde mit dem geschäftigen Treiben auf dem Forum in Verbindung gebracht. Er zeigt eine Menschenansammlung mit fliegenden Händlern und Flaneuren vor einer Portikus mit Girlanden; vier von hinten gesehene Personen, darunter ein Kind, lesen gerade eine an der Basis von drei Reiterstatuen befestigte öffentliche Bekanntmachung (Abb. 28). Solche Darstellungen bestätigen,

Abb. 28
Ein Fries aus dem «Haus der Julia Felix» zeigt anschaulich das Treiben auf dem Forum von Pompeji. Museo Nazionale, Neapel (Inv.-Nr. 9068).

was die Archäologie bereits bewiesen hat – das Forum als zentral gelegener, beliebter Platz war ein Ort der Begegnung, der dem menschlichen, ökonomischen, kulturellen und politischen Austausch diente; eine Art «Foyer» der Stadt.

Die Curia

Die Verwaltung der Stadt wurde in der Curia erledigt: Hier war der Sitz der beiden *duumviri* (Stadtvorsteher), der Ädilen (Beigeordnete) und des *ordo decurionum* (Gemeinderat der Dekurionen).

Die *duumviri* waren jeweils ein Jahr lang im Amt. Ihnen oblag die Verantwortung für die kommunale Politik: die Verwaltung der Finanzen, das Eintreiben der Steuern und die Errichtung größerer öffentlicher Bauten wie Straßen, Tempel oder Theater. Für die alltägliche Verwaltung, die Instandhaltung der Straßen und der öffentlichen Bauten, die Aufsicht über die Märkte und die städtische Polizei (*vigiles*) waren die Ädilen zuständig.

Die Dekurionen wurden unter den angesehensten Bürgern ausgewählt; sie entschieden über Fragen der Verwaltung, über die Spiele und über die Wahl der Kommissionen und der Priester. Das auf dem Forum versammelte Volk konnte ihre Vorschläge durch Akklamation bestätigen. Die tatsächliche Regierungsgewalt über die römischen Städte lag ab Augustus jedoch in den Händen des Kaisers; die alten republikanischen Institutionen blieben zwar bestehen, besaßen jedoch keinerlei wirkliche Macht mehr.

Die Wahlen fanden im *comitium* statt, dem am Forum gelegenen Wahllokal. Das Volk wählte die *duumviri* und die Ädilen, die Dekurionen wurden wiederum von den *duumviri* ausgesucht. Zur Wahl zugelassen waren freie Männer mit vollem Bürgerrecht, ausgeschlossen waren Frauen, Sklaven und Freigelassene (*liberti*), außerdem die Inhaber von Bordellen, die Betreiber des Zirkus, Schauspieler und alle, die unwürdige Tätigkeiten ausübten. An den Wahlkämpfen konnten sich jedoch alle beteiligen und für ihre Kandidaten werben: Frauen, gesellschaftliche Zusammenschlüsse, Handwerksvereine. Die Wahlpropaganda setzte drei Monate vor dem Wahltermin ein. Dies bezeugen die etwa 2800 gefundenen Inschriften, die mit roter Farbe auf die Mauern der Gebäude gepinselt wurden (Abb. 29). 1500 davon beziehen sich auf die letzte Wahl, von 79 n. Chr., wobei 150 verschiedene Namen erwähnt werden. Die Formel lautet meist: «*oro vos faciatis ...*» – «Ich bitte euch, wählt ...» Sämtliche Mauern in der Stadt waren mit Wahlwerbung überzogen.

Dass es bei solchen Wahlen oft genug nicht um politische Programme ging, sondern um den Austausch von Gefälligkeiten, verrät eine Inschrift: «Wähle ihn und er wird dich wählen, wenn du zur Wahl stehst!»

Die Basilica

Die Basilica (Abb. 30) war ein riesiges, dreischiffiges Gebäude (55 x 24 m) mit einem monumentalen Eingang an der Nordseite des Forums. Sie wurde etwa 130–120 v. Chr. errichtet und ist damit das älteste Beispiel dieses in der römischen Welt weit verbreiteten Architekturtyps. Ihre Benennung ist durch die Typologie, aber auch durch zahlreiche Kritzeleien gesichert, die neben Beleidigungen auch das Wort «*basilica*» enthalten. Eines dieser bereits von Fiorelli entzifferten Graffiti ist auf der Nordwand noch zu erkennen. In der geräumigen Eingangshalle (*chalcidicum*) waren wahrscheinlich die öffentlichen Bekanntmachungen angeschlagen. In den Schwellen an der Seite zum Forum sind Einlassungen zu finden; sie könnten von verschiebbaren Gittern stammen.

Das Innere bestand aus einem riesigen überdachten Raum, in dem Bronzehermen gefunden wurden, die

Abb. 29 Wahlwerbung als Graffiti an einem Haus in der Via dell'Abbondanza (nach Spinazzola 1953, taf. 1).

zwei bekannten Bürgern gewidmet sind. 28 Ziegelsäulen stützten das Dach und bildeten drei Schiffe (Abb. 31). Die Basilica war mit Ziegeln von 1,35 x 0,90 m Größe gedeckt, den größten, die bisher in Pompeji gefunden wurden. Die Wände waren mit bemaltem Stuck verziert, der Blöcke aus buntem Marmor imitierte (im Ersten Stil, s. S. 70), und wurden durch Halbsäulen gegliedert. Das Obergeschoss besaß eine Verbindung zur Portikus am Forum.

Architektur und Dekoration zeigen eine Verbindung von hellenistischen und römischen Elementen. Die architektonische Form hat ihre Ursprünge in den zweistöckigen *stoai basilikai* der hellenistischen Herrscher. Dieser Bautypus, der Tausende von Personen aufnehmen konnte, war in der Antike so erfolgreich, dass er mit entsprechenden Änderungen bis in die christliche Zeit hinein weiterlebte und in den großen konstantinischen Basiliken wieder aufgenommen wurde.

Im Hintergrund des Innenraums erhob sich die eindrucksvolle, strenge Fassade des *tribunal* (Abb. 32). Die *sella curulis*, der Richterstuhl, stand auf einem etwa 2 m hohen Podest. Auf dem Sockel davor war eine bronzene Reiterstatue aufgestellt. Magistrate und Beschuldigte betraten das *tribunal* über eine hölzerne Treppe, die anschließend sofort wieder entfernt wurde, um Raufereien zwischen Angeklagten und Angehörigen zu vermeiden.

Das Gebäude hatte mithin eine doppelte Funktion: als Gerichtssaal und als überdachtes Forum; bei schlechtem Wetter konnten sich die Pompejaner in die Basilica zurückziehen, um ihre Geschäfte dort abzuwickeln.

Abb. 30
Die dreischiffige Basilica von Pompeji, das älteste Beispiel dieses Bautyps im Römischen Reich; hier fanden u. a. Gerichtsverhandlungen statt.

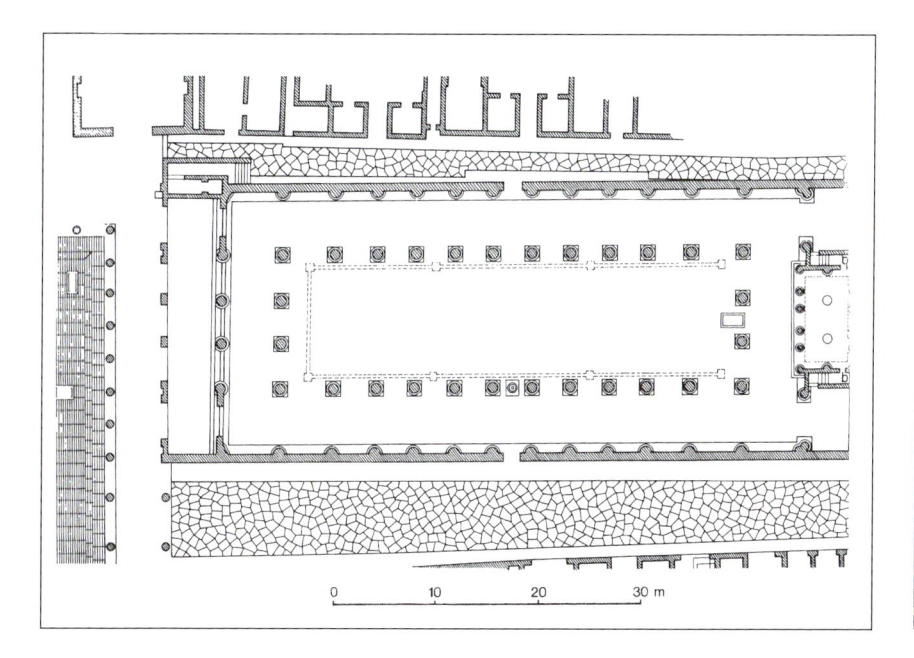

Abb. 31
Grundriss der Basilica von Pompeji.

Abb. 32
Zwei Reihen von Halbsäulen gliederten die Wände in der Basilica – die unteren in ionischer, die oberen in korinthischer Ordnung. Die Ziegelsäulen (im Vordergrund), die das Dach trugen, waren ursprünglich mindestens 11 m hoch.

Die Infrastruktur Pompejis | 51

In dubio pro reo: Gerichtsverfahren im Römischen Reich

Im öffentlichen Verfahren bezeichnete sich derjenige, der ein Recht einforderte, als *actor* (Darsteller), sein Gegner als *reus*. Sie konnten persönlich beim Prätor vorstellig werden oder sich vertreten lassen, unterstützt von Rechtskundigen oder von Mitbürgern, die für sie bürgten *(advocati)*. Der Kläger lud den Angeklagten vor den Prätor. Falls er sich weigerte, konnte man ihn mit Gewalt vorführen *(manus iniectio)*. Für das rechtliche Verfahren gab es zwei unterschiedliche Wege. Der erste war förmlicher und bestand darin, den Antrag mit wörtlichen Zitaten aus den Gesetzestexten so zu formulieren *(per legis actiones)*, dass er mit «ja» oder «nein» zu beantworten war. Ein formaler Fehler genügte, um den Prozess zu verlieren. Es gab auch ein schnelleres Verfahren *(per formulam)*: Dabei trugen die beiden Parteien ihre Standpunkte dem Prätor vor, der dann auf dieser Basis die Art des Falles feststellte. Der Prätor beurteilte die rechtliche Frage jedoch nur insoweit, als dass er beide Parteien anschließend an einen von ihm ausgewählten Schiedsrichter verwies, der dann das Urteil zu fällen hatte. Im Gegensatz zum Zivilrecht war das Strafrecht komplizierter. Verbrechen wie Diebstahl, Raub, Beschädigung oder Beleidigung fielen unter die Zivilgerichtsbarkeit. Als «öffentliche» – und damit strafrechtlich verfolgbare – Verbrechen *(delicta publica)* galten Mord, Brandstiftung, Gewalt, Entführung, Falschmünzerei, das Fälschen von Testamenten, Vaterlandsverrat, Aufruhr, Majestätsbeleidigung, die Herabwürdigung des römischen Volkes, Wahlmanipulation, Veruntreuung im Amt und Amtsmissbrauch. Das Strafmaß hing von der Schwere des Vergehens ab. Für die schwersten Verbrechen gab es die Todesstrafe (durch Enthauptung) oder die verschärfte Verbannung mit dem Verbot, dem Verurteilten Asyl zu gewähren. Beide Strafen sahen auch den Einzug des Vermögens vor. Geringere Strafen waren Haft, die Zahlung von mehr als 3000 Assen oder der Verlust der bürgerlichen Rechte *(infamia)*.

In einem Strafprozess oblag die Rechtsprechung den Konsuln, den Prätoren und dem Volk. Das letzte Wort hatte immer das Volk, so dass die Magistrate es vorzogen, den gesamten Prozess öffentlich zu führen. Später übertrug das Volk diese Aufgaben besonderen Kommissionen *(quaestiones)*, die frei urteilen konnten. Bei öffentlichen Verhandlungen hatte der Quästor den Vorsitz und vertrat die Anklage, in Verfahren vor den Kommissionen konnte jeder Bürger als Ankläger auftreten. Am festgesetzten Verhandlungstag erläuterte der Ankläger *(delator)* den Tatbestand, der Angeklagte *(reus)* verteidigte sich persönlich oder ließ sich durch einen *patronus* (Beschützer) verteidigen. Nach den Plädoyers der Parteien erfolgte die Beweisaufnahme, die Dokumente wurden vorgelegt und die Zeugen angehört. Dann folgte die Entscheidung des Richters. Er rief eine Jury zusammen, die er fragte, ob der Sachverhalt ausreichend ermittelt worden sei. War die Antwort negativ, schritt man zu einer Ergänzung des Ermittlungsverfahrens; war sie positiv, zum Urteil. Dieses erfolgte durch Täfelchen, auf denen «ich spreche frei» *(absolvo)* und «ich verurteile» *(condemno)* geschrieben war. Jedes Mitglied der Jury strich eines der beiden Wörter durch und legte die Tafel in eine Urne. Bei Stimmengleichheit war der Angeklagte freigesprochen, bei einer Verurteilung sprach der Richter den Schuldspruch und verhängte die Strafe.

Ein reizvoller Fries aus dem «Haus des Arztes» (VIII 5, 24), heute im Museo Nazionale in Neapel (Inv.-Nr. 113197), und ein gemalter Zyklus aus einer Villa am Esquilin in Rom bezeugen die Bewunderung der Römer für die juristische Weisheit der Alten. Das Bild aus Pompeji stellt das berühmte «Salomonische Urteil» dar: zwei Frauen, die sich vor dem König um ein Kind streiten. Dieser entscheidet, das Kind in der Mitte durchzuschneiden, so dass jede der beiden eine Hälfte bekommt – diejenige, die dies sofort ablehnte, gab sich als die wirkliche Mutter zu erkennen.

Wirtschaft und Gesellschaft

Die pompejanische Wirtschaft gründete sich vor allem auf die Qualität ihrer landwirtschaftlichen Produkte. Vergil preist die Fruchtbarkeit des Landes am Vesuv, und Strabo berichtet, der gesamte Vesuv, abgesehen vom Gipfel, sei landwirtschaftlich genutzt worden. Die an mineralischen Substanzen reiche vulkanische Erde war so fruchtbar, dass es sich – wie heute auch noch – lohnte, anstelle von extensivem Getreideanbau ausgewählte, kostspielige Kulturen anzulegen. Columella preist das Gemüse (Kohl und Zwiebeln) aus Pompeji, während Cato die Feigen aus Herculaneum preist. Plinius und Columella erwähnen den Wein, der in großen Mengen in Pompeji produziert und exportiert wurde (s. S. 82). Pompejanische Amphoren wurden in England, Gallien, Spanien und Afrika gefunden; der Archäologe Sir Mortimer Wheeler entdeckte sie sogar in Indien.

Cato erwähnt Pompeji als Markt für Ölpressen, die aus dem festen vulkanischen Basalt hergestellt wurden. Überallhin, wiederum bis nach Indien, exportierte Pompeji auch das *garum*, eine Fischsoße (s. S. 88).

Auch die Textilindustrie erlebte in Pompeji einen beachtlichen Aufschwung (s. S. 91). Die Herden im Umland lieferten die Wolle, die in der Stadt gewalkt, gefärbt, gewebt und verkauft wurde, wie die «Werkstatt des Verecundus» (IX 7, 5), die «Walkerei des Stephanus» (I 6, 7) und das «Gebäude der Eumachia» zeigen. Der zierliche Fries mit Eroten im «Haus der Vettier» enthält ebenfalls einen Hinweis auf das Gewerbe der *fullones* (Walker); dort sieht man das Pressen der Stoffe und einen Eros, der die Tücher zum Trocknen aufhängt.

Der Hafen und die Lage am Sarno begünstigten den Handel. Silber und kostbarer Schmuck, vor allem aber die große Menge der im Umlauf befindlichen Silber- und Goldmünzen zeugen vom allgemeinen Wohlstand. Ein goldenes Medaillon des Augustus, 9/8 v. Chr. in Lugudunum in Gallien (dem heutigen Lyon) geprägt, zeigt auf der einen Seite eine Statue der Göttin Artemis und auf der anderen den mit Lorbeer bekränzten Kopf des Kaisers.

Eine indische Elfenbeinstatuette der Göttin Lakschmi aus Haus I 8, 5 bezeugt, dass die Stadt Kontakte zum Osten mit seinen reichen Warenströmen unterhielt, möglicherweise über den internationalen Hafen von Pozzuoli. Lakschmi, die Göttin der Schönheit und der Fruchtbarkeit, Frau des Gottes Wischnu, wird von zwei Dienerinnen flankiert und ist mit einem reichen Diadem und einer schweren Kette geschmückt. Eine Bohrung am Kopf lässt vermuten, dass die Kultstatue im römischen Umfeld zu einem eleganten Spiegelgriff umgeformt wurde.

Im 1. Jh. n. Chr. war Pompeji ein ruhiges Provinzstädtchen mit etwa 20.000 Einwohnern. Herculaneum zählte 10.000 Einwohner, während Rom zu dieser Zeit bereits die Millionengrenze erreicht hatte. Die pompejanische Gesellschaft bestand aus alten samnitischen Patrizierfamilien, aus den Nachfahren der ersten sullanischen Kolonisten sowie Handelsleuten und Freigelassenen kampanischer, griechischer und asiatischer Herkunft, angelockt von Industrie und Handel.

Die an der griechischen Kultur orientierte samnitische Oberschicht schuf Bauten wie das «Haus des Fauns» und Kunstwerke wie das Alexander-Mosaik. Auf die alte Aristokratie folgte die Schicht der römischen Kaufleute, deren Unternehmertum und Wohlstand sich in Häusern wie dem «Haus der Vettier», dem «Haus mit den vergoldeten Amoretten» und dem «Haus des Menander» ausdrückte. Wer noch wohlhabender und vornehmer war, zog es vor, ein wenig außerhalb der Stadt zu leben, in Vorstadtvillen wie der «Villa Imperiale», der «Villa des Diomedes» und der «Mysterienvilla». Um ein angenehmes Leben zu führen, genügte es auch damals schon, in die richtige soziale Schicht hineingeboren zu werden, wie das Beispiel der reichen Unternehmerin Eumachia zeigt (s. S. 91).

Ein Bildnis einer Matrone auf einem Mosaik aus dem Haus VI 15, 14 ist beispielhaft für die Darstellung einer Frau aus gutem Hause (Abb. 33). Gutes Beneh-

Abb. 33
Das Mosaik, aus dem dies Bildnis einer vornehmen Matrone stammt, wurde in Haus VI 15, 14 gefunden. Die Dargestellte präsentiert sich als Mitglied der Oberschicht in der Provinz, als eine Frau, die sich pflegt und jegliche Annehmlichkeit genießt, wie die Perlenkette und die goldenen Ohrringe, auch in ihrer Schlichtheit, anzudeuten scheinen. Museo Nazionale, Neapel (Inv.-Nr. 124666).

men, Sittsamkeit und Ernsthaftigkeit sind die *virtutes*, die das Bildnis ausdrücken soll, Tugenden, wie wir sie auch in Plutarchs «Praecepta coniugalia» finden, den «Regeln für eine gute Ehefrau». Es gibt auch Porträtmedaillons aus Glas; man könnte sich vorstellen, dass sie den Gattinnen geschenkt und als Halsschmuck getragen wurden. Die äußerste technische Spezialisierung und der Wert des Materials deuten auf Handwerker, die für eine anspruchsvolle, verwöhnte Kundschaft arbeiteten. Ein prächtiges Exemplar zeigt einen jungen Mann ohne Bart mit großen, ausdrucksvollen Augen, dunklen Haaren und leicht gerunzelter Stirn. Hier hat sich die Tradition des römischen Realismus erhalten, der auf den Hellenismus zurückgeht. Der Kopf über der niedrigen Büste ist zur Seite gedreht, eine Formel des 1. Jhs. n. Chr., die das Bildnis geistvoll erscheinen lassen soll. Die farbliche Harmonie der kalt gemalten Pastelltöne macht eine Datierung in julisch-claudische Zeit wahrscheinlich, auch wenn die Ausdruckskraft des Gesichtes schon den Expressionismus der folgenden Jahrhunderte anzukündigen scheint.

Die pompejanische Gesellschaft war ständig auf der Jagd nach Geld und Ehre: Marcus Holconius Rufus, Mitglied einer reichen Familie von Produzenten eines besonders geschätzten Weins, war vier Mal *duumvir*, dazu Priester des Kaiserkults, General h. c. (*ad honorem*) und Patron der Kolonie.

Wie sehr sich die Kaufleute, selbst die Bäcker, ihres Wohlstands und ihres gesellschaftlichen Ansehens bewusst waren, kann man an dem berühmten Bildnis des Terentius Neo und seiner Frau ablesen. Das Bild (65 x 58 cm, jetzt im Museum in Neapel Inv.-Nr. 9058) wurde im Haus VII 2, 6 gefunden, wo es auf die rückwärtige Wand einer kleinen Exedra gemalt war. Da dem Haus eine Bäckerei (*pistrinum*) angegliedert war, nimmt man an, dass es sich um den Eigentümer des Hauses und der Bäckerei handelt. Anfangs vermutete man, der Dargestellte sei Paquius Proculus, der in den Wahlinschriften auf die Außenwand erwähnt wird. Erst die Deutung einer Inschrift rechts vom Eingang ergab den richtigen Namen des Eigentümers: Terentius Neo. Der Verismus der beiden Bildnisse drückt sich in dem Kontrast zwischen der stereotypen aristokratischen Pose des Paares einerseits und der ungeschickten Haltung der Frau und der bäuerischen Strenge des Mannes andererseits aus. Terentius ließ sich in der Toga und mit einer Schriftrolle in der rechten Hand porträtieren, seine Frau mit einem Wachstäfelchen und einem Stift, den sie kokett an die Lippen hält, eine Geste, die von den Griechen für die Darstellung von Dichterinnen und Musen geschaffen worden war. Ob die beiden jedoch überhaupt lesen und schreiben konnten?

In der gleichen Haltung, mit dem kokett an die Lippen geführten Stift und einem dreiteiligen Wachstäfelchen, dem «Triptychon», ließ sich ein hübsches Mädchen porträtieren, als warte es gerade auf eine Eingebung. Unter dem kostbaren goldenen Haarnetz quillt kokett ein Lockenkranz hervor, die goldenen Ohrringe sind ein Hinweis auf den Wohlstand der Familie. Früher hielt man den berühmten Tondo für ein Porträt der griechischen Dichterin Sappho. Da das Gegenstück jedoch einen bekränzten jungen Mann mit einer Papyrus-Rolle zeigt, kann es sich bei dem Porträt nicht um eine Berühmtheit aus der Vergangenheit handeln, sondern den verbreiteten Typus eines «intellektuellen» Paares aus der Provinz

Den unvoreingenommenen unternehmerischen Sinn des römischen Bürgertums der frühen Kaiserzeit und der Pompejaner im Allgemeinen bezeugt ein Mosaik, das Publius Vedius Siricus am Eingang seines Hauses (VII 1, 25) anbringen ließ. Es trägt die Inschrift: «*salve lucru(m)*» – «Sei willkommen, Gewinn!»

In Haus V 1, 26 war eine Herme mit der Bronzebüste des Bankiers Lucius Caecilius Iucundus aufgestellt, gestiftet von dessen Freigelassenem Felix. In einem der Zimmer fand man ein Archiv mit 154 Wachstäfelchen aus der Zeit zwischen 53 und 62 n. Chr. Sie enthalten Quittungen für den Verkauf von Ländereien, Vieh und vor allem Sklaven, die Caecilius Iucundus für seine Kunden vermittelt hatte. Den Schätzungen von Jean Andreau zufolge betrug die Provision zwischen einem und vier Prozent. Auch das Einziehen der Steuern für die Kolonie gehörte zu den Geschäften des Bankiers.

Reichtum und schnell verdientes Geld waren weit verbreitete Ideale, aber auch Bildung und die damit verbundenen rechnerischen Fähigkeiten. Auf einer Wandmalerei aus dem «Haus der Julia Felix», jetzt im Museo Nazionale in Neapel, sind oben Münzen und Säckchen mit Geld und unterhalb davon Schreibutensilien dargestellt: ein Stift, eine Papyrusrolle und Wachstäfelchen.

Zu den lebendigsten Zeugnissen der pompejanischen Gesellschaft gehören mit einem Stift oder einem Nagel in die Wände geritzte Sprüche oder Zeichnungen — anscheinend hatte hier jeder irgendetwas mitzuteilen: In den Gängen der Theater kritzelten die Kinder Gladiatorenkämpfe und Seeschlachten auf die Wände (so wie die Kinder heute Fußballspieler und Flugzeuge). In der Palästra brüsteten sich die Gladiatoren damit, wie viele Männer sie in der Arena und wie viele Frauen sie im Bett besiegt hatten. Die Magazinverwalter dokumentierten das Be- und Entladen der Waren, die Trinker in den Tavernen verzeichneten, wie viel Geld sie bereits «vertrunken» hatten.

Alles war vertreten: die einen freuten sich, andere jammerten, und schließlich kam dann noch der übliche Wohlmeinende und fügte einen Satz wie diesen hinzu: «Ich bewundere dich, Wand, dass du noch nicht unter dem Gewicht von so vielen Dummheiten zusammengebrochen bist.»

Die Wand war die große Vertraute aller, die auf der Straße schliefen – wie jenes Hausierers, der einsam und vom Leben enttäuscht seine Leiden einer Wand in Pompeji anvertraute: «Du hast als Wirt, als Töpfer, als Metzger, als Bäcker gearbeitet; du warst Bauer und dann Händler, du warst Hausierer, und jetzt befüllst du Flaschen. Bleibt nur noch die Prostitution, dann hast du alles gemacht.»

Diese Klassengesellschaft war sich jedoch im Innersten ihrer Seele bewusst, dass der Tod die gesellschaftlichen Unterschiede einebnen und alle gleichmachen würde. Ein Mosaik im Triclinium eines Ladens in Pompeji (I 5, 2), jetzt im Museo Nazionale in Neapel (Inv.-Nr. 109982) – wegen seines Motivs *memento mori* («gedenke des Todes») genannt – zeigt zwischen der Wasserwaage eines Geometers und dem Rad der Fortuna einen Schädel, das Symbol des Todes, auf dem ein Schmetterling als Gleichnis für die leichte Seele sitzt. Neben dem Schädel sieht man links ein Zepter und einen purpurfarbenen Mantel als Zeichen der Macht und des Reichtums, rechts als Symbole der Armut den Stab und den Sack eines Bettlers.

Sklaven in Pompeji

Sklaven machten in Pompeji etwa 40 % der Bevölkerung aus und hatten daher großes Gewicht innerhalb des gesellschaftlichen Gefüges. Die außerordentlich niedrigen Arbeitskosten spielten eine wichtige Rolle für den gestiegenen gesellschaftlichen Wohlstand.

Die Behandlung von Sklaven war familiär, Strafen gab es nur bei Übertretungen. Über das Leben der Sklaven in Pompeji wissen wir indes wenig. Sie lebten in den Häusern ihrer Herren, wo sie im Küchentrakt oder in den Kammern im Obergeschoss untergebracht waren. Die oberen Stockwerke der Häuser sind jedoch eingestürzt, so dass die Treppen dorthin nun wie Jakobsleitern in den Himmel ragen.

Im vorigen Jahrhundert fand man in der Gladiatorenkaserne (s. S. 110) zwei Sklaven, die ihr Herr zur Strafe auspeitschen und in Fesseln legen ließ, so dass sie beim Ausbruch des Vesuvs nicht einmal einen Fluchtversuch unternehmen konnten.

Finanzpolitik

Die Beiträge der Bürger zu den städtischen Finanzen einer römischen Kolonie waren eher bescheiden. Es gab keine eigentlichen städtischen Abgaben, stattdessen kamen die Einnahmen gewöhnlich aus Gewinnen der städtischen Besitztümern (Ländereien, Vieh, Wälder, Flüsse), Zöllen für Straßen und Warenverkehr, Hafengebühren sowie Buß- und Strafgeldern.

Tatsächlich stammten die höchsten Summen, die in die städtischen Kassen flossen, von den neu ernannten Magistraten, die sie bei ihrem Amtseintritt einzahlten oder als großzügige Spenden von beträchtlicher Höhe für wichtige öffentliche Einrichtungen verwendeten, etwa für den Bau oder die Modernisierung von Thermen und Wasserleitungen, für die Wiederherstellung der Befestigungsanlagen, für öffentliche Bauten oder deren Verschönerung oder für das Ausrichten von religiösen Festen oder von Schauspielen auf dem Forum und im Amphitheater.

Oft war die Karriere eines Magistrats (*cursus honorum*) mit einer öffentlichen Spende oder einem Akt von Mäzenatentum verbunden. Damit sollten die Sympathien der Bürger gewonnen und eine wachsende, bei Wahlen sehr nützliche Anhängerschaft aufgebaut werden.

Ein Beispiel hierfür ist der Aufstieg des Clodius Flaccus, eines der einflussreichsten pompejanischen Magistraten augusteischer Zeit. Auf seiner Grabinschrift an der Gräberstraße vor der Porta di Stabia (CIL X, 1074, nicht mehr erhalten) war zu lesen: «Aulus Clo-

Abb. 34
Dieses Relief mit gladiatorischen Szenen wird dem Grab des Clodius Flaccus vor der Porta di Stabia zugeschrieben, der als Magistrat zahlreiche Spiele sponserte. Museo Nazionale, Neapel (Inv.-Nr. 6704).

dius Flaccus, Sohn des Aulus, aus der Tribus Menenia, *duumvir* mit Gerichtsbarkeit und drei Mal als *duumvir* für fünf Jahre gewählt, per Akklamation vom Volk gewählter Militärtribun, bot den Bürgern Pompejis die folgenden Schauspiele: In seinem ersten Duumvirat bei den Feiern für Apollo die Parade auf dem Forum, Stiere, Stierkämpfer und Helfer, drei Fechter-Paare, Faustkämpfer in Gruppen und einzeln, Vorstellungen kämpfern und Faustkämpfern in Gruppen. Und am folgenden Tag allein im Amphitheater dreißig Gruppen von Kämpfern, fünf Gladiatorengruppen, weitere 35 Gladiatoren, einen Kampf mit wilden Tieren, mit Stieren, Stierkämpfern, Wildschweinen und Bären, eine Tierhatz mit wilden Tieren. Im dritten Duumvirat die Schauspiele des ersten Teils und, zusammen mit seinem Kollegen, die Narren.»

mit jeder Art von Narren und Pantomimen, darunter Pylades, und er spendete öffentlich mehr als 10.000 Sesterzen zu Ehren des folgenden Duumvirats.

Im zweiten fünfjährigen Duumvirat, zusammen mit seinem Kollegen, bei den Feierlichkeiten zu Ehren des Apollo die Parade auf dem Forum mit Stieren, Stier-

Eine große Marmorplatte von derselben Gräberstraße zeigt ein Relief mit Gladiatorenkämpfen (Abb. 34); man vermutet daher, sie habe sein Grab geschmückt.

Geld, eine Einkaufsliste und die täglichen Ausgaben der Pompejaner

Ursprünglich verwendeten die Römer als Zahlungsmittel vor allem Vieh; daher heißt das Geld *pecunia* (von *pecus*: «Vieh»). Im römischen Währungssystem galt anfangs das As aus Bronze als Maß. Es heißt so wegen seines Gewichts, das einem Pfund (lateinisch libra oder as) entsprach. Das As ließ sich teilen in die *uncia* = 1/12 As, den *sextans* = 1/16 As, den *quadrans* = 1/4 As und den *semis* = 1/2 As. Der *dupondius* entsprach zwei und der Sesterz (*sextertius*) vier Assen. Der Sesterz ersetzte schon bald das As als Maßeinheit. Er war wie der Denar (*denarius*), der vier Sesterzen (= 16 Asse) wert war, aus Silber. Die kostbarsten Münzen bestanden aus Gold, der *quinarius* mit einem Wert von 50 und der *aureus* mit einem Wert von 100 Sesterzen.

Unter Nero wurde das Gewicht des *aureus*, der in augusteischer Zeit noch 1/40 des römischen Pfund (327,45 g), also etwa 8,2 g, wog, auf 1/45 abgesenkt. Nach dieser Abwertung versuchten die Pompejaner, vor allem ältere Münzen aus republikanischer Zeit zu horten, da sie als gute Goldreserve galten. Im Gasthof der Brüder Memor und Celer (IX 7, 13–14) kritzelten drei Gäste eine Einkaufsliste für eine Woche an die Wand. Hier liest man, wie viel für die verschiedenen Produkte gezahlt wurde, allerdings ohne Mengenangabe:

«Käse: 1 As – Brot: 8 Asse – Öl: 3 Asse – Wein: 3 Asse – Zwiebeln: 5 Asse – für den Topf: 1 As – Brot für den Sklaven: 2 Asse – Dinkel: 3 Asse – Wein für den Tierbändiger: 1 Denar – Trockenfrüchte: 1 Denar – Lendenbraten: 8 Asse – Getreide: 1 Denar – Datteln: 1 As – Rindfleisch: 1 As – Räucherwerk: 1 As – Wurst: 1 As – Schafskäse: 4 Asse – Lauch: 1 As – Klee: 1 Denar – Teller: 1 As – Eimer: 9 Asse – Thymianpaste: 1 As – Schwarzbrot: 2 Asse – Fisch für den Tierbändiger: 2 Asse»

Der durchschnittliche Tagesbedarf der drei Personen betrug etwa 25 Asse (CIL IX, 5380). Die wöchentlichen Ausgaben des Wirts, Lucius Vetutius Placidus, beliefen sich auf etwa 600 Sesterzen. Die zur Verfügung stehenden Daten liefern nur Informationen über den absoluten Wert der Münzen. Ihren tatsächlichen Wert, ihre Kaufkraft oder die Lebenshaltungskosten können wir daraus nicht ableiten. Ein Pompejaner mit mittlerem Einkommen hatte zwischen zwei und zwanzig Sesterzen bei sich. Die in der Villa von Boscoreale zusammen mit einem Silberschatz gefundenen 103.700 Sesterzen waren das flüssige Kapital einer reichen Familie.

Leben im Luxus:
die Privathäuser in Pompeji

Was Besucher anscheinend am meisten fasziniert, sind die Perfektion und der Zauber der Wandmalereien und Mosaiken, aber auch die Geräumigkeit der wie Paläste erscheinenden Häuser. Dieses Gefühl vermittelt beispielsweise das «Haus der Silberhochzeit», wo die etwa 7 m hohen Säulen des Atriums schon am Eingang einen monumentalen Eindruck erwecken.

Der Vergleich mit der Enge unserer Wohnungen und mit der Schlichtheit unserer Tapeten verleitet dazu, die Antike als eine «paradiesische Welt» der unseren entgegenzustellen.

Welche Lebensideale veranlassten die Einwohner Pompejis zu dieser besonderen Gestaltung der Häuser und ihrer Dekorationen?

Abb. 35
In den Inneneinrichtungen der Wohnhäuser finden sich überall Pflanzenmotive. Gerne brachte man sich über die Wandmalereien einen idyllischen Garten «ins Haus»: Im Laub eines Quittenbaums hängen eine Silen-Maske, eine Panflöte und ein silberner Eimer. Malerei im Dritten Stil aus dem «Haus des goldenen Armbands». Pompeji (Inv.-Nr. 86075).

Provinznest oder «paradiesische Stadt»?

In der Antike war Pompeji nicht annähernd so berühmt wie heute. Es war ein ruhiges Provinzstädtchen, das vor allem von der guten Qualität seiner landwirtschaftlichen Produkte lebte. Ideologisch und kulturell war das Leben in der Stadt jedoch ein Spiegelbild dessen, was sich in Neapel und Pozzuoli, den beiden bedeutendsten Nachbarstädten, vor allem aber in Rom selbst abspielte. Die großen Städte, die auf ihrem bereits bebauten Gebiet weiter wuchsen, zerstörten die Zeugnisse ihrer eigenen Vergangenheit. So blieben vom antiken Neapel nur wenige Reste, und von Rom sind vor allem die monumentalen, mit den großen geschichtlichen Ereignissen verbundenen Bauten erhalten, die jedoch nur wenig über das Alltagsleben aussagen. Pompeji und die anderen Vesuvstädte, in denen das Leben ganz plötzlich stillstand, bieten dagegen Einblicke in das Alltagsleben der Vergangenheit wie kein anderer Ort.

Das wichtigste römische Ideal, aus dem sich alle anderen Ideale ergaben und das jeder angesehene römische Bürger übernahm, war die Rolle des Herrschers. Ursprünglich ein Volk von Hirten, das seine Kriege vor allem zur Verteidigung und für die eigene Sicherheit führen musste, fanden sich die Römer nach den Siegen über die Karthager und die Makedonen unversehens in der Rolle unumschränkter Herren über das Mittelmeer. Sie waren die Erben des riesigen Reiches Alexanders des Großen und der «Diadochen», seiner Nachfolger. Jede Großmacht muss sich jedoch legitimieren. Eine bewährte Form der Rechtfertigung ist es, sich als legitime Erben einer historischen Tradition auszugeben, und so gaben sich die Römer im Bewusstsein ihrer unversehens erworbenen Übermacht als unmittelbare Nachkommen Alexanders des Großen aus und verhielten sich wie hellenistische Fürsten. Dies erklärt, warum der Eigentümer des «Hauses des Fauns» in Pompeji um 100 v. Chr. als Fußbodenmosaik ein berühmtes griechisches Gemälde kopieren ließ, das Alexander im Kampf mit Perserkönig Dareios III. zeigt (s. S. 66).

Mit dem Ideal, wie ein Herrscher zu leben, ist auch ein zweites römische Ideal unmittelbar verbunden: zu zeigen, dass man in einem Palast lebt. Die Befriedung des Mittelmeers hatte schon nach dem Zweiten Punischen Krieg ein Aufblühen des Handels mit dem Orient zur Folge. Dieser neue Reichtum fand seinen Ausdruck auch in den privaten Bauten. Im Orient waren die Römer mit dem Wohnluxus der hellenistischen Welt in Berührung gekommen. Ein Haus wie das «Haus des Fauns» übertrifft mit einer Wohnfläche von mehr als 3000 m² sogar die Paläste der Herrscher von Pergamon. Auch auf ein anderes wesentliches Element hellenistischer Paläste verzichteten die Römer nicht: den Garten. Schon früher gab es kleine Gärten hinter den Wohnhäusern, aber mit den neuen gesellschaftlichen Bestrebungen verwandelte sich der alte Nutzgarten (*hortus*) in einen Lustgarten (s. S. 77).

Die Naturverbundenheit der Römer, eines alten Bauernvolks, brachte Motive aus dem Garten auch ins Hausinnere. Die Sockel der pompejanischen Wände waren fast immer mit pflanzlichen Motiven verziert, in den gemalten Architekturdurchblicken erschienen immer wieder Pergolen. Bisweilen schien das gesamte Zimmer von einem Garten umgeben wie im «Haus mit dem Obstgarten» (I 9, 5) oder dem «Haus des goldenen Armbands» (VI 17, 42) (Abb. 35). Da zum standesgemäßen Leben eines hellenistischen oder orientalischen Herrschers auch ein Tiergarten (griech. *paradeisos*) gehörte, malte man auf die Wände Gärten mit exotischen Tieren. Sie sind jagend und kämpfend dargestellt, wie im «Haus mit der Jagd wie in alten Zeiten» (VII 4, 48), oder vom Gesang des Orpheus besänftigt, wie im «Haus des Vesonius Primus». Der römische *dominus*, der Häuser von der Größe fürstlicher Paläste erbauen ließ, bediente sich der Malerei, um prächtige, in Wirklichkeit nicht existierende Architekturen auf den Wänden vorzutäuschen.

Ein drittes Ideal ist das beständige Zuschaustellen griechischer Kultur: im großen Reich Alexanders waren die offizielle Sprache und Kultur griechisch. So ließ Titus Siminius Stephanus in seiner Villa vor der Porta Vesuvio auf einem Mosaik (86 x 85 cm) die vor den Mauern Athens an der Straße nach Eleusis gelegene Akademie Platons darstellen. Die Sieben Weisen sitzen um einen hellblauen Himmelsglobus und diskutieren über Astronomie, Konstellationen und das Universum.

Auch die weit verbreitete Mode, im Haus eine Gemäldegalerie auszustellen, hängt mit dem Ideal griechischer Kultur zusammen und scheint ebenfalls vom Vorbild des hellenistischen Herrschers hergeleitet; tatsächlich sammelte schon Attalos II., König von

Pergamon, Bilder, aber auch Kopien. So ließ der Eigentümer des «Hauses mit der Kryptoportikus» eine kostbare Pinakothek auf die Wände der Kryptoportikus kopieren. In dem prächtigen unterirdischen Umgang konnte man vor der Witterung geschützt spazieren.

Die gemalte Dekoration zeigt einen Sockel mit einem Mäanderband und darüber eine Wand mit großen, durch Hermen gegliederten Blöcken (Orthostaten). Darüber war der Trojanische Krieg als Fries dargestellt, von der Pest im Lager der Griechen bis zu den Leichenspielen für Patroklos.

Beim Hinausgehen sah der Besucher im Zentrum der Wand Aeneas bei seiner Flucht aus Troja mit dessen Vater Anchises und Sohn Julus. Als Verbindungsglied zwischen griechischem Mythos und römischer Geschichte war diese Szene aus der «Iliupersis» an herausgehobener Stelle darstellt. Dies war auch das Hauptthema von Vergils «Aeneis»: waren es doch der Fall von Troja und die Flucht des Aeneas an die Küste von Latium, in deren Folge Julus, der Sohn des Aeneas, die Stadt Alba Longa gründete, aus der später Rom entstand. Die Komposition zeigt, wie die Römer griechische Mythen kopierten und ihrer eigenen Realität und Geschichte anpassten.

Auch einem weiteren Lebensideal konnte sich der antike Römer nicht entziehen: der Religion. Neben der offiziellen Religion blühten die Mysterienkulte. Der Malereizyklus in der sog. «Mysterienvilla» in Pompeji zeigte die Einführung einer jungen Frau in die Ehe, im Beisein von Bacchus und Venus. Indem sie den Schmerz der Züchtigung erträgt, beweist sie der Gesellschaft, dass sie erwachsen und damit für die Hochzeit bereit ist.

Viele Pompejaner waren Anhänger der Isis, der großen ägyptischen Göttin aus dem fruchtbaren Land am Nil, die allen Glück und ewiges Leben versprach. Im Pompeji gab es schon seit dem Ende des 2. Jhs. v. Chr. einen Isis-Tempel (s. S. 129). Er war eines der ersten Gebäude, die nach dem Erdbeben vom 62 n. Chr. restauriert wurden. Auch der sog. Loreius Tiburtinus ließ sich auf einer Wand seines Hauses als Isis-Priester mit kahl rasiertem Kopf in einer langen Tunika aus Leinen porträtieren (*linigerus calvus*). Seinen Garten durchquerte ein Kanal (*euripus*), ähnlich dem Lauf des Nils. Ägyptische Statuen – Ibis, Bes, Sphingen und Löwen – stellten das Ufer dar. Vermutlich konnte der Kanal bei besonderen Festen den Garten unter Wasser setzen, um so die Überschwemmungen nachzuahmen, mit denen Isis ihrem Land Ägypten Fruchtbarkeit bescherte.

Zwischen dieser in Pompeji dargestellten paradiesisch anmutenden Welt und der römischen gab es indessen tiefgehende historische Verflechtungen; dieses neue Verständnis soll die Bewunderung für den künstlerischen Wert der Werke nicht schmälern, sondern lediglich ihre gesellschaftliche Funktion bewusster machen. Unter gewissen Gesichtspunkten war diese Welt sicherlich «paradiesisch», aber bestimmt nicht für alle, vor allem nicht für die Sklaven (s. S. 55). Wir wissen aber auch, dass im 2. Jh. n. Chr. in Rom in den *insulae* in der Nähe des Kapitols gut 380 Personen auf vier Stockwerken wohnten, sicherlich unter wenig komfortablen Bedingungen. Es handelte sich nicht um Wohnungen, sondern eher um Schlafstätten für die städtische Unterschicht. Dies erklärt, warum in Rom wie in Pompeji und im gesamten übrigen Imperium die Thermen eine so außergewöhnliche Entwicklung nahmen: mit den hier konzentrierten sanitären und hygienischen Einrichtungen waren sie ein regelrechtes «Haus des Volkes».

Abb. 36
Eines der berühmtesten Mosaiken Pompejis findet sich im Eingang des «Hauses des Tragödiendichters»: «cave canem» – auf gut Deutsch: «Vorsicht, bissiger Hund!»

Schöner Wohnen à la Pompeji: die Wohnhäuser

Le Corbusier bemerkte 1911 nach dem Besuch des «Hauses der Silberhochzeit»: «... der kleine Vorraum, der den Geist von der Straße loslöst ... Vier Säulen in der Mitte (vier Zylinder) steigen wie aus einem Guss zum Schatten des Daches empor ... Von der öffentlichen Straße mit ihrem Gewimmel und malerischen Geschehen ist man in das Haus eines Römers eingetreten ... Nach zwanzig Jahrhunderten empfindet man dies alles, ohne historische Reminiszenzen zu bemühen, als Baukunst, und dabei handelt es sich um ein ausgesprochen kleines Haus.»[5]

floss Regen durch Wasserspeier in Tiergestalt (Hunde, Wölfe, Löwen) in das darunterliegende Becken, das *impluvium*, und von dort in eine Zisterne, der das Wasser für den täglichen Bedarf entnommen wurde. Im *atrium tetrastylum* wurde das Dach von vier Säulen, im *atrium tuscanicum* dagegen von zwei Balken getragen. Es gab auch das *atrium corinthium*, einen kleinen Hof mit Säulen. Im Atrium befanden sich gewöhnlich die Geldtruhe (*arca*) mit dem Familienschatz (Abb. 38) und das Lararium, ein Altar in Form eines kleinen Tempels (Abb. 39), in dem die Bildnisse der Ahnen

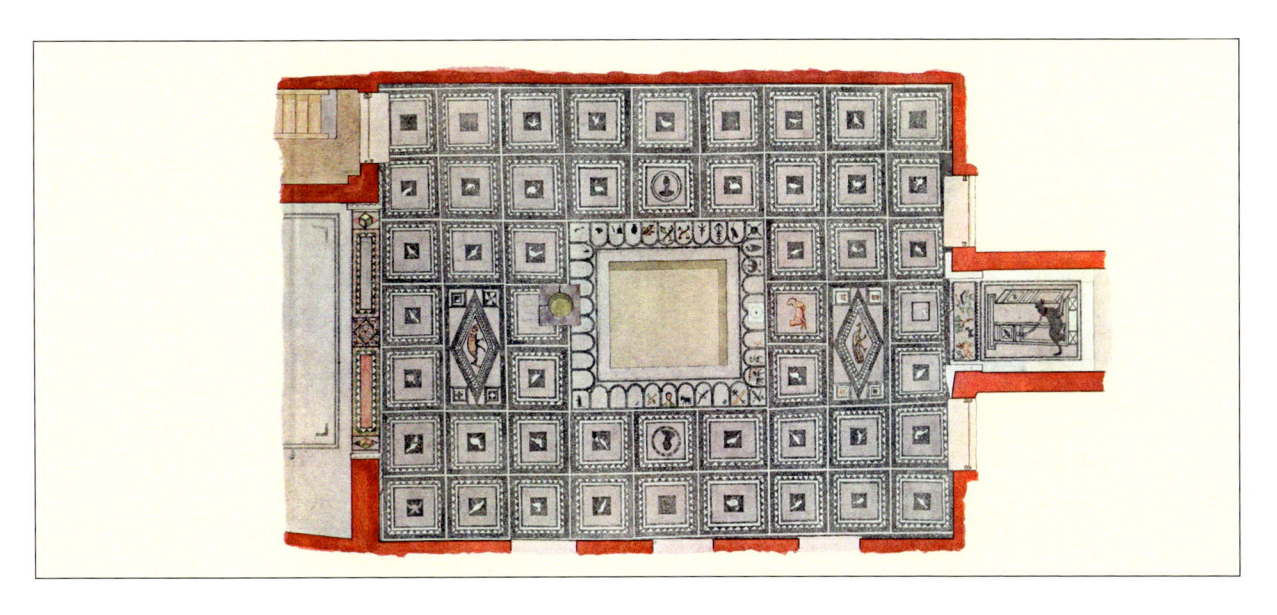

Abb. 37
Der Fußboden im Eingangsbereich des «Hauses des Cuspius Pansa» ist mit einem kunstvollen Mosaik bedeckt; auch hier «wacht» ein Hund im Eingang.

Tatsächlich liefert uns Pompeji anschauliche Beispiele für die Anlage römischer, insbesondere republikanischer und frühkaiserzeitlicher Häuser. Charakteristisch für das pompejanische Haus ist seine fast vollständige Abgeschlossenheit nach außen. Im Inneren sorgten kleine und große Höfe für Licht. Der Eingang hatte die Form eines Korridors und war in zwei Teile untergliedert: das *vestibulum*, den Eingangsbereich vor der Haustür, und die *fauces*, den Korridor dahinter. Im «Haus des Fauns» hieß ein Mosaik mit Inschrift den Besucher willkommen. Dagegen sollte im Eingang des «Hauses des Tragödiendichters» (Abb. 36) wie auch im «Haus des Cuspius Pansa» (I 7, 1) (Abb. 37) ein Mosaik mit einem angeketteten Wachhund Übelwollende einschüchtern.

Die *fauces* führten ins Atrium, einen großen Raum mit nach innen geneigtem Dach und einer quadratischen Öffnung in der Mitte, dem *compluvium*. Von hier

(*imagines maiorum*) und die Statuen der Schutzgottheiten der Familie (*Lares familiares*) standen.

Vielleicht wurde auch der kleine gewölbte Raum am Atrium des «Hauses mit dem Ilias-Schrein» an der Via dell'Abbondanza als Lararium genutzt. Die Wanddekoration wurde nie vollendet, jedoch sind ein Gewölbe, eine bemalte Lunette und ein farbiger Stuckfries erhalten. Auf dem Gewölbe war der Raub

Abb. 38
Truhe aus Holz mit Beschlägen aus Eisen, Bronze, Silber und Kupfer. In einer *arca* bewahrte man das Familienvermögen auf. Dieses Exemplar stammt aus Villa B in Oplontis. Soprintendenza Pompeji (Inv.-Nr. 85179).

Leben im Luxus: die Privathäuser in Pompeji | 61

Abb. 39
Ein Lararium war ein Hausaltar, an dem man die Vorfahren und die Schutzgötter des Hauses verehrte. Hier eines von zwei Lararien im «Haus des Menander»; dieses befindet sich im Raum nördlich des Atriums (vgl. Abb. 94).

des Ganymed zwischen Eroten, Mänaden und Satyrn in ornamentalen Feldern dargestellt, in der Lunette der Mythos von Selene und Endymion. Der Fries erzählte verschiedene Szenen aus den letzten Phasen des Trojanischen Kriegs (Abb. 40).

Rund um das Atrium öffneten sich die engen und dunklen Schlafzimmer (cubicula), in denen eine erhöhte Nische oder ein Muster im Mosaik, eine Art Bettvorleger, den Standort des Bettes bezeichnete. Außer den cubicula lagen hier auch die alae, Räume, in denen die Schränke mit Wäsche und Hausgerät untergebracht waren, und wo man vielleicht auch die Bildnisse der Vorfahren ausstellte.

Gegenüber vom Eingang befand sich das tablinum, das vom Atrium durch einen Vorhang oder eine hölzerne Trennwand abgeteilt wurde und wo der Hausherr seine Gäste empfing. Eine Öffnung in der Rückwand oder ein seitlicher Gang führten in den Garten.

Der Garten war von einer Portikus mit Säulen umgeben, an dem die Wohnräume (oeci), die Ruheräume (diaetae), die Lese- und Konversationsräume (exedrae) und das Esszimmer (triclinium) lagen. Da die Römer im Liegen speisten, gab es im Triclinium meist bewegliche Liegen (Triklinen), die hufeisenförmig um einen Tisch herum angeordnet wurden. Von der offenen Seite her brachten die Diener Gefäße mit Speisen. Das Triclinium konnte auch im Freien liegen, meist unter einer Pergola; dann waren die Liegen gemauert, um Schäden während der Winterperiode zu vermeiden. Bisweilen waren die besonders reichen Häuser

62 | Leben im Luxus: die Privathäuser in Pompeji

noch mit einem weiteren kleinen Wohnbereich ausgestattet, der für die Frauen bestimmt war (*gynaeceum*).

Der Garten war der «grüne Salon» des Hauses. Von Peristylen umgeben, wurden Pflanzen und Blumen zu geometrisch geformten Beeten angeordnet, aufgelockert durch Wasserspiele mit Brunnen, Mosaikbecken und Statuen, aus denen Wasser sprudelte. Zwischen den Säulen der Portiken hingen Masken und Marmorscheiben, mit dionysischen Gestalten verziert, sog. *oscilla*, die sich im Wind bewegten. Im Zuge der «Ägyptomanie» schmückte man seit 30 v. Chr., dem Jahr, als Ägypten unterworfen und römische Provinz wurde, Gärten und angrenzende Räume häufig mit Nillandschaften, bevölkert von drolligen plumpen Pygmäen.

Die Lage der Nebenräume war nicht festgelegt; gewöhnlich befanden sie sich in der Nähe des Peristyls, seltener am Atrium. Die Küche bestand aus einer gemauerten Kochstelle, wo man das Feuer entzündete, darunter befand sich eine bogenförmige Öffnung, die als Lager für Kohle und Holz diente. Häufig öffnete sich daneben im Boden ein großes Loch, in das man das schmutzige Wasser aus den Töpfen schüttete. Die Latrine befand sich im Allgemeinen neben der Küche oder sogar in der Küche selbst.

Die Wohnungen, von denen heute zumeist nur noch das Erdgeschoss zu sehen ist, besaßen zumeist ein Obergeschoss, bisweilen mit Balkonen und Vorbauten, die über die Straße ragten.

Im Wohnbereich umgaben sich die Pompejaner mit Kunstwerken, reproduziert als Fußbodenmosaike und als Wandmalereien. Sogar die Kryptoportiken, lange Gänge im Untergeschoss des Hauses, die wir Modernen wohl als einfache Lagerräume nutzen würden, waren häufig vollständig ausgemalt und dienten als geschützte Durchgänge. Sie wurden zu luxuriösen Gemäldegalerien, wie im «Haus mit der Kryptoportikus» an der Via dell'Abbondanza.

Im «Haus des Tragödiendichters» (in Bulwer-Lyttons Roman «Die letzten Tagen von Pompeji» das Haus des Protagonisten Glaucus) waren Bilder mit Szenen aus der «Ilias» auf die Wände gemalt. Eines davon stellte der Mythos von Iphigenie dar: Um den Sieg der Griechen über Troja zu sichern, verlangte eine Prophezeiung, Agamemnon müsse seine Tochter Iphigenie opfern. Als der schmerzerfüllte Vater sich dazu anschickte, wurde das Mädchen von Artemis, die sie durch eine Hirschkuh ersetzte, gerettet. Ein Fußbodenmosaik zeigt eine Theaterprobe für ein Satyrspiel, die möglicherweise vom Autor Aischylos selbst geleitet wird.

Abb. 40a
Umzeichnung des farbigen Frieses aus dem Atrium des «Hauses mit dem Ilias-Schrein» mit Szenen aus dem Troja-Krieg: der Zweikampf zwischen Hektor und Achill, der Tod Hektors und die Auslösung der Leiche des trojanischen Helden durch dessen Vater Priamos. Um die Aufmerksamkeit auf die beiden Helden zu fokussieren, wurde der Zweikampf auf der Rückwand im Zentrum dargestellt. Dadurch wird die zeitliche Abfolge der Ereignisse unterbrochen, so dass der Fries nicht als zusammenhängende Schilderung gelesen werden kann.

Abb. 40b
So wie in dieser Rekonstruktionszeichnung hat man sich die Farbigkeit des Frieses (Abb. 40a) vorzustellen.

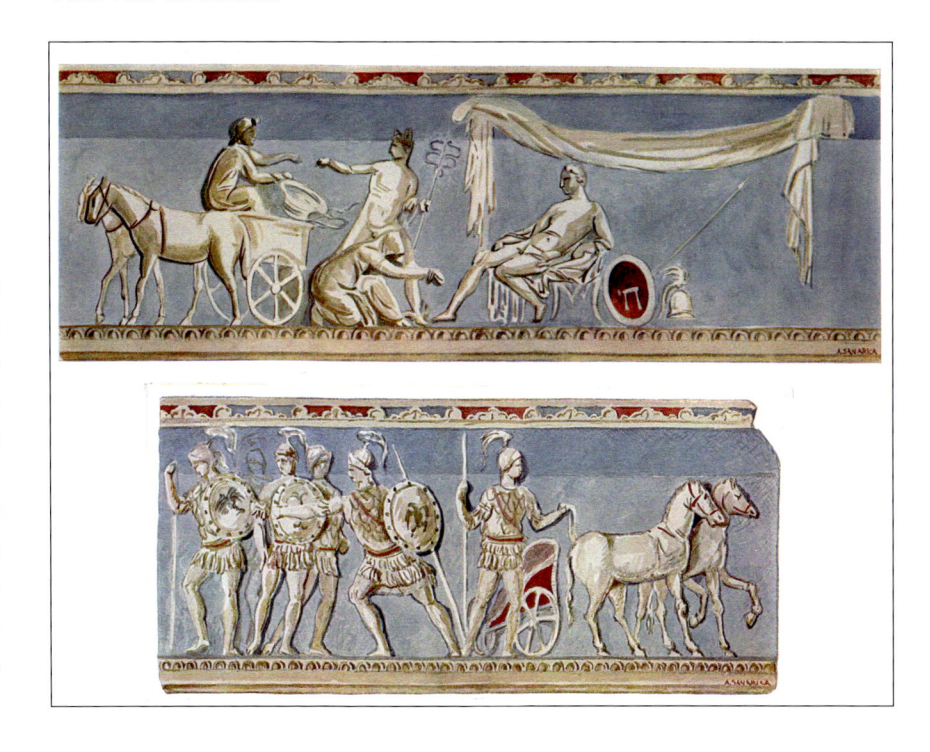

Eines der elegantesten Viertel Pompejis war die Regio VI. Hier standen Häuser mit besonders prächtiger Architektur und Dekoration, wie das «Haus des Fauns», das «Haus des Labyrinths», das «Haus der Vettier» und das «Haus mit den vergoldeten Amoretten».

Das «Haus des Fauns»

Dieses Haus (VI 12, 2–5) war eines der größten und schönsten Wohnhäuser in Pompeji. Mit einer Fläche von etwa 3000 m² nahm es einen ganzen Häuserblock ein. Es wurde 1830–1832 ausgegraben und damals zu Ehren von August von Goethe, dem Sohn des berühmten Dichters, der 1830 in Rom verstarb, «Casa di Goethe» genannt.

An Größe und Eleganz übertrifft es sein mittelmäßiges kampanisches Umfeld und ist mit den fürstlichen Palästen in Pella (Mazedonien) oder in Ptolemais (Libyen) vergleichbar. Das Haus mit seinen zwei Atrien und zwei Gärten konnte eine große Familie aufnehmen. Errichtet wurde es in samnitischer Zeit (3.–2. Jh. v. Chr.). Für die Vermutung, Sullas Neffe Publius Cornelius habe es nach der Eroberung Pompejis zu seinem Wohnsitz gewählt und den früheren samnitischen Besitzer enteignet, gibt es allerdings keinerlei Grundlage.

Die Fassade mit ihrer vorgetäuschten Quadermauer entstand im Ersten Stil. Den Eingang rahmten zwei Pfeiler mit sog. «Sofa-Kapitellen» aus Tuff. Auf dem kleinen Mosaik im Eingang begrüßte eine kurze Inschrift, die mit farbigen Steinchen in einen Estrich aus gestoßener Lava eingelassen ist, die Gäste: *«have»* (= *«salve»* = «Willkommen!»).

Der Eingang zeigt in den *fauces* einen Fußboden aus *opus sectile*, das aus farbigen Dreiecken besteht. Den Durchgang zum *atrium* bezeichnet eine Schwelle mit einer Girlande aus Blättern und Früchten sowie zwei tragischen Masken, aus winzigen Steinchen. An den Wänden im Eingangskorridor stehen zwei kleine Tempel einander gegenüber. Sie sind aus Stuck, die

Ein Tag in einem pompejanischen Haus

Der Alltag eines pompejanischen Bürgers und seiner Familie ist hektisch. Nehmen wir beispielsweise Gaius Albucius Celsus. Er bewohnt das «Haus der Silberhochzeit», ein vornehmes altes Haus, das auf die guten Zeiten zurückgeht, als Pompeji kein bescheidenes Provinznest, sondern eine bedeutende Stadt war. Albucius hat das Haus nicht geerbt, sondern dank seines neuerworbenen Reichtums gekauft. Im Zuge seiner politischen Ambitionen kandidiert er für das Amt des Ädils und lässt die Stadt mit Inschriften übersähen, in denen er seine Mitbürger auffordert, ihn zu wählen. Vornehm ist sein Haus, mit einem mehr als 10 m hohen Atrium. Solche Atrien sieht man sonst nur in Rom; sie sind es, die Vitruv als «königlich» bezeichnet (*«atria regalia»*) und für wichtige Personen mit einer umfangreichen Klientel empfiehlt. Jeden Morgen kommen zahlreiche *clientes* hierher, um dem Hausherrn, ihrem *patronus*, ihre Ehrerbietung zu erweisen, der sie hier empfängt, bereit, Gefälligkeiten, Ratschläge und Empfehlungen zu verteilen oder ganz einfach den Bettelnden eine Mahlzeit zuzusichern.

Sicherlich legt Albucius Wert auf die Erziehung und Bildung seiner Kinder. Er hat sie der Fürsorge des Hauslehrers Iulius Helenus anvertraut, der ihnen Cicero und Vergil beibringt. In der Exedra an der Rückseite des Peristyls kann man an der Wand die Nachklänge dieser Lektionen lesen, mit Versen aus der «Aeneis» (Abb. 41), den Schmähungen der offensichtlich wenig geduldigen Knaben und den Drohungen des Lehrers Helenus: «Wenn Cicero dir nicht gefällt, kriegst du Prügel!»

Abb. 41
Vielleicht in einer langweiligen Unterichtsstunde entstanden? Graffito mit dem ersten Halbvers von Vergils «Aeneis»: *arma virumque cano Troiae ...* («Die Waffen besinge ich und den Mann, der aus Troja ...»).

Wenn die *clientes* abends das Haus verlassen haben, kann Albucius sich mit Verwandten und Freunden amüsieren. Die prächtigen, zum Garten hin offenen Salons hallen dann wider von den Stimmen der Tafelnden und strahlen im Licht der von Bronzestatuen getragenen Leuchter.

vier kleinen korinthischen Säulen ruhen auf Sockeln aus rotem Porphyr. Konsolen in Gestalt von Sphingen und Löwen stützten die illusionistische Konstruktion (sie sind mittlerweile verschwunden).

Im Atrium stand mitten im *impluvium* die Bronzestatuette eines tanzenden Fauns, der eine Doppelflöte (vielleicht aus Silber) spielt; sie gab dem Haus seinen heutigen Namen (Abb. 42).

Das Kunstwerk, das dem Eingang des vornehmen Wohnhauses eine dionysische Atmosphäre verlieh, ist sorgfältig gearbeitet und könnte ein hellenistisches, wahrscheinlich alexandrinisches Original aus dem 2. Jh. v. Chr. sein. Die ionischen Halbsäulen aus Tuff, die im zweiten Garten gefunden wurden, bildeten vermutlich ursprünglich eine Galerie, die im Atrium um das Obergeschoss herumlief, ähnlich wie man es von öffentlichen Bauten in Delos oder Pergamon kennt.

Die Dekoration des Hauses stellt eines der wichtigsten Beispiele des sog. Ersten Stils (s. S. 70) dar. Die zahlreichen, aus winzigen Steinchen mit einer Seiten-

Abb. 42
Heute sieht man im «Haus des Fauns» nur noch eine Nachbildung der Statue des tanzenden Fauns, die dem Haus seinen Namen gab.

Albucius ist ein anständiger Mann, niemand kann üble Gerüchte über ihn in Umlauf bringen, wie man es mit dem armen Iulius Polybius gemacht hat. Als dessen politische Kampagne gerade gut zu laufen schien, tauchte an einer Wand eine Wahlempfehlung der Prostituierten Cuculla auf – schnell musste er sie unter einer dick aufgetragenen Schicht Kalkfarbe verschwinden lassen.

Iulius Polybius betreibt eine Kette von Bäckereien, die ihm gute Erträge bringen. Er hat ein vornehmes Haus an der Via dell'Abbondanza erworben und mit dem Ankauf von Kunstgegenständen begonnen. Das 118-teilige Silberservice des Poppaeus Sabinus kann er sich sicherlich nicht leisten, aber immerhin kann er einen schönen hellenistischen Apollo zur Schau stellen. Der macht immer noch einen guten Eindruck, auch wenn er inzwischen zum Leuchter degradiert worden ist (vgl. Abb. 10).

Vielleicht hat Iulius Polybius seinen Apollo bei Calavius Crescens gekauft, einem Trödler und Antiquitätenhändler, in dessen Laden man bisweilen ein Schnäppchen machen kann. In seiner Auslage hat er beispielsweise eine Silberschale, eine weitere Apollo-Statuette und sogar ein historisches Erinnerungsstück: einen Marmortisch, der Publius Casca Longus, einem der Verschwörer gegen Caesar, gehört hat.

Abends, wenn Calavius sich anschickt, die Türen seines Ladens an der Vorderseite des Hauses zu schließen, öffnet gegenüber der Club der Brettspieler *(latruncularii)*. Sie machen viel Lärm, aber wesentlich weniger als die nächtlichen Trunkenbolde, die ihre Gelage in der Kneipe der schönen Hedone veranstalten, zwei Schritte vom Bordell hinter den Thermen. Die großzügige Hedone! In ihrer Gaststätte kann man schon für ein As trinken, für zwei Asse gibt es einen guten jungen Wein und für vier Asse einen Krug edlen Falerner.

Heute Abend gibt es ein prächtiges Bankett im Haus des Rustius Verus. Die Sklaven werden angetrieben, alles bis ins kleinste Detail zu organisieren. Und zu denken, dass die arme Martha so viel zu tun hat, dass sie es sogar in der Latrinenwände schreiben muss: «Das ist Marthas Triclinium, sie treibt es im Triclinium!»

Es ist Nacht, in den Straßen hört man nur noch das Quietschen der Wagenräder. Der Vesuv zeigt seinen sanften, von Weinstöcken ummantelten Umriss im Mondlicht ...

länge etwa 3–5 mm zusammengesetzten figürlichen Mosaiken – heute im Museo Nazionale in Neapel – bezeugen die verfeinerte Kultur der Eigentümer. Im ehelichen Schlafzimmer (28) an der rechten Seite des Atriums gab es eine erotische Szene mit einem Satyr und einer Mänade, in der rechten *ala* (30) ein Mosaik mit einer Katze, die ein Rebhuhn verschlingt, außerdem Stillleben mit Enten und Meeresfrüchten, in der linken ala (29) drei Tauben, die eine Perlenkette aus einem Kästchen ziehen. Der dionysische Charakter zeigt sich erneut im Raum (34), genauer im *emblema* (Mittelmotiv) des Mosaiks: dort sah man einen dionysischen Eros, der auf einem seltsamen Tiger mit Mähne ritt. Im Raum gegenüber (35), links vom *tablinum*, erschien ein Stillleben mit Fischen.

1831 fand man auf dem Fußboden der Exedra am ersten Peristyl ein riesiges Mosaik (5,82 x 3,13 m). Es stellt die entscheidende Begegnung Alexanders des Großen mit dem persischen König Dareios III. in der Schlacht von Gaugamela (331 v. Chr.) dar (Abb. 43). Früher hat man es meist mit der Schlacht von Issos (333 v. Chr.) identifiziert, die Identifizierung mit Gaugamela, das im trockenen Syrien liegt, ergäbe jedoch eine Erklärung für den vertrockneten Baum an der linken Seite des Feldes.

Alexander ist zu Pferd dargestellt, wie er drohend gegen den Wagen des persischen Königs vorgeht. Der Wagenlenker hat die Gefahr für das Leben seines Herrschers erkannt und lenkt die Pferde nach links, um dem Angriff zu entgehen. Ein Offizier, Angehöriger der berühmten Leibwache der «Unsterblichen», beschützt den König mit seinem Körper und wird von der Lanze Alexanders durchbohrt. Außergewöhnlich ist der Gegensatz zwischen dem heroischen und göttlichen Gesicht Alexanders und dem des Dareios, das voller Angst und Schrecken ist. Wahrscheinlich handelt es sich um die als Mosaik ausgeführte Kopie eines berühmten Gemäldes, das Plinius d. Ä. zufolge ein Werk des griechischen Malers Philoxenos (4. Jh. v. Chr.) war. Man hat ausgerechnet, dass mehr als 1,5 Millionen Mosaiksteinchen (*tesserae*) dafür benötigt wurden.

Die Schwelle im Zugang zur Exedra zeigt eine Flusslandschaft mit Enten, einem Ichneumon, der eine Kobra angreift, einem Nilpferd, einem Krokodil und zwei Ibissen. Der deutliche Hinweis auf den Nil könnte bedeuten, dass das Alexander-Mosaik in der künstlerischen Sprache des ptolemäischen Ägypten zu interpretieren ist. Demzufolge hätte Alexander seinen Sieg über Dareios dem Eingreifen der Isis verdankt, der Schutzgottheit des Nils und Göttin des Glücks, der die Geschicke der Menschen anvertraut sind. Den Sockel der Exedra schmückte ein gemalter Vorhang

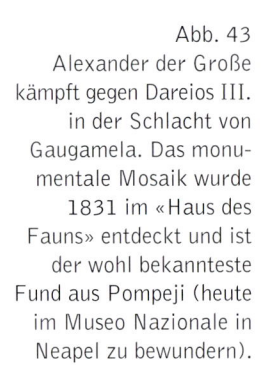

Abb. 43
Alexander der Große kämpft gegen Dareios III. in der Schlacht von Gaugamela. Das monumentale Mosaik wurde 1831 im «Haus des Fauns» entdeckt und ist der wohl bekannteste Fund aus Pompeji (heute im Museo Nazionale in Neapel zu bewundern).

vom gleichen Typus wie im Capitolium von Brescia. Die Mittelzone war mit Motiven verziert, die heute verschwunden, aber durch Aquarelle des 19. Jhs. dokumentiert sind (Abb. 44).

Im *tablinum* (33) fand man das Skelett einer Frau, die versuchte, ihren Schmuck in Sicherheit zu bringen: zwei goldene wie Schlangen geformte Armbänder, von denen jedes ein halbes Kilo wog, sowie Ringe mit Kameen und 203 Sesterzen. Zusammen mit den kostbaren Einrichtungsgegenständen aus Marmor und Bronze bezeugt dieser Fund, dass das Haus im 1. Jh. n. Chr. noch immer eines der reichsten und bedeutendsten Anwesen in der Stadt war.

Eine in der Nähe des *tablinum* aufgestellte Ehrenbasis mit einer oskischen Inschrift für den Ädil Satrius führte zu der Annahme, das vornehme Wohnhaus habe der alten kampanischen Familie der Satrii gehört. Man vermutete, ein Mitglied der Familie habe mit den verbündeten römischen Truppen an einem der Feldzüge im Osten teilgenommen und die Anregung für dieses Motiv daher bezogen. Andere vermuteten dagegen, der Hauseigentümer habe an einer italischen Gesandtschaft teilgenommen, die Alexander im Osten aufsuchte. Vielleicht müssen wir uns mit dem begnügen, was Goethe am 10. März 1832 bemerkte: «Mitwelt und Nachwelt werden nicht hinreichen, solches Wunder der Kunst würdig zu commentieren, und wir genöthigt seyn, nach aufklärender Betrachtung und Untersuchung immer wieder zur einfachen Bewunderung zurückzukehren ...» Wenige Tage vor seinem Tod hängte Goethe eine Zeichnung des ein Jahr zuvor gefundenen Alexandermosaiks in seinem Arbeitszimmer

Abb. 44
Dieser Fries aus dem «Haus des Fauns» ist leider verloren und nur noch durch Zeichnungen aus dem 19. Jh. dokumentiert. Zu sehen waren Kentauren beim Bankett auf der Hochzeit des Lapithenkönigs Peirithoos mit Hippodameia, wo der berühmte Kampf zwischen Lapithen und Kentauren seinen Anfang nahm.

Goethe über die pompejanische Inneneinrichtung

Neapel, den 18. März 1787. Nun durften wir nicht länger säumen, Herculanum und die ausgegrabene Sammlung in Portici zu sehen ... In das Museum traten wir wohl empfohlen und wohl empfangen. Doch war auch uns irgend etwas aufzuzeichnen nicht erlaubt. Vielleicht gaben wir nur desto besser Acht und versetzten uns desto lebhafter in die verschwundene Zeit, wo alle diese Dinge zu lebendigem Gebrauch und Genuß um die Eigenthümer umherstanden. Jene kleinen Häuser und Zimmer in Pompeji erschienen mir nun zugleich enger und weiter; enger, weil ich sie mir von so viel würdigen Gegenständen vollgedrängt dachte, weiter, weil gerade diese Gegenstände nicht bloß als notdürftig vorhanden, sondern, durch bildende Kunst auf's geistreichste und anmutigste verziert und belebt, den Sinn erfreuen und erweitern, wie es die größte Hausgeräumigkeit nicht thun könnte.

Man sieht z. B. einen herrlich geformten Eimer, oben mit dem zierlichsten Rande, näher beschaut schlägt sich dieser Rand von zwey Seiten in die Höhe, man faßt die verbundenen Halbkreise als Handhabe und trägt das Gefäß auf das bequemste. Die Lampen sind nach Anzahl ihrer Dochte mit Masken und Rankenwerk verziert, so daß jede Flamme ein wirkliches Kunstgebilde erleuchtet. Hohe, schlanke, eherne Gestelle sind bestimmt, die Lampen zu tragen, aufzuhängende Lampen hingegen, mit allerlei geistreich gedachten Figuren behängt, welche die Absicht zu gefallen und zu ergötzen, sobald sie schaukeln und baumeln, sogar übertreffen.

In Hoffnung wiederzukehren folgten wir den Vorzeigenden von Zimmer zu Zimmer und haschten, wie es der Moment erlaubte, Ergötzung und Belehrung weg, so gut es sich schicken wollte.»

Leben im Luxus: die Privathäuser in Pompeji | 67

in Weimar auf. Es war vielleicht das letzte Kunstwerk, das der große Dichter bewundern konnte – nur zwölf Tage später, am 22. März 1832, verstarb er.

Zurück zum Haus: Um das zweite Atrium (7) gruppierten sich die Nebenräume mit Schränken, Lagerräumen für Amphoren, Geschirr aus Terrakotta und Truhen. In Raum 20, offensichtlich ein Stall, fand man die Skelette von vier Personen und zwei Rindern. Raum 21 diente als Latrine, während in den Nachbarräumen (22 und 23) Hypokausten (s. S. 100) und doppelte Wände auf ihre Funktion als Thermen verweisen. Der Herd in der Küche (24) musste das Bad heizen. Im *triclinium* (25) erscheinen unter dem Fußboden die Reste eines Hauses aus dem 3. Jh. v. Chr. Sie waren 1961 und 1965 bei Schichtengrabungen der deutschen Archäologen Tschira und Rakob ans Licht gekommen, aber erst sehr viel später von Hoffmann veröffentlicht worden.

In den kleinen Zimmern 45 und 46 an der Rückseite des zweiten Peristyls (39) war möglicherweise die Wohnung des *ostiarius*, einer Art Portier. Daneben öffnete sich ein Nebeneingang zum «Vicolo della Casa del Labirinto». Von hier führte eine Treppe unmittelbar ins obere Stockwerk. In einer der Nischen an der Rückseite des Peristyls befand sich ein Lararium mit Kultgegenständen; hier fand man zwei Kandelaber aus Bronze, zwei Dreifüße, zwei Lampen, zwei Feuerzangen, einen Lorbeerzweig und die Bronzestatuette des *genius*, der Schutzgottheit, des Hauses.

Abb. 45
Kunstvoll verzierte Rückenlehne eines Bettes aus dem «Haus des Menander». Die Verzierung zeigt oben Herkules mit der Keule, in der Mitte einen Eros und unten einen Silen. Soprintendenza Pompeji (Inv.-Nr. 4270).

Möblierung, Beleuchtung und Heizung

Die Ausstattung wurde von den Römern allgemein als «*suppellex*» bezeichnet, ein Begriff, der alles umfasst, was zum Haushalt gehörte: Möbel, Geschirr, Kandelaber und Kohlebecken.

Die Betten waren über zahlreiche Räume verteilt: Sie wurden in den Schlafzimmern, in den Ruhe-, in den Ess- und in den Aufenthaltsräumen genutzt. Sie waren aus Holz und hatten Füße aus Bronze. Die Kopfteile waren mit figürlichen Beschlägen verziert, häufig aus kostbarem Metall wie Gold und Silber. Es gab auch Betten mit einer hölzernen Lehne, die an der Einstiegseite offen war (Abb. 45). Um der Matratze Elastizität zu verleihen, hatten sie bisweilen in der Mitte ein Holzgitter oder ein Netz. Von Darstellungen in der Wandmalerei wissen wir, dass die Matratzen, die Kopfkissen und die Decken in lebhaften Farben gestreift waren – rot, blau, gelb und violett.

Für die Kinder gab es Wiegen, die den modernen sehr ähnlich waren. Die Liegen in den Essräumen ähnelten Sofas. Die luxuriösesten Exemplare waren mit Leder gepolstert. In der Mitte zwischen den Liegen stand der Tisch (*mensa*), der im Allgemeinen rund war und drei Füße hatte.

Stühle waren selten, da die Römer im Liegen speisten, trotzdem gab es unterschiedliche Typen. Am verbreitetesten war ein klapp- und transportierbarer Hocker ohne Lehne (*sella*). Da er keine Polsterung hatte, machte man reichlich Gebrauch von Kissen.

Im Atrium waren Schränke, Sitzbänke und Truhen (*arcae*) aufgestellt. Der Schrank ist ein typisch römisches Möbel, in Form und Maßen ähnelte er modernen Schränken. Er wurde mit Türen aus hölzernen Gittern oder mit Falttüren verschlossen. Das Innere war mit Böden in drei oder vier Fächer unterteilt, um hierauf Haushaltsgegenstände, Vorräte oder Toilettenartikel abzulegen. Es gab auch kleinere Wandschränke, in denen Ahnenbildnisse (*imagines maiorum*) oder Götterstatuen aufbewahrt wurden. In einigen Fällen waren Schränke mit Lararien verbunden und enthielten Kultgegenstände. Die Wandschränke in den Schlafzimmern dienten, wie zu erwarten, zur Aufbewahrung von Kleidern und Wäsche. In Kleidertruhen wurde das Weißzeug aufbewahrt; Geldtruhen waren mit Eisen verkleidet und mit Bronzebeschlägen oder Reliefs mit kleinen Büsten verziert.

Zur Ausstattung des Hauses gehörte auch das Küchen- und Tafelgeschirr. In der Küche gab es Kochtöpfe, Schmortöpfe, Bratpfannen, Kochlöffel und Siebe, die mit Nägeln an der Herdwand aufgehängt waren. Auf der Kochfläche gab es Dreifüße, auf die man die Töpfe stellte, und ein Bratrost. Das Tafelgeschirr war aus Bronze, Glas und Keramik. In besonders reichen Häusern gab es auch ein silbernes Service. Dieses wurde in Kisten aufbewahrt, nachdem man die einzelnen Teile sorgfältig in wollene Tücher eingewickelt hatte. Im «Haus des Menander» fand man einen aus 118 Teilen bestehenden Silberschatz mit einem Gewicht von 24 Kilo.

Oft hatte man auch Sonnenuhren (*meridianae*), die meist in den Gärten aufgestellt waren und von denen ungefähr dreißig in Pompeji gefunden wurden. Sie bestanden aus einem ausgehöhlten Marmorblock, in den die Linien für die Uhrzeit eingeritzt waren: von sechs Uhr morgens bis zwölf Uhr mittags (in der Mitte) und danach bis sechs Uhr abends. Bei Sonnenschein wurde die Zeit durch den Schatten des *gnomon* angezeigt, eines Bronzestabs, der oberhalb der Aushöhlung im Zentrum eingelassen war.

Die Beleuchtung war in der Antike ein Problem; die zur Verfügung stehenden Mittel reichten nur aus, wenn man sie in großer Zahl verwendete. Für die Straßen nutzte man zylindrische Laternen mit durchsichtigen Seiten aus Glas, Knochen oder einer Blase. Im Inneren befand sich ein Ölbehälter mit Docht, der Deckel besaß einen Luftabzug. Im Haus benutzte man im Allgemeinen Kerzen und Öllampen. Für die Kerzen wickelte man eine Schicht Wachs um einen Docht aus Sumpfpflanzen. Die Kerzen wurden dann wie ein Tau zu großen Fackeln zusammengerollt und in Kandelaber gesteckt, an deren Ende sich ein Tellerchen mit einer Metallspitze befand.

Am gebräuchlichsten waren Lampen aus Bronze oder Keramik. Sie hatten einen platten Korpus, einen Henkel und einen Schnabel. Die Lampe besaß zwei Löcher: eines im Schnabel, um den Docht einzuführen, und eines im Korpus, um das Öl einzufüllen. Viele Lampen waren mit der Darstellung von Gottheiten oder erotischen Szenen geschmückt. Der Henkel hatte oft die Form eines Tierkopfes und war mit Blättern oder Figuren verziert. Die kleinen Lampen reichten nicht aus, um ein ganzes Zimmer zu beleuchten. In einem großen Gebäude wie den Forumsthermen wurden 1328 Lampen gefunden, die offensichtlich an die Gäste für ihr nachmittägliches Bad ausgeteilt worden waren. Man stellte die Lampen auf bronzene Lampenständer, von denen einige wie ein Pult in der Höhe verstellbar waren, so dass man sie zum Lesen benutzen konnte.

Es gab auch sehr große Lampen, wie die aus dem «Haus des Epheben»: Hier fand man einen regelrechten «Kronleuchter» mit vierzehn Schnäbeln, der an der Decke aufgehängt wurde. Aus demselben Haus stammt ein Lampenständer aus Bronze in Gestalt eines Jünglings; er diente in sommerlichen Nächten dazu, Bankette im Freien zu erleuchten. Im «Haus des Gaius Iulius Polybius» wurde vor einigen Jahrzehnten eine entsprechende Statue in archaisch-griechischem Stil gefunden, die dem berühmten «Apollo von Piombino» ähnelt. Die von den Griechen als Jünglinge (*kouroi*) und Gottheiten gestalteten Statuen, die ursprünglich heilige Gegenstände (Bogen, Lorbeerzweige o. Ä.) oder Geräte für den Kult trugen, wurden von den Römern kopiert und – indem sie ihnen Lampen oder Leuchten in die Hände gaben – zu rein ästhetischer und praktischer Funktion herabgewürdigt.

Im Gegensatz zu den Thermen verfügten die Wohnhäuser über kein Heizsystem. Man versuchte, das Problem auf unterschiedliche Weise zu bewältigen; weit verbreitet war beispielsweise die Verwendung eiserner Kohlebecken in bronzenen Gestellen.

Die Häuser besaßen nur wenige, sehr kleine Fenster, um den Räumen ein Minimum an Licht zu sichern, ohne starken Durchzug zu verursachen. Die Türen waren mit schweren Vorhängen aus Leder oder mit hölzernen Türflügeln verschlossen. In großen Räumen wie dem Atrium benutzte man Becken aus Eisen oder Bronze, in denen man Kohle verbrannte. Einige dieser Becken, wie das mit den Satyrn aus dem «Haus der Julia Felix», beeinflussten im 18. Jh. die künstlerische Produktion des Neoklassizismus.

Der Gebrauch der Kohlebecken war nicht ungefährlich: Es bestand immer die Gefahr von Bränden und Rauchvergiftungen. Letztlich bot warme Kleidung, vor allem aus Wolle, den besten Schutz gegen die Kälte, auch wenn das milde Klima Kampaniens die winterliche Kälte natürlich abmilderte.

Abb. 46
Römische Wandmaler bei der Arbeit (nach Adam 1988).

Natürliche Heizung: die Sonne

Eine Möglichkeit, das Haus warm zu halten, bestand darin, die Räume im Hausinneren so anzuordnen, wie Vitruv es empfiehlt (De arch. 4, 4, 1–2): «Winterspeisezimmer und Bäder sollen gegen Süd-Südwest gerichtet sein, weil man sich des Abendlichts bedienen muss, außerdem, weil auch die Abendsonne, indem sie zu den genannten Räumen hin ihre glänzenden Strahlen ausbreitet, Wärme ausstrahlt und die Gegend am Abend erwärmt. Schlafzimmer und Bibliotheken müssen gegen Osten gerichtet sein, denn ihre Benutzung erfordert die Morgensonne, und außerdem vermodern dann in den Bibliotheken die Bücher nicht ... Die Frühlings- und Herbstspeisezimmer nach Osten: denn den Lichtstrahlen ausgesetzt macht sie die zugewandte Sonneneinstrahlung, die gegen Westen fortschreitet, zu der Zeit, zu der man sie gewöhnlich benutzt, mäßig warm.»

Die pompejanische Malerei: Technik und Stile

Die pompejanischen Wandmalereien sind in Freskotechnik ausgeführt, genau wie Vitruv es in seinem Handbuch «De architectura» vorschreibt. Zunächst wurden Vorzeichnungen in den Verputz eingeritzt oder mit roten Linien aufgetragen, die sog. «Sinopien». Die fertigen Malereien zog man mit Rollen spiegelglatt und bearbeitete sie mit eingefetteten Händen; dies erklärt die vielen im Streiflicht sichtbaren Fingerabdrücke auf den bemalten Wänden.

Die Malertruppe bestand aus einem Meister, der zugleich Unternehmer war (*redemptor*), den Dekorations- (*parietarii*) und Figurenmalern (*imaginarii*) sowie Hilfskräften zum Anrühren des Kalks und für ähnliche Arbeiten (Abb. 46). Die Dekorationen, deren Maler im Allgemeinen anonym blieben, lassen auf eine weit verbreitete Verwendung von Musterbüchern schließen. Als Standardfarben wurden vor allem farbige Erden verwendet. Das Rot und das Gelb waren Ockerfarben, das Grün eine grüne Erde, das Weiß ein aus Gips gewonnenes Kalziumkarbonat und das Blau eine künstlich gewonnene Mischung (Abb. 47). Schwarz bestand aus Kohle oder verbrannter Maische, gemischt mit Leim. Die warmen Töne erklären sich aus der Zugabe von «fetten Erden».

Der deutsche Gelehrte August Mau (1840–1909) hat in Pompeji vier unterschiedliche Dekorationsarten unterschieden, besser bekannt als die «vier pompejanischen Stile». Der Erste Stil (Abb. 48) ahmte mit einfachen Verkleidungen aus bemaltem Stuck – also verhältnismäßig bescheidenen Mitteln – die kostbaren Marmorplatten nach, mit denen die Wände der hellenistischen Herrscherpaläste verkleidet waren. Da es sich um die Nachahmung von Quadermauern handelte, wurden griechische Gemälde als Fußbodenmosaiken kopiert, wie man am Alexander-Mosaik (s. S. 66) sieht. Dort wurde sogar der schwere Rahmen, mit dem das Bild auf der Wand befestigt war, wiedergegeben: ein Zahnschnittfries, der an den Ecken mit Metallbeschlägen in Blumenform zusammengehalten wird. Der Erste Stil entwickelte sich zwischen dem

2. Jh. v. Chr. und der Zeit um 80 v. Chr. (samnitische Epoche). In diesem Stil war Sullas Haus in Rom dekoriert.

Der Zweite Stil (Abb. 49), auch «Architekturstil» genannt, wird durch die Perspektive bestimmt. Die realen Wände des Raums werden vollständig dematerialisiert («trompe-l'-œil») und die Illusion weiterer prachtvoller Architekturen wie Heiligtümer und Paläste geschaffen. Das immer wiederkehrende Thema der Masken scheint die Hypothese einer Herleitung dieser Dekorationen von Theaterkulissen zu stützen. In einem Schlafzimmer aus Boscoreale (jetzt in New York) öffnete sich beispielsweise der Blick auf bukolische Landschaften und Stadtansichten, im *triclinium* (jetzt im Museo Nazionale in Neapel) dagegen auf den Eingang zu einem Heiligtum. Die Anwendung des malerischen Illusionismus in der Wanddekoration war eine geniale Erfindung der Römer, um mit verhältnismäßig bescheidenen Mitteln ihren neuen Status auszudrücken. Diese Erfindung wirkte sich auf die gesamte abendländische Wandmalerei aus, wie beispielsweise

Abb. 47 (links)
Schale mit Farbpigmenten, wie sie auch in Pompeji von den Malern zum Anrühren der Farbe benutzt wurden.

Abb. 48
Pompejanische Wandmalerei: Beispiel für den Ersten Stil (ca. 2. Jh.–80 v. Chr.) Detail, Tablinum, Haus des Sallust (VI 2, 4).

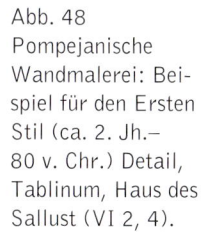

Abb. 49
Pompejanische Wandmalerei: Beispiel für den Zweiten Stil (ca. 80–15 v. Chr.).

der Vergleich mit Raffaels Fresko «Schule von Athen» zeigt. Der Zweite Stil entwickelte sich in republikanischer Zeit, zwischen 80 und etwa 20–15 v. Chr. In diesem Stil war Caesars Haus in Rom dekoriert.

Mit dem Dritten Stil (Abb. 50) endete die räumliche Illusion: Es gab keine Durchblicke mehr, die Dekorationen waren ohne Tiefe und die bemalte Wand wurde in quadratische und rechteckige farbige Felder unterteilt. Dieser lineare, ruhige Stil findet sich auf der Ara Pacis, dem großen Altar, den Augustus zwischen 13 und 9 v. Chr. in Rom errichten ließ, um nach Jahrzehnten des Krieges den Frieden zu feiern. Möglicherweise spiegelt der Dritte Stil in den privaten Dekorationen jene Ordnung wider, die Augustus im Imperium wiederherstellen wollte. Die Bilder stellten bevorzugt ländliche Landschaften dar. Häufig erscheint das Thema des Hirten, der einen Ziegenbock am Tempel opfert; ein Hinweis auf jene *pietas* (Frömmigkeit), die die Wunden des Krieges vergessen lassen sollte. Nicht zufällig erinnern diese Szenen an die bukolische Welt in den «Eklogen» Vergils, des Hofdichters des Augustus. Der Dritte Stil entwickelte sich zwischen 15 v. Chr. und 50 n. Chr., während der Regierungszeit von Augustus, Tiberius und Caligula sowie in den ersten Jahren der Regierung des Claudius.

Der Vierte Stil (Abb. 51) scheint vor allem in seiner Blütezeit mit der «blutrünstigen» Persönlichkeit Neros verbunden. Der räumliche Illusionismus kehrte auf die Wand zurück, aber die Architekturen waren nicht mehr rational konstruiert, wie die im Zweiten Stil, sondern reine Phantasie: Architekturen über Architekturen, Vorhänge, phantastische Tiere usw. Die Bilder thematisieren häufig das von leidenschaftlicher Liebe und der Verletzung von Regeln (*hybris*) ausgehende Unglück. Aus der Zusammenstellung dieser tragischen Themen, beispielsweise im «Ixion-Zimmer» des «Hauses der Vettier» (s. u.), erwächst die gleiche moralische Mahnung wie in den gleichzeitigen Werken Senecas: sich vor jenen (Liebes-) Leidenschaften zu hüten, die Unglück hervorrufen könnten. Der Vierte Stil ist zwischen der Mitte des 1. Jhs. n. Chr. und dem Jahr 79 n. Chr. bezeugt.

Abb. 50
Pompejanische Wandmalerei: Beispiel für den Dritten Stil, Boscotrecase, Villa des Agrippa Postumus (ca. 15 v. Chr.–50 n. Chr.).

72 | Leben im Luxus: die Privathäuser in Pompeji

Abb. 51
Pompejanische Wandmalerei: Beispiel für den Vierten Stil (ca. 50–79 n. Chr.) aus dem «Haus der Vettier».

Das «Haus der Vettier», das «Haus der Julia Felix» und die pompejanischen Gärten

Das «Haus der Vettier» (VI 15, 1) zeigt, welchen Luxus und welche Raffinesse das Handel treibende reiche Bürgertum Pompejis im 1. Jh. n. Chr. erreicht hatte, vor den Schäden durch das Erdbeben von 62 n. Chr. (Abb. 52).

Im Eingang (Abb. 53, b) war ein Priapus gemalt, der seinen Phallus auf eine Waagschale legt und als Gegengewicht ein Säckchen mit Geld benutzt, womit wohl ausgedrückt werden soll: «Er ist so viel Gold wert, wie er wiegt.» In einer bäuerlichen Gesellschaft der Antike, wie der pompejanischen, war Unfruchtbarkeit der schlimmste Fluch, der jemanden treffen konnte.

Von hier aus gelangte man in das Atrium (c), das dem «tuskanischen» Typus ohne Säulen entspricht und wo zwei hölzerne *arcae* mit dem Familienschatz aufgestellt waren. An der Dachöffnung, dem *compluvium*, sind die originalen Wasserspeier aus Terrakotta in der Form von Löwenköpfen wieder angebracht worden.

Auf ein *tablinum* wurde verzichtet, um dem Garten, zu dem sich drei weiträumige, als Pinakotheken ausgestattete Zimmer öffneten, mehr Raum zu verschaffen.

Das «Ixion-Zimmer» (p) zeigt eine Dekoration mit Architekturen und Bildern, die von unglücklichen Liebschaften handeln. Auf einem Bild sieht man die Bestrafung des Jünglings Ixion wegen seiner Leidenschaft für Hera. Ihr Gatte Zeus schickte ihm eine Wolke mit der Gestalt Heras. Ixion verführte sie und Zeus ließ ihn zur Strafe für diese frevlerische Absicht auf ein Rad binden, das sich bis in alle Ewigkeit drehte.

Auf einem anderen Bild ist der Pasiphaë-Mythos dargestellt – die Liebe der Frau des Minos und Königin von Kreta zu einem wunderschönen Stier, den Poseidon erschaffen hatte. Da Minos den Stier nicht, wie vorgesehen, Poseidon geopfert hatte, ließ dieser Minos' Frau in heißer Liebe zu dem Tier entbrennen. Die Königin ließ sich von Dädalus eine hölzerne Kuh bauen, die ihr der Künstler auf dem Bild gerade zeigt und in der sie sich für die Paarung verstecken sollte. Aus dieser Verbindung ging der Minotaurus hervor – ein Ungeheuer, halb Mensch halb Stier.

Das letzte Bild erzählt, wie Ariadne auf der Insel Naxos von Theseus verlassen wird. Der junge athenische Fürst war dank des roten Fadens, der Idee Ariadnes, der Tochter des Minos, aus dem Labyrinth entkommen, wo er den Minotaurus getötet hatte. Er versprach Ariadne, sie als Braut nach Athen zu bringen, denn in Kreta wäre sie als Verräterin an ihrer Heimat, ihrem Vater und ihrem Halbbruder hingerichtet worden. Theseus verließ sie jedoch nach ihrer Ankunft auf Naxos. Die Geschichte hat immerhin ein glückliches Nachspiel: Das verlassene Mädchen wurde von einem Gott zur Frau genommen, nämlich von Dionysos (römisch: Bacchus), der auf dem Bild gerade erscheint.

Das Pentheus-Zimmer (n) zeigt drei Geschichten aus dem Thebanischen Mythenkreis: die Schlei-

Abb. 52
Bau- und Gartenkunst gehen Hand in Hand: das Peristyl des «Hauses der Vettier».

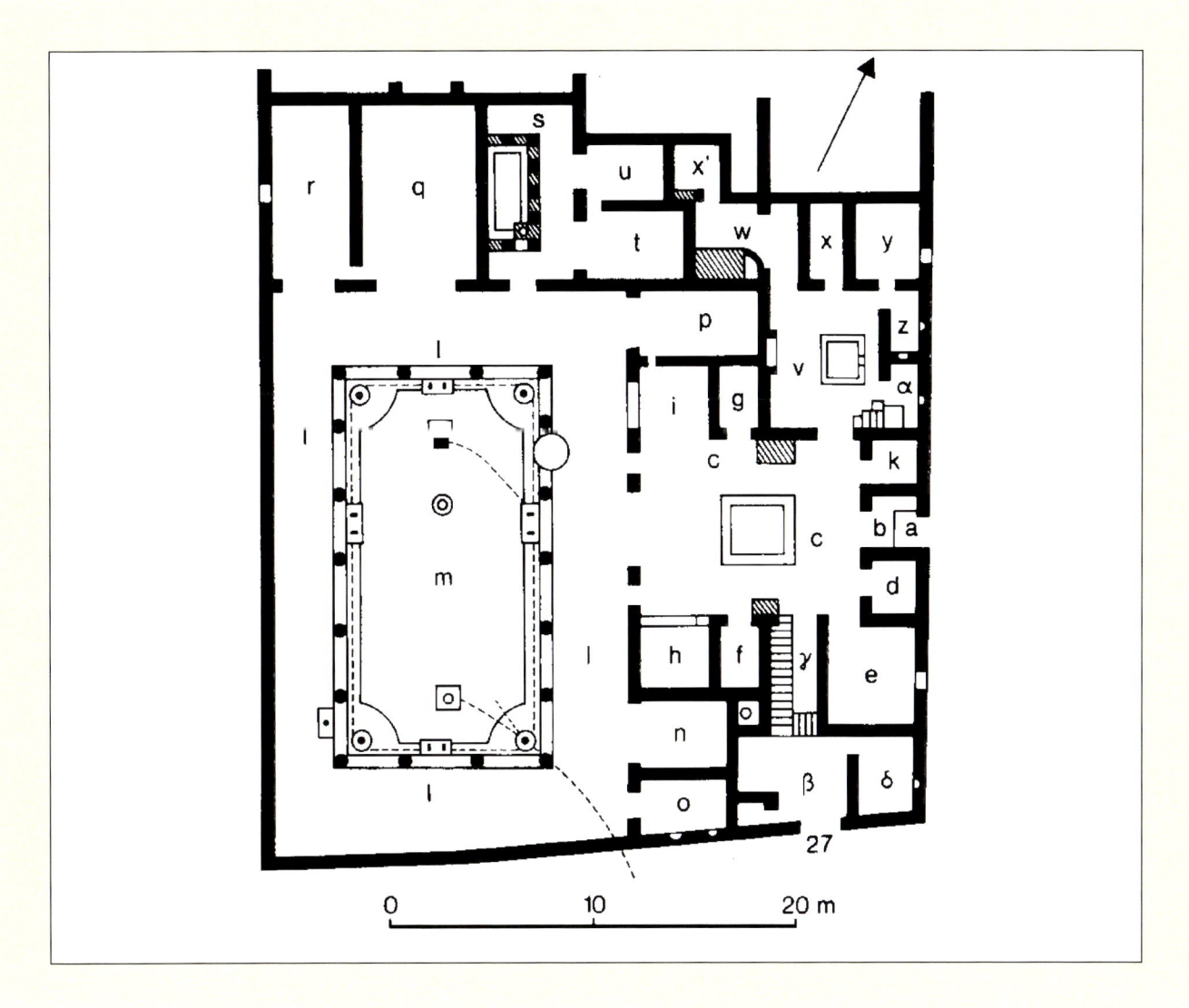

Abb. 53
Grundriss des «Hauses der Vettier».

fung der Dirke, die Bestrafung des Pentheus und den schlangenwürgenden Herakles-Knaben. Der Dirke-Mythos war in der Antike ein beliebtes Thema, das in vielfältiger Form künstlerisch verarbeitet wurde. Es findet seinen stärksten Ausdruck im «Farnesischen Stier», ein heute im Museum in Neapel ausgestelltes Meisterwerk, das als Schöpfung der rhodischen Bildhauer Apollonios und Tauriskos bereits in der Antike berühmt war.

Auf dem Gemälde wird die Königin Dirke von ihren Stiefsöhnen Amphion und Zetos an einen Stier gefesselt, der sie auf die Felsen des Kiteron in Böotien schleifen wird, weil Dirke sie und ihre Mutter Antiope schlecht behandelt hat. Danach werden Amphion und Zetos Theben gründen und durch den Zauber von Amphions Musik, der mit seiner Lyra sogar die Steine tanzen lassen kann, die Stadtmauer mit den sieben Toren errichten.

Das Bild mit Pentheus zeigt den thebanischen König, wie ihn die Bacchantinnen, unter denen auch seine Frau ist, steinigen, weil er die orgiastischen Kulte des Dionysos verboten hat. Dieser Mythos ist auch Gegenstand der «Bacchantinnen», einer berühmten Tragödie des Euripides.

Das Herakles-Gemälde zeigt den Helden, wie er im Alter von nur acht Monaten die Schlangen erwürgt, die ihm Juno aus Eifersucht geschickt hatte. Denn er war aus der Verbindung des Zeus (hier symbolisiert durch den Adler) mit Alkmene hervorgegangen, die hier erschreckt zu ihrem Ehemann flüchtet. Der Mythos ist durch Plinius d. Ä. überliefert (*Naturalis Historia* 35, 36, 63) und war Gegenstand eines berühmten Bildes des Malers Zeuxis, der Ende des 5. Jhs. v. Chr. in Athen gelebt hat.

Die Dekoration des *triclinium* (q) war die schönste im Haus und zweifellos überhaupt eine der schönsten in ganz Pompeji. Die im Vierten Stil verzierten Wände sind mit schwarzgrundigen Ornamentstreifen in rote Felder unterteilt, in deren Zentrum Paare von Mänaden und Heroen (Paris, Theseus, Hippolytos) schweben. Auf die schwarzgrundigen Friese zwischen Sockel und Mittelfeld sind Eroten und Psychen gemalt, die typisch menschlichen Beschäftigungen nachgehen: als Girlandenverkäufer, Parfümproduzenten, Rennfahrer, Goldschmiede, Färber, Bäcker und Weinproduzenten. Unterhalb der architektonischen Durchblicke zwischen den Feldern sind Bildchen mit Szenen aus der griechischen Mythologie eingefügt: der Streit zwischen Apollo und Python um die Herrschaft über das Heiligtum in Delphi, Orest und Pylades in Tauris sowie Agamemnon und Iphigenie mit der Hirschkuh der Diana. Das Bildchen mit Orest und Pylades zeigt die Helden, die Orests Mutter Klytämnestra töteten, um die Ermordung seines Vaters Agamemnon zu rächen. Nach dem Muttermord wahnsinnig geworden, wird Orest durch die Erinnyen, die Göttinnen der Rache, verfolgt, aber dank des Eingreifens von Apollo und Athene vor dem Areopag für unschuldig erklärt. Da verwandelten sich die Rachegöttinnen in die «Eumeniden», die «Wohlmeinenden».

An der Nordseite des Hauses war gegenüber vom Garten ein *gynaeceum*, neben dem Atrium lag eine Küche und daneben ein erotisches Kabinett, in das sich der Hausherr mit seinen kleinen Sklavinnen zurückziehen konnte. Den bezauberndsten Teil dieses reichen Hauses bildete indes der Garten (m). Die Beete sind heute nach dem antiken Befund rekonstruiert. Der Garten war von einem Peristyl (l) umgeben und in Blumenbeete mit Statuen aus Bronze und Marmor unterteilt. Zwei Doppelhermen tragen die Gesichter eines Silens und einer Bacchantin bzw. die von Dionysos und Ariadne. Es gab auch kleine Tische sowie in jeder Ecke ein rundes und an den Seiten je ein rechteckiges Becken. Die Wanddekoration bestand aus einer Abfolge von Feldern und Architektur-Durchblicken, die den Rundgang des Betrachters im Umgang (*ambulatio*) rhythmisch gliederten. Das Zentrum der Felder bilden Stillleben und Figuren. Neben einer dieser Figuren steht ein Behältnis mit zwei Papyrus-Rollen, sie wurde daher als Dichter, vielleicht Menander, gedeutet. Zwischen der rechten *ala* und dem Ixion-Zimmer erscheint die Muse Urania, die mit einem Stab auf einen blauen Himmelsglobus deutet.

Das «Haus der Julia Felix» (II 4, 2) an der Via dell'Abbondanza, das im 18. Jh. schon einmal ausgegraben worden war, wurde in den Jahren 1952/1953 erneut freigelegt (Abb. 54). Es besaß einen großen ele-

Abb. 54
Stillleben mit einer Obstschale aus Glas, vom Triclinium am Garten des «Hauses der Julia Felix». Museo Nazionale, Neapel (Inv.-Nr. 8611).

ganten Garten und eine von zierlichen Marmorpfeilern getragene Portikus.

Durch einen zweiten Eingang gelangte man ins Bad (*balneum*). Wie aus einer Ankündigung an der Tür hervorgeht, wurde es zusammen mit einem Teil der Wohnung vermietet: «Bei Julia Felix, der Tochter des Spurius, werden ab 1. August ein elegantes, der Venus würdiges Bad, Läden mit Wohnräumen darüber und Zwischengeschosse für fünf Jahre an solide Kunden vermietet. Am Ende des fünften Jahres erlischt der Mietvertrag.» Julia, die aus einer vornehmen und reichen Familie stammte, zögerte offensichtlich nicht, einen Teil ihres Hauses zu vermieten, um die Ausgaben für die Restaurierung nach dem Erdbeben von 62 n. Chr. zu erwirtschaften.

Wie luxuriös diese Unterkunft war, bezeugt unter anderem die berühmte «Venus im Bikini» (Museo Nazionale, Neapel, Inv. 152798). Die 62 cm hohe Statuette aus parischem Marmor zeigt Venus, wie sie vor dem Baden ihre Sandale aufbindet. Die Göttin stützt sich auf eine Statuette ihres Söhnchens Priapus, die auf einem runden, ursprünglich schwarz bemalten Altar steht, während ihr anderer Sohn Amor liebevoll ihren Fuß stützt.

Die Statuette ist besonders kostbar, nicht nur wegen der roten Bemalung der Haare und der eingesetzten Augen aus Glaspaste, sondern weil auch die Ornamente und die Kleider der Göttin mit goldener Farbe bemalt sind. Tatsächlich trägt sie einen verführerischen, filigranen «Bikini», aber auch eine Kette, Armbänder, Fußkettchen und sogar eine lange, über dem Bauch gekreuzte Kette, wie sie in den Vesuvstädten tatsächlich gefunden wurden.

Der Garten war ein wesentliches Element des pompejanischen Hauses. Schon in den älteren Häusern – etwa im «Haus des Chirurgen» und dem «Haus des Sallust» – gab es an der Rückseite des Hauses einen von hohen Mauern umschlossenen Garten. Hier baute man Gemüse an, Obst und was sonst benötigt wurde, um die Familie zu versorgen.

Seit dem 2. Jh. v. Chr. folgte man immer mehr dem Vorbild der großen Paläste der hellenistischen Aristokratie. Der ursprüngliche Nutzgarten verwandelte sich in einen von Portiken eingefassten Ziergarten. Bisweilen schob er sich, wie im «Haus des Pansa», zwischen den alten Garten und das Atrium, wenn er ihn nicht, wie im «Haus des Fauns», vollständig ersetzte.

Diese neue Konzeption führte dazu, dass man den Garten in einen regelrechten «grünen Salon» verwandelte. Beispielsweise floss im «Haus der Vettier» aus zwölf Statuetten, von denen neun gefunden wurden, Wasser (Abb. 55). Eine so prächtige Ausstattung setzte eine Wasserversorgung voraus, wie es sie in Pompeji und an der kampanischen Küste erst in augusteischer Zeit gab, nach dem Bau des Aquädukts von Serino. Zuvor nutzte man in der Stadt Zisternen und bis zu 30 m tiefe Brunnen (s. S. 99). Im «Haus der Vettier» wurden die Zisternenöffnungen verschlossen aufgefunden, was bestätigt, dass man sich nur noch über das Aquädukt versorgte, von dem das Wasser in Bleirohren herangeführt wurde. Dieser Wasserreichtum erlaubte spektakuläre Wasserspiele wie im «Haus des Loreius Tiburtinus» (s. S. 80).

Auch in kleineren Häusern, in denen kein Platz für einen Garten gewesen wäre, versuchte man, wenigstens einen kleinen grünen Bereich zu schaffen, so im «Haus des Fabius Amandus» oder im Haus I 12, 16, das an der Rückseite einen Garten mit einer Größe von gerade einmal 0,45 x 2,25 m besaß. In solch winzigen Räumen wurde die Bepflanzung illusionistisch erweitert, und zwar mit gemalten Gärten, die den wirklichen in allem ähnelten: mit Beeten, eingefasst von Gitterzäunen, mit Brunnen, Marmorbecken, Statuen, Reliefs und Bäumen, mit Pflanzen, Blumen und Tieren.

Im «Haus der Ceii» gibt es einen riesigen gemalten Garten aus der Zeit des Vierten Stils. Die Nordwand des *viridarium* zeigt ein großes «Fenster» mit wilden

Abb. 55
Eine der Brunnen-Statuetten vom «Haus der Vettier».

Leben im Luxus: die Privathäuser in Pompeji | 77

Tieren: ein Löwe verfolgt einen Tiger, ein Tiger läuft hinter zwei Widdern her, und Wildschweine werden von Hunden angegriffen. Die Westwand stellt eine Landschaft mit Pygmäen dar, die Ostwand eine idyllische Landschaft an den Ufern des Nils. Offensichtlich symbolisiert die linke Wand mit den Pygmäen Oberägypten, die mittlere mit den wilden Tieren Mittelägypten und die rechte das ptolemäische Ägypten, dessen belebte Landschaften mit Heiligtümern am Flusslauf bereits die Nähe der großen ptolemäischen Städte ankündigen.

Die Komposition erinnert wegen der vielen gemeinsamen Elemente an das berühmte «Barberini-Mosaik» aus Palestrina. Im Unterschied zu Letzterem, das eine fast kartographische Wiedergabe des Flusslaufs von Äthiopien bis zum Delta darstellt, hat man in dem pompejanischen Haus jedoch den Eindruck, die Abbildung der drei Regionen in den drei Fenstern diente als Kulisse.

In einer Seitenstraße südlich der Via dell'Abbondanza liegt das «Haus mit dem Obstgarten» (auch «Haus mit den Blumen-Zimmern» genannt), in dem es zwei Zimmer gibt, die in augusteischer Zeit mit Gartendarstellungen ausgemalt wurden. Wegen der Fülle an orientalischen Kultgegenständen vermutete man hier ein Heiligtum der Isis und des Gottes Bacchus-Osiris, einer mystischen Gottheit der Vegetation und Auferstehung. Es ist sich jedoch nicht sicher, ob es sich wirklich um eine Kultstätte oder doch eher um eine dekorative Modeerscheinung handelt.

In der Wanddekoration des schwarzen *cubiculum* ist eine Schlange dargestellt, die sich um den Stamm eines Feigenbaums windet. In Ägypten war die Kobra, das Symbol des unterirdischen Lebens, als heiliges Tier im Diadem von Gottheiten und Pharaonen dargestellt, bei Prozessionen wurde sie in einem Kästchen mitgeführt.

Der üppige Obstgarten zeigt Pflaumen-, Limonen-, Kirsch-, Vogelbeer- und Birnbäume. Innerhalb des Gartens erscheinen liturgische Gerätschaften, wie sie für den Isis-Kult typisch sind: Gefäße aus Marmor und ein goldener Wasserkrug (*hydria*) mit eingefügten kostbaren Steinen. Das Gefäß, das einen langen Schnabel und einen Henkel in Form einer Kobra hat, steht auf einer prächtigen Marmorstütze, umgeben von einem Kranz aus Rosenblättern. Die *hydria*, die das reinigende Wasser des Nils enthielt und das Erkennungsmerkmal der Initiierten war, wird häufig in den Händen von Gläubigen dargestellt.

Die Decke ist mit einer Rosenlaube bedeckt, in deren Zentrum Bacchus auf einem Panther reitet, umgeben von schwebenden Eroten und dionysischen Attributen wie Theatermasken, Musikinstrumenten, Oscilla und Trinkhörnern (*rhyta*), die an Weinreben aufgehängt sind. Man könnte neidisch werden auf die Pompejaner, die unter einer solchen Pergola liegend speisten!

Die häufigsten Zierpflanzen in pompejanischen Gärten waren Buchsbaum, Lorbeer, Akanthus, Efeu, Rosmarin und immergrüne Pflanzen. Sie wurden entlang der kleinen Wege gepflanzt, mit denen man wie im «Haus der Vettier» und im «Haus der keuschen Liebenden» die umzäunten Beete unterteilte. Brunnen, Becken und Wasserspiele vermittelten ein Gefühl von Frische. Wie die gemalten Gärten zeigen, waren Wege und Beete von Skulpturen bevölkert: Reliefs mit Masken, Pfeiler mit Hermen, Statuetten von Putten, Satyrn, Silenen, Faunen und anderen Geschöpfen aus der dionysischen Welt.

In den letzten Jahren Pompejis gab es immer mehr Nymphäen, verkleidet mit Mosaiken aus Glaspasten in kräftigen Farben und belebt von Statuetten und Masken, aus denen das Wasser in ein Becken floss. Im kleinen Garten des «Hauses des großen Brunnens» richtete man eine mosaikverkleidete Ädikula mit zwei tragischen Masken aus Marmor als Brunnen ein. Über dem Ausfluss ist im Mosaik die Personifikation eines Flusses dargestellt, im Becken stand in der Mitte eine Bronzegruppe, ein Putto mit einem Delphin.

Im Sommer spielte sich das Leben der Pompejaner hauptsächlich im Garten und in den angrenzenden Räumen ab. Hier arbeitete und spielte man, die Familie traf sich zum Essen oder man verehrte die Götter, Venus, Bacchus und Diana – nicht zufällig alles Gottheiten, die mit dem Gedeihen der Vegetation verbunden waren.

In Verbindung mit paläobotanischen Analysen haben neuere chemische Untersuchungen von Rückständen in Gefäßen gezeigt, dass viele der in den Gärten Pompejis angebauten Essenzen für die Zubereitung von Arzneien und zur Parfümproduktion benutzt wurden.

Das «Haus mit den vergoldeten Amoretten»

Dieses Haus (VI 16, 7) war zweifellos eines der schönsten in ganz Pompeji. Aufgrund der hier gefundenen Graffiti hat man vermutet, dass es der *gens Poppaea* gehörte, einer reichen pompejanischen Familie, die über Poppaea, Neros zweite Frau, mit dem Kaiserhaus verwandt war.

Ein Atrium von bescheidenen Ausmaßen führt in einen luftigen, von einer Portikus eingefassten Garten. An seiner Westseite, vor dem geräumigen *triclinium*, ist die Portikus wie in einem rhodischen Peristyl erhöht, mit einer breiten Treppe zum Garten und einem Portal, das von Pfeilern mit korinthisierenden Kapitellen und einem Giebel gerahmt wird. In der Mitte befindet sich ein Becken mit einem Springbrunnen, umgeben von Beeten mit Statuetten miteinander kämpfender Tiere, mit kleinen Hermen und Pfeilern, an denen Marmortafeln mit dionysischen Masken befestigt sind. Zwischen den Säulen hingen Masken und runde Scheiben (*oscilla*), mit denen die dionysische Atmosphäre des Gartens betont wurde. Auf die Welt der Mythen verwies eine Statuette der Omphale, auf die des Theaters eine Büste des Komödiendichters Menander. Eine Reihe in die Wand eingemauerter neuattischer Reliefs und einige hellenistische Originale verwandelten das Peristyl in eine Kunstgalerie. Solche Reliefs erinnern an eine Stelle in einem Brief Ciceros an seinen Freund Atticus: «Außerdem bitte ich Dich um einige Reliefs, die ich im kleinen Hof unterbringen kann» (*Cicero ad Atticum* 1, 10, 3).

Neben dem *triclinium* öffnet sich ein *gynaeceum*. Dort sind die vier Jahreszeiten in einer raffinierten weißgrundigen Dekoration dargestellt. Auch die Stuckdecke mit roten Medaillons und grünen und blauen Feldern ist erhalten. Das angrenzende *cubiculum*, auf der anderen Seite des *triclinium*, war mit Frauenporträts ausgeschmückt, deren lockige Frisuren der Mode zur Zeit Neros entsprechen. Auf die Mitte der Wandfelder waren Bilder mit Liebesgeschichten gemalt (Venus als Fischerin, Leda mit dem Schwan, Diana und Aktäon).

In der Ostecke des Peristyls stand ein kleiner Schrein, der Anubis und der ägyptischen Trias – Isis, Serapis und Harpokrates – geweiht war. Die Gottheiten sind über den glücksbringenden Schlangen dargestellt, die zum Altar hin kriechen. Gegenüber, im nordwestlichen Teil der Portikus, gab es zudem ein traditionelles römisches Lararium mit Bronzestatuetten der kapitolinischen Trias – Jupiter, Juno und Minerva – zusammen mit Merkur.

Die Gäste, die auf den Triklinen im *oecus* lagen, konnten die Aussicht in den Garten genießen oder ihrer Phantasie freien Lauf lassen, während sie die Bilder im Salon betrachteten: Achill in seinem Zelt mit Briseis und Patroklos, Thetis in der Schmiede des Hephaistos und Jason bei König Peleias vor seiner Flucht mit Medea.

Eine Raute aus glänzendem schwarzem Oxydian, die im Durchgang vom Garten zum Atrium in einen Mauervorsprung eingemauert ist, konnte als Spiegel dienen.

Das Haus hat seinen Namen von den Putten (Amoretten), die mit Blattgold auf runden Glasscheiben dargestellt sind. Die Scheiben sind in die Wand des *cubiculum* eingelassen, wo sie über das eheliche Bett wachten (Abb. 56).

Abb. 56
Die «vergoldeten Amoretten» im *cubiculum* des nach ihnen benannten Hauses sind runde Scheiben aus Glas mit Eroten aus Blattgold darauf. Leider hat das Glas stark gelitten.

Das «Haus des Loreius Tiburtinus»

Wie der Fund eines Bronzesiegels mit dem Namen des letzten Eigentümers bezeugt, gehörte das sog. «Haus des Loreius Tiburtinus» (II 2, 2) in Wirklichkeit einem gewissen Decimus Octavius Quartio. Es enthielt sozusagen im Kleinen die typischen Elemente der großen herrschaftlichen Villen am Golf von Neapel (Abb. 57).

Auf das Atrium, dessen *impluvium* mit einem Blumenkasten eingefasst war, folgt ein kleiner, von einer Portikus umschlossener Garten, an dem die Repräsentationsräume liegen. Hier hat man einen Ibis aus Marmor gefunden, einen Bes und andere ägyptische Gottheiten aus glasierter Terrakotta. Zum Garten öffnet sich ein prächtiges *triclinium* mit einem hohen Sockel aus imitierten Marmorplatten. Die figürlichen Friese in der Oberzone stellen in ihrem oberen Teil den Feldzug des Herakles gegen den trojanischen König Laomedon dar, bei dem dieser mitsamt seiner Familie getötet wurde. Er ist im unteren Fries dargestellt, wobei die einzelnen Szenen mit lateinischen Beischriften versehen sind.

Auf die Portikus folgt eine große, 7 m breite und etwa 20 m lange Terrasse. In der Mitte verläuft ein Kanal (*euripus*), den zwei Brücken überqueren und an dessen Rändern Statuetten aufgestellt waren: miteinander kämpfende Tiere, Geschöpfe aus der Welt des Dionysos und die Personifikation eines Flusses, wahrscheinlich des Nil.

Der Kanal lag im Schatten einer Pergola, die von kräftigen Pfeilern getragen wurde. Sie wechselten mit viereckigen Sockeln, auf denen Statuen von Musen aufgestellt waren. Am östlichen Ende des Kanals befand sich ein Speisesaal mit zwei Liegen (*biclinium*) und einem Brunnen in Form einer Ädikula. Innen war er wie eine künstliche Grotte gestaltet, das Wasser sprudelte aus einer Silen-Statuette. Auf den Wänden waren Bilder mit Narziss und der Geschichte von Pyramus und Thisbe dargestellt (Abb. 58), mit der Signatur des Künstlers: «*Lucius pinxit*» («Lucius hat es gemalt.»)

Gegenüber öffnete sich ein eleganter Salon, in dem

Abb. 57
Grundriss des «Hauses des Loreius Tiburtinus».

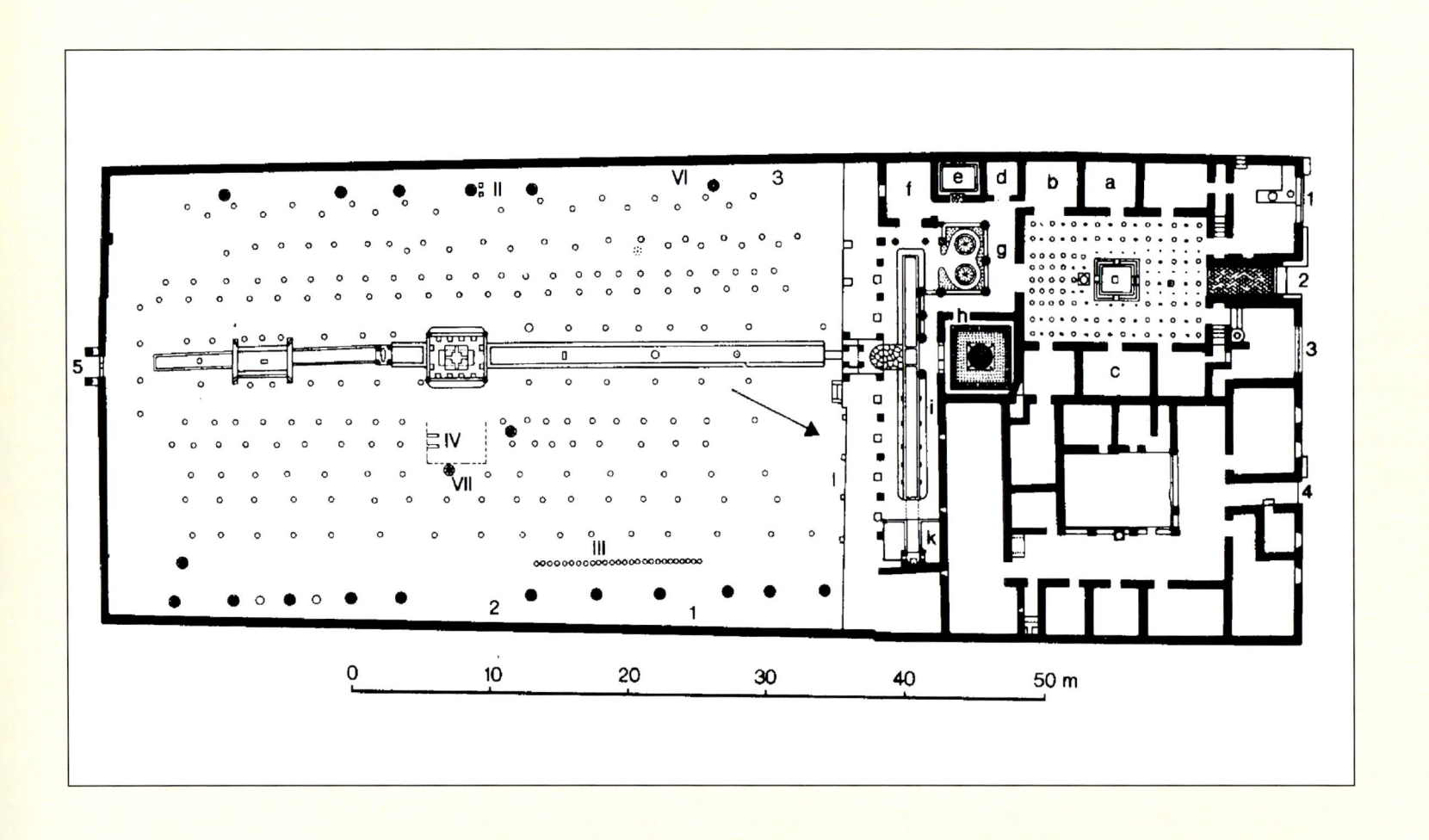

man ein kleines Heiligtum (*sacellum*) erkennen wollte. Hier ist in der Mitte eines Wandfeldes ein Isis-Priester dargestellt, in dem man den Eigentümer des Hauses sehen wollte. Die Beischrift ist leider inzwischen verschwunden.

Unterhalb der Terrasse erstreckte sich ein weitläufiger Garten, der auf seiner gesamten Länge von einem zweiten, mehr als 50 m langen Kanal durchquert wird. Er verläuft rechtwinklig zu dem auf der oberen Terrasse und ist durch ein Nymphäum in Form einer Grotte mit ihm verbunden. Brunnen und Ädikula mit Statuen schmückten den Kanal, an den Seiten begleiteten ihn von Gitterzäunen eingefasste Pergolen. Man hat vermutet, dass man den Garten überfluten konnte, um so die Überschwemmungen des fruchtbaren heiligen Nil nachzuahmen. An den Umfassungsmauern ragten hohe Bäume, Platanen oder Eichen, empor.

Abb. 58
Das tragische babylonische Liebespaar Pyramus und Thisbe (das Ovid in seinen «Metamorphosen» besingt) auf einem Fresko am «Haus des Loreius Tiburtinus».

Wein, Brot und schicke Kleidung: Handel und Gewerbe in Pompeji

Edle Tropfen: Weinproduktion

Der Weinbau ist typisch für die römische *villa rustica* (Bauernhof mit Agrikultur). In Kampanien setzt der Weinbau mit der griechischen Kolonisation ein; es sei nur an den in Pithekusa gefundenen «Becher des Nestor» erinnert, der aufgrund seiner geometrischen Verzierungen in die Mitte des 8. Jhs. v. Chr. zu datieren ist. Die eingeritzten Buchstaben verkünden: «Ich bin der Becher des Nestor, und wer aus mir trinkt, wird von Leidenschaft für die schöne Aphrodite ergriffen.» Die besten Weinlagen des alten Rom waren der ager *Falernus* am Monte Massiccio, die Gegend am Vesuv und die Sorrentinische Halbinsel. Unter den verschiedenen Sorten des Falerners, der mit dem Altern immer besser wurde, preisen die antiken Quellen vor allem den *Faustianum*. Sie beschreiben in poetischen Schilderungen den zwischen hohen Pappeln gezogenen («verheirateten») Weinstock, eine noch heute im nördlichen Teil der Region gebräuchliche Anbauweise. Eine grobe Schätzung der Weinproduktion im Italien der Kaiserzeit kommt auf etwa 10,5 Millionen Hektoliter für schätzungsweise eine Million Verbraucher.

Dank der außerordentlichen Fruchtbarkeit des Landes brachte der Weinbau auch in Pompeji den höchsten Gewinn (Abb. 59). Plinius und Columella berichten über die verschiedenen Rebsorten, die an den Hängen des Vesuvs angebaut wurden. Eine sehr edle, aber wenig ergiebige Sorte war die *aminea gemina minor* (der heutige «Greco di Tufo»), eine andere verbreitete Sorte die *murgentina*, die so gut angenommen wurde, dass man sie auch *«Pompeiana»* nannte.

Zu ergänzen ist noch die *Holconia*, deren Name sich von den Holconii herleitet, einer der ältesten und mächtigsten Familien Pompejis. In der Umgebung von Pompeji baute man den *Vesuvinum* oder *Vesvinum* an, einen ausgezeichneten Wein, vergleichbar der heute am Vesuv angebauten «Lacrima Christi». Da der reine Wein zu schwer war, verdünnte man ihn mit Wasser oder filterte ihn. Häufig trank man ihn wie unseren Glühwein, warm und mit Gewürzen versetzt.

Die «Mysterienvilla»

Die «Mysterienvilla» wurde zu Beginn des 20. Jhs. ausgegraben und ist seitdem das berühmteste Gebäude in Pompeji. Die erste Anlage geht auf das 2. Jh. v. Chr. zurück, später wurde sie mehrfach erweitert und umgebaut. Ihre Glanzzeit reichte von der Gründung der römischen Kolonie bis in augusteische Zeit. Zu Beginn des 1. Jhs. v. Chr. schmückte man sie mit Dekorationen aus dem Zweiten Stil. Damals malte man im Salon einen majestätischen Fries mit fast lebensgroßen Figuren (eine sog. «Megalographie»). Nach dem Erdbeben von 62 n. Chr., das eine schwere wirtschaftliche Krise zur Folge hatte, wurde die Villa ausschließlich für die Weinproduktion und den Weinhandel genutzt.

Das Gebäude hat die Form eines viereckigen Blocks mit einer quadratischen Kryptoportikus als Basis (Abb. 60). Es liegt an einem Hang, und von der Terrasse aus konnte man den Blick auf den Golf genießen. Der alte,

Abb. 59
Zwei Eroten beim Kosten von Wein, wie die Amphoren im Hintergrund deutlich machen, Wandmalerei im «Haus der Vettier».

dem heutigen Zugang genau entgegengesetzte Eingang an der Ostseite öffnete sich zur Via Herculanensis, der Straße, die Pompeji mit Herculaneum und Neapel verband. Hier hielten nach der Weinlese die Wagen mit den Trauben, die durch hohe, weite Fenster direkt in die Keller entladen wurden. Nach Lieferung der Ware saßen die Bauern oder Tagelöhner geduldig auf den Bänken im *vestibulum* und warteten auf ihre Bezahlung.

Der Eingangsbereich gehörte zum landwirtschaftlichen Teil der Anlage, mit einem Hof (A), von dem aus man auf der einen Seite in den Weinkeller, auf der anderen zu den Küchen gelangen konnte. Der große Weinkeller bestand aus zwei Pressen, deren eine mit dem geschnitzten Kopf eines Ziegenbocks rekonstruiert wurde, des dem Weingott Bacchus heiligen Tiers (Abb. 61). In der Kelter gepresst und in den Tonkrügen im Garten gegoren, wurde der Wein schließlich in Amphoren gefüllt. An den Eingangsbereich grenzte der herrschaftliche Teil, in dem die Familie des Eigentümers wohnte, mit Schlafzimmern, Speise- und Wohnräumen sowie einer halbrunden Aussichtsterrasse (G).

Das Gebäude bestand also aus einem landwirtschaftlich genutzten Bereich für den Verwalter und die Sklaven und einem luxuriösen Wohn- und Erholungsbereich für die Herrschaften. Eine riesige Tür, bezeugt durch eine große Schwelle zwischen dem Peristyl (B) und dem Atrium (C), trennte die beiden Bereiche voneinander. Hier im Salon (D), angrenzend an ein Schlafzimmer (E), ließen die Eigentümer die berühmte Megalographie mit der Darstellung der «Mysterien» malen, die der Villa ihren Namen gab: die Einführung eines Mädchens in die Geheimnisse der Ehe, nach den Vorschriften des Dionysos-Kultes (Abb. 62 a.b, siehe nächste Seite). Istacidius, der Eigentümer, muss mit seinem Wein ein Vermögen gemacht haben, was die Verherrlichung des Weingottes Bacchus in dem Fries erklärt. Istacidia Rufilla war eine Hohepriesterin der Venus und der Ceres.

Auch Zeugnisse des Kaiserkults fehlen in diesem Wohnhaus reicher Kaufleute nicht. In der Nordecke des Peristyls wurde eine Statue der Livia, der Frau des Kaisers Augustus, gefunden, wo sie wegen der zum Zeitpunkt des Vesuvausbruchs noch laufenden Renovierungsarbeiten vorübergehend abgestellt war. Sie ist in einen Mantel gehüllt und zeigt Spuren ihrer originalen Bemalung.

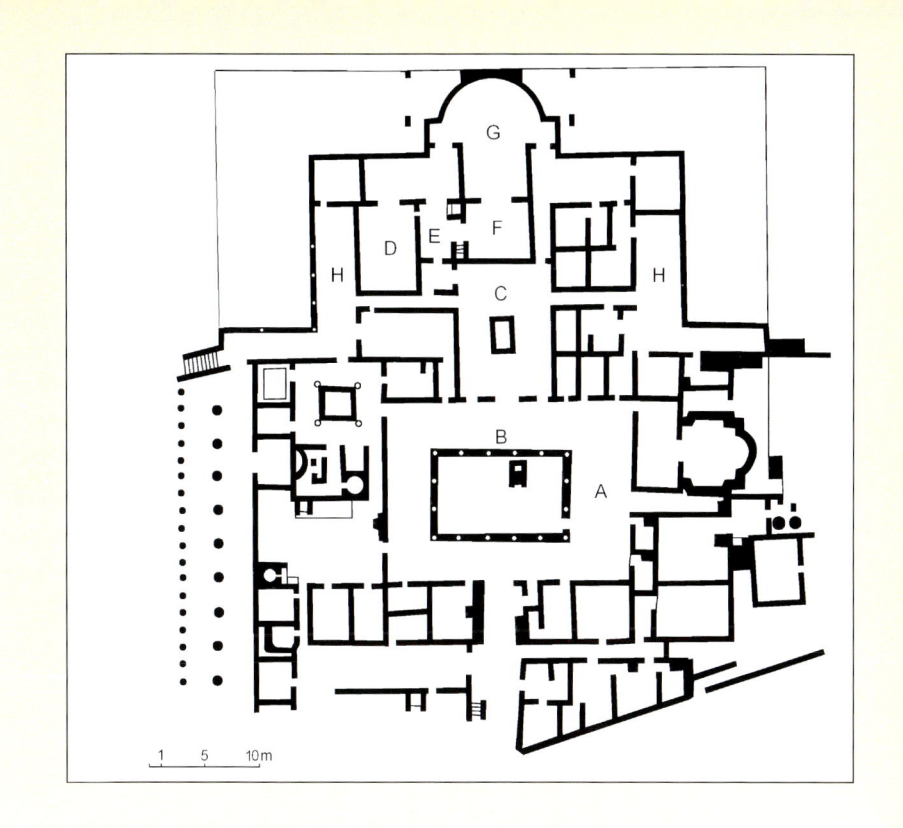

Die «Villa della Pisanella» in Boscoreale

Die als «Villa della Pisanella» bekannte Anlage wurde 1894–1899 ausgegraben und wieder zugeschüttet, nachdem man die gesamte Einrichtung entfernt hatte, darunter einen kostbaren Silberschatz.

Das Gebäude geht auf das 1. Jh. v. Chr. zurück, hat einen regelmäßigen Grundriss und ist mit Malereien im Zweiten Stil verziert. Der Eingang führt in ein geräumiges Peristyl, an das rechts der Weinkeller und links der Wohnbereich angrenzen, bestehend aus dem *triclinium*, den Schlafzimmern und einer kleinen Thermenanlage. Der landwirtschaftliche Bereich umfasst die Unterkünfte der Sklaven, einen großen Raum mit zwei Keltern, einen kleineren mit einer Ölpresse und den Getreidespeicher mit der angrenzenden Tenne, auf der Getreide gedroschen wurde. Zu den Wirtschaftsräumen gehört ein großer Keller mit 84 Vorratsgefäßen für Wein.

Im Keller fand man 1895 den berühmten «Schatz von Boscoreale», einen Lederbeutel mit 1037 Goldmünzen und ein Silber-Service aus augusteischer Zeit. Der «Schatz» wurde von Baron Edmond de Rothschild

Abb. 60
Grundriss der «Mysterienvilla».

A Hof
B Peristyl
C Atrium
D Salon (Megalographie)
E cubiculum
F tablinum
G Exedra
H Portikus

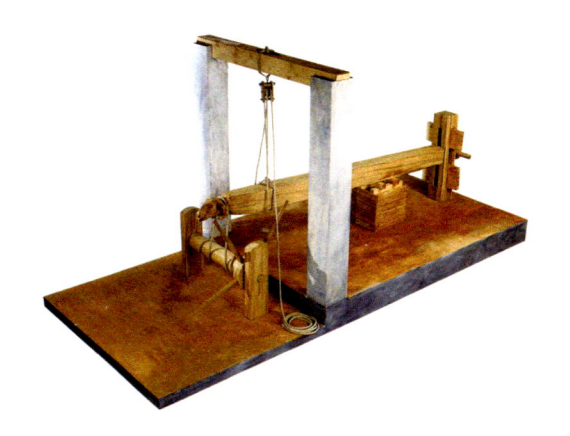

Abb. 61
Rekonstruktion der Weinpresse mit dem geschnitzten Kopf eines Ziegenbocks in der «Mysterienvilla».

Abb. 62a
Die «Megalographie», der berühmte Fries in der «Mysterienvilla», zeigt eine Szene aus dem Mysterienkult des Dionysos: die Vorbereitung eines Mädchens auf die Hochzeit. Hier sind die auf den einzelnen Wänden des Raumes zu sehenden Bilder fototechnisch zusammengefügt.

Abb. 62b
Umzeichnung der Megalographie der «Mysterienvilla» mit Deutung der einzelnen Szenen:

I   Bacchus, als Knabe, singt einen Hymnus, der auf eine Papyrusrolle geschrieben ist, begleitet von zwei Priesterinnen.
II Die Opfergaben werden vorbereitet: ein Kuchen, das heilige Wasser für die Waschungen und ein Olivenzweig zum Besprengen.
III Ein Silen spielt auf der Lyra, zwei kleine Satyrn begleiten ihn auf der Panflöte.
IV Aura steigt mit vom Wind geblähtem Mantel vom Himmel herab.
V   In der Ecke erscheinen ein alter Silen und zwei kleine Satyrn: Der junge Mann sieht die Maske hinter sich im Krug gespiegelt und begreift wie er als alter Mann aussehen wird.
VI Im Zentrum beherrscht Bacchus die Szene; trunken ausgestreckt liegt er im Schoß von Ariadne – oder von Venus, der Schutzgöttin der Stadt.
VII Die Priesterinnen schicken sich an, einen großen hölzernen Phallus zu enthüllen, der in einer Kornschwinge liegt.

84 | Wein, Brot und schicke Kleidung: Handel und Gewerbe in Pompeji

VIII Die junge Einzuweihende flüchtet sich in den Schoß einer Priesterin, während sie von einer geflügelten Gottheit ausgepeitscht wird: Indem sie den Schmerz erträgt, kann sie beweisen, dass sie jetzt erwachsen ist und verheiratet werden kann. Ihre Begleiterinnen tanzen und schlagen die Zimbeln, um sie zu zerstreuen und ihren Schmerz zu erleichtern.

IX Nach bestandener Prüfung bereitet sich das Mädchen auf die Hochzeitszeremonie vor: Eine Dienerin kämmt ihr die Haare, während ein Eros, von Venus eigens zu ihr gesandt, ihr einen Spiegel reicht.

X Eine Matrone wohnt der Zeremonie bei und wacht über die richtige Durchführung.

Abb. 63
Modell der 1977 entdeckten «Villa Regina», ein Landgut (villa rustica), wo Wein hergestellt wurde – der wichtigste Wirtschaftszweig Pompejis.

erworben; sechs der Gefäße behielt er für sich, die übrigen 106 vermachte er dem Pariser Louvre. Die wichtigsten Stücke sind zwei Schalen mit dem «Triumph des Tiberius» und «Augustus auf dem Thron», außerdem gibt es Becher mit Eroten, mit Tieren und mit Skeletten, die Philosophen darstellen, zwei Krüge mit opfernden Siegesgöttinnen, eine flache Schale (*patera*) mit einer Büste und zwei Schalen (*phialai*) mit als Reliefs gearbeiteten Porträtbüsten.

Der Fund eines Siegels mit dem Namen des Verwalters, Lucius Caecilius Aphrodisius, deutet darauf hin, dass der bekannte pompejanische Bankier Lucius Caecilius Iucundus oder einer seiner Nachfahren Eigentümer des Gutes war.

Die «Villa Regina» in Boscoreale

Diese Villa war ein auf Weinbau spezialisiertes Landgut (Abb. 63). Sie wurde 1977–1980 beim Bau eines modernen Wohnviertels entdeckt und ausgegraben. Die Anlage besteht aus einer Reihe von Räumen, die um einen Hof mit Portikus angeordnet sind. Links von der Eingangstür, von der ein Gipsabdruck hergestellt werden konnte, befand sich die Vorratskammer, in der fast der gesamte Hausrat aufbewahrt wurde: Dort fand man Gegenstände aus Keramik, Lampen und einen Eimer aus Bronze. In der Wand erscheint der kreuzförmige Abdruck eines Holzregals, der die Interpretation des berühmten «Kreuzes von Herkulaneum» als christliches Symbol widerlegt; auch dieses dürfte von einem Regal und nicht von einem christlichen Kreuz stammen. Rechts vom Eingang liegt eine kleine Wohnung.

Im größten Raum der Villa stand die Weinkelter. Hier fand man die Reste von zwei großen Pressen für die Trauben. Der Raum stand unter dem Schutz des Weingottes Bacchus, der neben einem kleinen gemauerten Altar auf die Wand gemalt ist. Gegenüber vom Kelterraum, auf der anderen Seite des Hofs, befindet sich die *cella vinaria*, ein Weinkeller mit 18 großen Weinkrügen. Die in drei Reihen zu je sechs aufgereihten Gefäße konnten insgesamt bis zu 10.000 Liter Wein aufnehmen, was einer Anbaufläche von etwa 1,7 Hektar entspricht. Da es sich um eine hauptsächlich für die landwirtschaftliche Produktion bestimmte *villa rustica* handelt, ist nur der Salon mit Wandmalereien – einfachen roten und gelben Feldern – verziert.

Wilhelmina Jashemsky ist es gelungen, anhand der mit Gips ausgegossenen Abdrücke der Wurzeln den Weinberg zu rekonstruieren. Er wurde von einem kleinen, mit einem Wägelchen befahrbaren Weg durchquert, die Rebstöcke sind eine mediterrane Sorte, und in der Nähe des Eingangs stand eine Weide.

Neben der Villa wurde vor einiger Zeit ein Museum zum Thema «Mensch und Umwelt am Vesuv» eingerichtet. Es zeigt die Entwicklung der Landschaft am Vesuv bis zum Ausbruch von 79 n. Chr., wie sie aus archäologischen, paläobotanischen und paläontologischen Untersuchungen erschlossen wurde. Außerdem sind dort künstlerische, aber auch alltägliche Zeugnisse aus pompejanischen *villae rusticae* ausgestellt.

Täglich Brot: das Bäckerhandwerk

In Pompeji gab es mindestens 20 Bäckereien (*pistrinae*) (Abb. 64). Der Bäcker (*pistor*) war für das Mahlen des Korns, die Zubereitung des Teigs, für das Backen und für den Verkauf zuständig. Backöfen und Mühlen waren die wichtigsten Produktionsmittel. Die Mühlen wurden aus porösem Lavastein hergestellt und bestanden aus einem konischen, auf einem gemauerten runden Sockel festgemachten Stein (*meta*). Darauf war mit Holzbalken ein weiterer Stein befestigt, der die Form einer Sanduhr hatte und auf dem unteren gedreht wurde (*catillus*) (Abb. 65). Im Allgemeinen besaß jede Bäckerei vier solcher Mühlen; insgesamt 73 wurden in Pompeji gefunden. Besteht der Werkstattboden aus gestampfter Erde, bedeutet dies, dass die Mühlen von

Abb. 64
Die «Bäckerei des Popidius Priscus» (VII 2, 22). In einer Bäckerei wurden alle Arbeitsschritte erledigt, vom Mahlen des Getreides bis zum Verkauf des fertigen Brotes; im Vordergrund sieht man die imposanten Getreidemühlen.

Sklaven gedreht wurden, war er dagegen gepflastert, wurden sie von Maultieren angetrieben. Die Handhabung war sehr einfach: ein Sklave schüttete das Getreide in den oberen Teil der *meta*, das gemahlene Korn kam unten als Mehl heraus. Zum Backen wurden die Brote in den Ofen geschoben. Sie hatten eine runde, in acht Stücke unterteilte Form. Brot gehörte zu den Hauptnahrungsmitteln.

Ein Bild aus Pompeji (Haus VII 3, 30) zeigt einen Bäcker, bekleidet mit einer weißen Tunika, wie sie Magistrate oder zumindest Bürger trugen. Er ließ sich in seiner Bäckerei darstellen, wie er seinen Kunden die Brote reicht, und zwar nicht, als ob er sie verkaufe, sondern mit der Feierlichkeit eines Magistrats – ganz so, als verteile er eine Spende.

Die «Bäckerei des Sotericus»

Die «Bäckerei des Sotericus» (I 12, 1–2) in der Via dell'Abbondanza war eine der größten Bäckereien in Pompeji. Wahrscheinlich wurde sie nach dem Erdbeben von 62 n. Chr. in zwei dafür umgebauten Wohngebäuden eingerichtet, die dafür umgebaut wurden. Der Name des Eigentümers, Sotericus, wurde aus Inschriften auf den Fassaden der angrenzenden *caupona* (Schänke) und des gegenüberliegenden Hauses erschlossen. Außer den Mühlen, die von Maultieren betrieben wurden, sind der Ofen und die Teigmulde erhalten. An der Unterseite der einen Mühle ist das Bronzeblech zum Auffangen des gemahlenen Getreides noch zu erkennen. Zwei dahintergelegene Räume dienten als Kornspeicher (*horreum*) und als Schlafraum für die Sklaven. Es gab auch einen Stall für die Tiere, die die Mühlen antrieben (vgl. Abb. 65), wie Ovid es beschreibt (*Ars Amatoria* 3, 290): «*ut rudit a scabra turpis asella mola*» («klingt wie eine schäbige Eselin an der Mühle»).

Die Bäckerei verfügte zudem über einen Wohnbereich, jedoch über keinen Verkaufsraum.

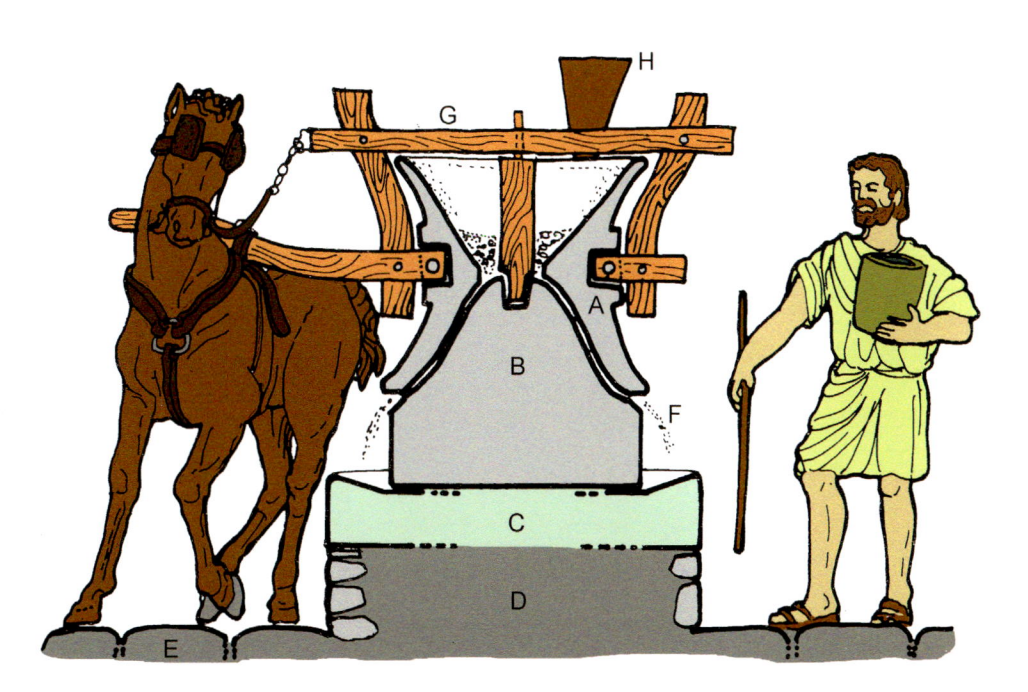

Abb. 65
Rekonstruktionszeichnung einer von einem Pferd angetriebenen Getreidemühle:

A catillus
B meta
C Sammelbecken
D Sockel
E Steinboden
F Auszugsmehl
G Holzgestell
H Einfülltrichter

Wein, Brot und schicke Kleidung: Handel und Gewerbe in Pompeji

Haselmäuse in Honig: die römische Küche

Das weitverbreitete Vorurteil, die Ernährung in der Antike habe wenig Eiweiß enthalten, wird durch moderne archäologische Untersuchungen widerlegt – das Gegenteil war der Fall.

In der Antike gab es im Allgemeinen zwei Mahlzeiten am Tag: das *prandium*, das unserem Mittagessen, und die *cena*, die unserem Abendessen entsprach. Das *ientaculum* war ein rasches und leichtes Frühstück am frühen Morgen. Das *prandium* bestand im Allgemeinen aus den Resten der *cena* vom Vortag, so dass nicht täglich gekocht werden musste. Die *cena* selbst begann gewöhnlich um drei Uhr nachmittags und bestand aus mehreren Gängen.

Die *gustatio* war eine appetitanregende Vorspeise mit Pilzen, Austern, Hülsenfrüchten, Gemüse, Oliven, Lauch, gesalzenen Fischen und gekochten Eiern, begleitet von einem mit Honig versetzten Wein (*vinum mulsum*). Die *cena* bestand aus Fleisch- und Fischgerichten, danach (*secundae mensae*) gab es Obst, Desserts und Speisen, die den Durst anregten; dabei wurden die *secundae mensae* oft von einer langen Reihe von Trinksprüchen begleitet.

Die Pompejaner aßen kaum Rind- oder Kalbfleisch, dafür aber viel Wild; Hirsche, Wildschweine und Hasen gab es an den Hängen des Vesuvs oder auf den *montes Lactares*, die die Ebene von Nuceria einfassten, im Überfluss. Auch Vögel schätzte man sehr; sie wurden gejagt, aber auch in Volieren gezüchtet. Als wahre Leckerbissen galten bei den Römern Haselmäuse in Honig. Die Tiere konnten zuhause in speziellen Gefäßen gezüchtet werden – Amphoren mit Löchern, in denen die Tiere überwintern und über spiralförmige Rampen zu ihren Wasser- und Futternäpfen laufen konnten. Die Malereien in den Lararien stellen häufig Lebensmittel dar. Ein eindrucksvolles volkstümliches Fresko im «Haus des Sulpicius Rufus» (IX 9, b–c), das dort über dem Herd angebracht ist, zeigt beispielsweise einen Eberkopf, mehrere Drosseln, einen Spieß mit Aal und einen mit Fleisch und unterhalb davon zwei Töpfe auf dem Feuer.

Auch Fische und Meeresfrüchte durften auf der Tafel der Pompejaner nicht fehlen. Die vielen Stillleben mit Barben, Tintenfischen, Skorpionfischen, Muränen, Königskrabben, Hummern, Kraken und Meeresfrüchten, die oft noch in den Körben zu zucken scheinen, bezeugen die Leidenschaft der Römer für Fischgerichte. Gaius Sergius Orata aus Pozzuoli verdiente ein Vermögen mit dem Verkauf von Muränen; er züchtete sie in Becken, die er in den Phlegräischen Feldern über dem Austritt heißer Luftströme angelegt hatte. Die wirklich Reichen besaßen bei ihren Villen am Meer eigene Zuchtbecken. Über diese Leidenschaft spottet Juvenal (Satire 4): «Der Ägypter Crispinus hat für sechstausend Sesterzen eine sechs Kilo schwere Barbe gekauft ... Zu diesem Preis kaufst du Schuppen? Wahrscheinlich hättest du für den Fischer weniger bezahlt ...» Aber auch Seneca (*Epistulae* 95 und 42) berichtet, Octavius habe von Tiberius für 5000 Sesterzen eine zweieinhalb Kilo schwere Barbe gekauft. Besonders beliebt war das *garum* (oder *liquamen*), eine Soße aus kleinen, in Salz gegorenen Fischen, die dem thailändischen *nuoc-mam* geähnelt haben wird. *Garum* aus Pompeji wurde in alle Welt exportiert, sogar bis nach Indien. Ein Mosaik im Atrium des «Hauses des Um-

Abb. 66
Theke eines *thermopolium*, eine der zahlreichen Garküchen Pompejis, in denen man, einem heutigen Imbiss gleich, auf die Schnelle eine warme Mahlzeit und ein Getränk erwerben konnte. In der römischen Antike besaßen viele Häuser, vor allem der «einfacheren Leute», keine eigene Küche, so dass man gerne auf die günstigen Garküchen zurückkam.

bricius Scaurus» (VII 16, 15), eines Produzenten dieser Soße, zeigt in den Ecken die charakteristischen Behälter für das *garum* mit der Aufschrift *liqua(minis) flos*.

Die Gemüsegärten in Pompeji brachten eine große Vielfalt an Gemüsepflanzen hervor: Lupinen, Bohnen, Lauch, Erbsen, Linsen, Zwiebeln und Kohl. Die Verfasser landwirtschaftlicher Traktate rühmten besonders die *Pompeiana cepa*, eine eigene pompejanische Zwiebelsorte, und verschiedene aufgrund ihrer Zartheit von den Reichen besonders geschätzte Kohlsorten. In den Obstgärten der Stadt baute man Äpfel, Birnen, Feigen, Pflaumen, Nüsse, Mandeln, aber auch besonders seltene und geschätzte Sorten wie Kirsch- und Zitronenbäume an.

Die Pompejaner pflegten sehr fett zu essen, was Krankheiten wie die Gicht zur Folge hatte. Wegen der im Körper angesammelten Giftstoffe hielt man häufige Dampfbäder für erforderlich. Dennoch gab es in der Ernährung der verschiedenen Gesellschaftsschichten natürlich große Unterschiede. Das Essen der Armen dürfte nicht gerade üppig gewesen sein; sie aßen einfache Suppen aus Lauch oder Linsen und eine Art Grütze aus Dinkel und Hirse (*puls*). Ein typisches Arme-Leute-Essen war auch *moretum*, eine Soße aus Knoblauch, Petersilie, Raute und Käsestücken, angemacht mit Essig und Öl. Hauptnahrungsmittel war damals wie heute noch Brot, das es in unterschiedlicher, mehr oder weniger geschätzter Qualität gab, für jeden Geschmack und für jeden Geldbeutel.

Im Gegensatz zu uns saßen die Römer nicht im Sitzen am Tisch, sondern im Liegen und ausgestreckt, auf weichen, an drei Seiten um einen Tisch herum angeordneten Triklinen. Die Tische waren mit Geschirr aus Bronze und Silber üppig gedeckt; die Speisen konnten in speziellen Behältern aus Bronze, Getränke wie Wein und Kräutertee in einem «Samowar» aus Metall warmgehalten werden. Die Weine wurden in künstlerisch gestalteten Mischgefäßen, häufig regelrechten Sammlerstücken, gewürzt und dann in Krüge aus Silber gegossen. Man trank aus prächtigen silbernen Bechern mit getriebenen Reliefs. Auf dem Tisch standen mitunter sogar Skulpturen aus Bronze, die silberne Tabletts für Oliven, Kuchen usw. trugen.

Wir besitzen sogar eine Sammlung altrömischer Rezepte, das Kochbuch des Apicius (s. S. 90), außerdem informieren uns einige Satiren des Horaz über die römische Küche. Wir wissen, dass es sich um eine fettreiche Kost handelte, deren Grundlage unterschiedlich gewürztes Fleisch war, begleitet von schweren, bisweilen erhitzten und fast immer stark aromatisierten Weinen. Während des Mahls trugen die Gäste Kränze aus Blumen und Myrten, dabei sangen sie oder trugen improvisierte Verse vor, wie sie auf einem berühmten pompejanischen Bild mit einer Gelageszene geschrieben stehen: *«Facitis vobis suaviter, ego canto»* («Liebt Euch sanft, ich singe!»), und als Antwort: *«Ita est, valeas.»* («Sei ruhig, genau das machen wir!»).

Es ist jene bisweilen harmlose, häufig jedoch zügellose Fröhlichkeit dieser Gelage, die Petronius in seinem Roman «Satyricon» (1. Jh. n. Chr.) mit dem berühmten Gastmahl des reichen Freigelassenen Trimalchio beschreibt. Begeben wir uns also von Pompeji nach Pozzuoli, um uns unter die Gäste in der Villa des Trimalchio zu mischen.

Während die Gäste sich auf den Triklinen ausstrecken, waschen ihnen singende Sklaven aus Alexandria die Hände und pflegen ihre Nägel. Es erscheint ein kleiner Esel aus Silber mit Satteltaschen voller weißer und schwarzer Oliven, Gerichte mit Würsten und Haselmäuse in Honig werden gereicht. Unter den Klängen von Musik wird Trimalchio hereingetragen und legt sich auf den Ehrenplatz. Sein Kopf ist glatt geschoren, er trägt einen roten Mantel, einen goldenen Ring am Finger und an den Armen ein Armband und einen Reif aus Elfenbein. Er stochert mit einer silbernen Feder in seinen Zähnen und beendet eine in seinem Zimmer begonnene Partie eines Brettspiels, mit Gold- und Silbermünzen als Spielfiguren. Es ertönt Musik, und aus einem Korb mit einer hölzernen Henne nehmen die Sklaven Eier – Pfaueneier, wie es scheint; wie sich herausstellt, sind sie aus Teig mit kleinen Vögelchen darin. Nach diesen Vorspeisen ist es Zeit, den Boden zu fegen, wobei sogar ein silberner Teller im Abfall landet. Es wird Wein gereicht – auch zum Händewaschen.

Nun kommen Amphoren aus Kristall mit einem hundertjährigen Falerner darin auf den Tisch. Ein Diener bringt ein bewegliches silbernes Skelett, das er auf dem Tisch wie eine Marionette tanzen und die unterschiedlichsten Positionen einnehmen lässt. Den Höhepunkt der Tafel bildet ein rundes Gefäß mit den zwölf Sternzeichen, auf denen jeweils die entsprechenden Speisen liegen: ein Rinderkotelett über dem Stier, Barben über den Fischen, Stierhoden über den Zwillingen, der Uterus einer Wildsau auf dem Zeichen der Jungfrau, in der Mitte als Anspielung auf die Sonne eine Honigwabe. In einem silbernen Öfchen kommt geröstetes Brot, dann folgen wieder gefüllte Vögel, die Zitzen einer Wildsau, Hasen und Fische, die in einem wahren See aus Soße schwimmen.

Als Fortunata, die Dame des Hauses, hereinkommt, organisiert man eine Jagd; unter dem Gebell der Hunde kommt ein Wildschwein mit Ferkeln aus Mürbeteig an den Zitzen, aus seiner Seite flattern Scharen von Drosseln. Ein als Bacchus verkleideter kleiner Sklave bringt Trauben. Der Hausherr kann nicht mehr und zieht sich in ein Hinterzimmer zurück, bei seiner Rückkehr bemerkt er: «Niemand auf der Welt ist ohne Löcher.»

Danach erregt ein Schwein, aus dem Kochwürste hervorquellen, die allgemeine Aufmerksamkeit. Das Gespräch wendet sich dem Geschirr aus Bronze, Glas und Silber zu. Es folgt ein Zwischenspiel mit Akrobaten und Komödianten. Die Gesellschaft stopft sich mit Kalbfleisch, Hühnerfleisch und Enteneiern voll, während man über Hexen und Werwölfe spricht. Die Hausherrin und eine Freundin liebkosen sich, wobei sie schamlos ihre Juwelen zur Schau stellen. Dann fließen die Tränen: Trimalchio verliest sein Testament und erklärt den Entwurf für sein eigenes Grabmal. Es stellt Schiffe mit geblähten Segeln dar und ihn selbst, wie er Geld unter das Volk verteilt. Seine Grabinschrift soll schließen mit den Worten: «Niemals hat er einen Philosophen gehört!» Nach Abschluss des Essens begibt sich die Gesellschaft zur Verdauung in die Thermen.

Die Garküche an der Via dell'Abbondanza

Das große *thermopolium* (I 8, 8) öffnete sich zur Via dell'Abbondanza mit drei Theken, in denen Gefäße zum Warmhalten der Getränke und Speisen eingemauert sind. In einer davon fand man die Tageseinnahmen: 683 Sesterzen, wenig mehr als der Preis für ein Maultier, das 520 kostete.

Die Kunden konnten im Sitzen an den Tischen oder im Stehen essen. Es gab Getränke, Oliven, Gemüse und trockene Früchte. Würste und Käse wurden aufgehängt, Becher, Flaschen und Krüge standen neben der Theke auf kleinen Stufen aufgestellt.

Zum Schutz des Unternehmens war an der Rückwand ein Lararium aus Stuck angebracht, in dem Merkur, der Gott des Handels, und Bacchus, der Gott des Weines, dargestellt waren. Dahinter lag die Wohnung des Eigentümers: das typische Beispiel eines pompejanischen Geschäftshauses.

Das Kochbuch des Apicius

Das einzige Kochbuch, das uns aus der Antike überliefert ist, trägt den Titel «De re coquinaria» («Über das Kochen») und wurde von einem gewissen Apicius verfasst, eventuell bereits in augusteischer Zeit. Mit den entsprechenden Zutaten lassen sich die Rezepte noch heute nachkochen. Hier einige Beispiele:

Linsensuppe mit Kastanien
Man nehme einen neuen Topf, lege die gereinigten Kastanien hinein und bringe sie zum Kochen. Während die Kastanien kochen, zerstoße man in einem Mörser Pfeffer, Kümmel, Koriander, Minze, Raute, Laserwurzeln und Flohkraut, begieße die Mischung mit Essig, gebe Honig und *garum* dazu, schmecke alles mit Essig ab und gieße es auf die gegarten Kastanien. Öl hinzufügen und das Ganze aufkochen lassen. Nach dem Kochen, zerstampfen, abschmecken und nachwürzen. Alles in eine Schüssel füllen und grünes Öl hinzugeben.

Gegrillte Langusten
Man öffne die Langusten wie üblich in ihrer Schale, begieße sie mit einer Mischung aus Pfeffer und Koriander und grille sie auf dem Rost. Wenn sie trocken werden, Soße darübergießen, bis sie gar sind. Servieren.

Calamari in der Pfanne
Man stampfe Pfeffer, Raute, ein wenig Honig, *garum*, süßen heißen Wein und einige Tropfen Öl.

Austern mit Honig
Man nehme Pfeffer, Liebstöckel, Eidotter, Essig, *garum*, Öl und Wein und süße je nach Geschmack mit Honig.

Gefüllter Hase
Man garniere den ausgenommenen Hasen und lege ihn auf ein Küchenbrett, zerstoße im Mörser Pfeffer, Liebstöckel und Oregano, befeuchte mit *garum*, füge gekochte Hühnerleber, gekochtes Hirn, gehacktes Fleisch und drei rohe Eier hinzu und schmecke alles mit *garum* ab. Den Hasen mit dieser Mischung füllen, ihn in ein Schweinenetz und Papier einwickeln und zubinden. Auf kleinem Feuer braten. Pfeffer und Liebstöckel im Mörser stampfen, *garum* hinzugießen, mit Wein und *garum* mischen und aufkochen lassen. Die Sauce mit Stärke binden und über den gebratenen Hasen gießen. Mit Pfeffer bestreuen und servieren.

Spinner, Walker, Färber: die Textilindustrie

Die Textilindustrie war einer der wichtigsten Erwerbszweige in Pompeji. Innerhalb der Stadt fand man mindestens 13 Werkstätten für die Reinigung von Wolle (*officinae lanifricariae*), sieben Webereien (*officinae textoriae*), neun Färbereien (*officinae tinctoriae*), 18 Walkereien (*fullonicae*) und eine Gerberei (*officina coriariorum*). Diese Betriebe lagen in den Geschäftsvierteln und an den großen Verkehrsadern wie der Via Stabiana oder der Via dell'Abbondanza.

Wie die Wolle bearbeitet wurde, weiß man aus den Schriftquellen und von Darstellungen in der pompejanischen Malerei. Die abgeschorene Wolle musste gewaschen und entfettet werden. Dann trocknete, klopfte und bearbeitete sie mit einem eisernen Kamm mit gebogenen Zähnen. Es folgte das Spinnen. Die Wolle wurde um eine Handspindel gewickelt, die Spinnerin hielt sie mit der linken Hand, zupfte ein Stückchen Wolle heraus und befestigte es am Haken der Spindel. So formte sich allmählich ein Faden, den sie mit der rechten Hand bearbeitete, indem sie ihn mit Speichel befeuchtete und zog. Anschließend wurden die Wollfäden mit lebhaften Farben (Purpur, Safran) gefärbt und an speziellen Webstühlen gewebt.

Der wichtigste Vorgang war das Walken. Um die Wollstoffe zu verdichten und zu festigen, wurden sie starkem Druck und Reibung sowie anderen alkalisch wirkenden Vorgängen unterzogen. Die Gewebe wusch man in großen Becken mit Wasser, Soda und Urin, den man wegen seines hohen Ammoniak-Gehalts zum Bleichen der Stoffe verwendete. Der Urin wurde eigens in vor den *fullonicae* aufgestellten Amphoren gesammelt; sie luden die Passanten, falls sie das Bedürfnis verspürten, zur Benutzung ein. Danach folgte die Behandlung mit Bleich-Erde, um das Gewebe zu entfetten und weich zu machen. Der erneut gewaschene Stoff wurde mit Stöcken bearbeitet, um die Kett- und Schussfäden miteinander zu verbinden. Man ging dann zum Kämmen mit harten Bürsten oder Kämmen (*cardi*) über, um die Fasern aufzurichten. Danach wurden die weißen Stoffe gebleicht, indem man sie auf Holzgestellen ausbreitete und Schwefeldioxid-Dämpfen aussetzte. Vor dem Falten und Bügeln wurden die Stoffe auf Terrassen mit großen Trockenplätzen oder auf der Straße in die Sonne gelegt. Eine öffentliche Anordnung erlaubte es ausschließlich den *fullones*, Wäsche auf der Straße aufzuhängen.

Das Ladenschild der Werkstatt des Marcus Vecilius Verecundus an der Via dell'Abbondanza zeigt die Vorgänge im Inneren der Werkstatt: die Herstellung und das Erhitzen der Textilien, aber auch den Verkauf im Laden.

Patronin der Textilindustrie: Eumachia

Das «Gebäude der Eumachia» (VII 9, 1) war ein Großmarkt für Stoffe und eines der größten Bauwerke am Forum. An der Fassade standen Statuen von Aeneas, Romulus, Caesar und Augustus; die entsprechenden Lobpreisungen waren in Tafeln aus Schiefer eingeritzt. Eine Inschrift auf dem Architrav der Portikus berichtet: «*Eumachia L. f. sacerd(os) publ(ica) nomine suo et M. Numistri Frontonis fili chalcidicum, cryptam, porticum Concordiae Augustae Pietati sua pecunia fecit eademque dedicavit.*» («Eumachia, Tochter des Lucius, Priesterin der Venus, erbaute auf eigene Kosten in ihrem Namen und dem ihres Sohnes Marcus Numistrius Fronto die Vorhalle, den gedeckten Umgang und die Portiken und weihte sie der Concordia Augusta und der Pietas.») «Concordia Augusta» und «Pietas» sind Anspielungen auf Kaiser Tiberius und dessen Mutter Livia, die zwischen Kaiser und Kaisermutter und Eumachia und ihrem Sohn (dem Paar im Kaiserhaus und dem in der Provinz) eine Parallele schaffen sollte. Das Gebäude stellt ein wichtiges Beispiel für ein Handelszentrum dar; auch die Dekoration diente der politischen Verherrlichung der kaiserlichen Familie, denn sie war es, deren Wirken für die Verteidigung und Erweiterung des Reiches den Händlern Wohlstand und Wohlergehen garantierte.

Eumachia, die den Bau kurz nach 22 n. Chr. errichten ließ, war eine wichtige Priesterin der Venus. Die Familie der Eumachii, möglicherweise Kampaner griechischer Abstammung, waren Produzenten von Wein, Amphoren, Ziegeln und Vorratsgefäßen. Schon von Hause aus reich, erbte sie von ihrem Vater eine Weinkelterei und eine Amphoren-Manufaktur – und als ihr Ehemann starb, schließlich auch noch dessen Textilfabrik.

Die Anlage bestand aus einem monumentalen

Abb. 67
Wandmalerei an der Fassade der «Werkstatt des Verecundus»: Aus einem Tempel tritt Merkur heraus, bekleidet mit einer weißen Tunika und einem dunklen Mantel, Flügelschuhen und einem gelben Filzhut (petasos). Der Gott hält in der rechten Hand einen Beutel und in der linken den Heroldsstab. Im unteren Abschnitt ist eine Verkaufsszene dargestellt: Eine Verkäuferin, die hinter einem Schemel sitzt, zeigt einem auf der Bank sitzenden Kunden Schuhe, vielleicht die aus Filz hergestellten *impilia*.

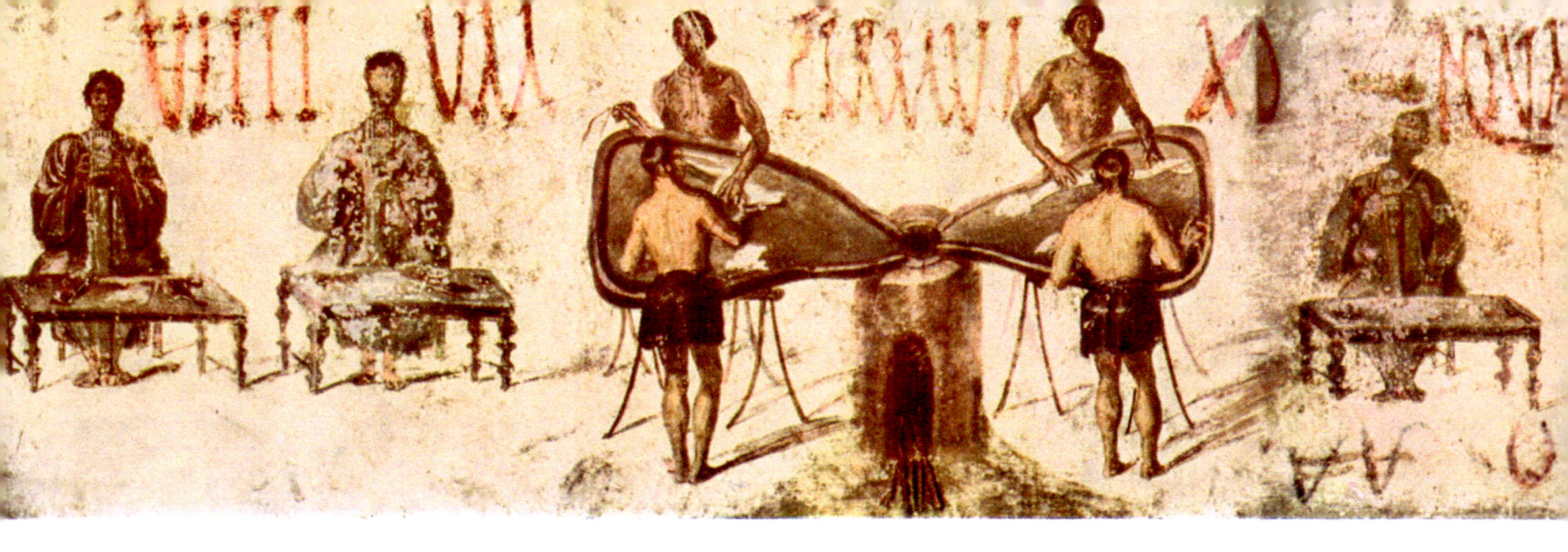

Abb. 68
Wandmalerei an der Fassade der «Werkstatt des Verecundus»: Links sind hinter niedrigen Bänken zwei Männer dargestellt, die ein Gewebe aus Filz mit Kämmen bearbeiten. In der Mitte sieht man, wie das Vlies in großen dreieckigen Becken, die auf Gestellen neben der Öffnung eines Ofens stehen, eingeweicht wird. Rechts ist der Eigentümer der Werkstatt, Verecundus, in rotem Gewand mit Kapuze zu sehen, wie er ein großes braunes, mit roten Streifen eingefasstes Tuch ausbreitet.

Eingang, den rechteckige und halbrunde, mit farbigem Marmor vollständig verkleidete Nischen gliederten. Davor lag eine zweistöckige Portikus mit Säulen. Innen öffnete sich eine Portikus, die ihrerseits wieder von einer Kryptoportikus umschlossen wurde. Die Vorhalle erscheint wie eine Galerie von Ehrenstatuen. Die Fassade des Gebäudes war, wie die wenigen verbliebenen Reste zeigen, ganz mit Marmor verkleidet. Das Eingangsportal schmückte ein prächtiger Rahmen aus Marmor, mit Akanthus-Ranken, bevölkert von Vögeln, Insekten und vielerlei kleinem Getier. Sie erinnern wahrscheinlich ganz bewusst an die Dekorationen der Ara Pacis in Rom. Rechts vom Eingang gab es einen kleinen Raum mit einem Tongefäß, vermutlich zum Sammeln von Urin (s. o.). An den Rändern des zentralen Hofs waren die Stände aufgereiht, an denen man die Stoffe verkaufte. Der Gang mit den Fenstern an der Rückwand diente dagegen als Magazin.

In der Kryptoportikus stand an der Ostseite, in einer Achse mit dem Kultbild, eine Statue der Concordia Augusta mit den Gesichtszügen der Livia. Die Zunft der *fullones* (Walker), die Eumachia zu ihrer Patronin erklärt hatte, hatte ihr die Statue gewidmet. Heute steht dort ein Gipsabguss; das Original aus weißem Marmor mit Spuren der farbigen Bemalung wird im Museo Nazionale in Neapel aufbewahrt.

Eine so anspruchsvolle Anlage hatte ihr Vorbild natürlich in Rom. Eumachia folgte dem Beispiel der Livia, der zweiten Gattin des Augustus, die zusammen mit ihrem Sohn Tiberius auf dem Esquilin die *porticus Liviae* hatte errichten lassen, ein für die Öffentlichkeit bestimmtes, mit Portiken und Statuen-Galerien geschmücktes Gebäude. Die Übernahme hauptstädtischer Vorbilder zeigt sich auch in der Dekoration: Die üppigen Ranken am Eingangsportal finden ihre unmittelbare Entsprechung in den Akanthus-Ranken der Ara Pacis in Rom.

Die «Werkstatt des Verecundus»

Bisher wurde nur die Fassade der Werkstatt (IX 7, 5–7) freigelegt. Sie ist mit großformatigen Malereien geschmückt, die religiöse Motive sowie die verschiedenen Tätigkeiten zeigen, die im Inneren des Hauses ausgeübt wurden. Auf die Wand westlich des Eingangs ist ein Heiligtum gemalt, aus dessen Cella der Gott Merkur heraustritt (Abb. 67). Auf der Ostwand erscheint die Venus Pompeiana auf einer von Elefanten gezogenen Quadriga, begleitet von Fortuna auf der Weltkugel und einem Genius mit einer Opferschale und einem Füllhorn. Venus ist mit einem violetten Gewand bekleidet, auf dem Kopf trägt sie eine Krone mit Türmen, sie ist geschmückt mit Ohrringen, mit einer Halskette und mit Ringen. Den rechten Arm stützt sie auf ein Steuerruder, in der Linken hält sie ein Zepter. Neben ihr steht ein bekränzter Eros mit einem runden Spiegel. An den Seiten fliegen zwei Eroten, die eine Girlande und eine Palme halten. Merkur wird zum Schutz der Handelsgeschäfte angerufen, während die Venus Pompeiana

Abb. 69
Modell der «Walkerei des Stephanus» an der Via dell'Abbondanza.

auf dem von vier Elefanten gezogenen Triumphwagen auf den Wohlstand anspielen könnte, den die Göttin der kleinen Stadt am Vesuv garantierte. Darunter verläuft ein Fries, der die verschiedenen Arbeitsgänge in der Werkstatt zeigt (Abb. 68).

Auch von der angrenzenden *officina infectoria* (IX 7, 2), der Färberei, wurde nur der vorderste Teil freigelegt. Die Fassade ist mit Wahlpropaganda überzogen, darunter Empfehlungen der hier arbeitenden Färber (*infectores*). Ein mächtiger, gelb gestrichener Ofen mit einem großen Kohlebecken aus Blei nimmt einen Teil des Eingangsraums ein. An seiner Seite ist ein großer Phallus aus Stuck angebracht, ein zweiter erscheint in einer Ädikula in Form eines kleinen Tempels.

Es folgt die *officina coactilaria* (IX 7, 1), die Werkstatt der Filzmacher, deren Fassade überreich verziert ist. Auf den Architrav über dem Eingang sind drei Büsten von Gottheiten – Sol, Jupiter, Merkur und Diana – gemalt. Rechts ist eine Prozession zu Ehren der phrygischen Göttin Kybele dargestellt, links eine Venus Pompeiana mit Zepter und Steuerruder; die Göttin stützt sich auf ihren Sohn Eros, der einen Spiegel hält, während zwei fliegende Eroten ihr eine Palme und einen Kranz reichen.

Aus alt mach neu: Walkereien

In einer Walkerei (*fullonica*) wurden gebrauchte Stoffe gewaschen, gebleicht und neu gefärbt. Eine der größten in der Stadt war die «Walkerei des Stephanus» (I 6, 7) (Abb. 69). Die Raffinesse der Dekorationen im vorderen Teil ist ein Indiz dafür, dass die Werkstatt in einem herrschaftlichen Wohnhaus eingerichtet wurde. Tatsächlich verwandelte man das *impluvium* in ein Becken zum Waschen der Stoffe. Zum Bügeln war die Färberei mit einer hölzernen Presse ausgestattet. Auch der Bereich des ehemaligen Peristyls wurde grundlegend umgebaut und mit untereinander verbundenen Becken von unterschiedlicher Höhe ausgestattet.

In den ovalen Becken stampften die Arbeiter mit ihren Füßen die Stoffe in Wasser und Soda oder in Urin. Die angrenzenden Treppen führten zu Terrassen, auf denen die Stoffe zum Trocknen ausgebreitet wurden.

Ein bemalter Pfeiler aus der «Walkerei des Veranius Hypseus» (VI 8, 20), heute im Museo Nazionale in Neapel, zeigt die verschiedenen Arbeitsvorgänge in einzelnen Szenen (Abb. 70).

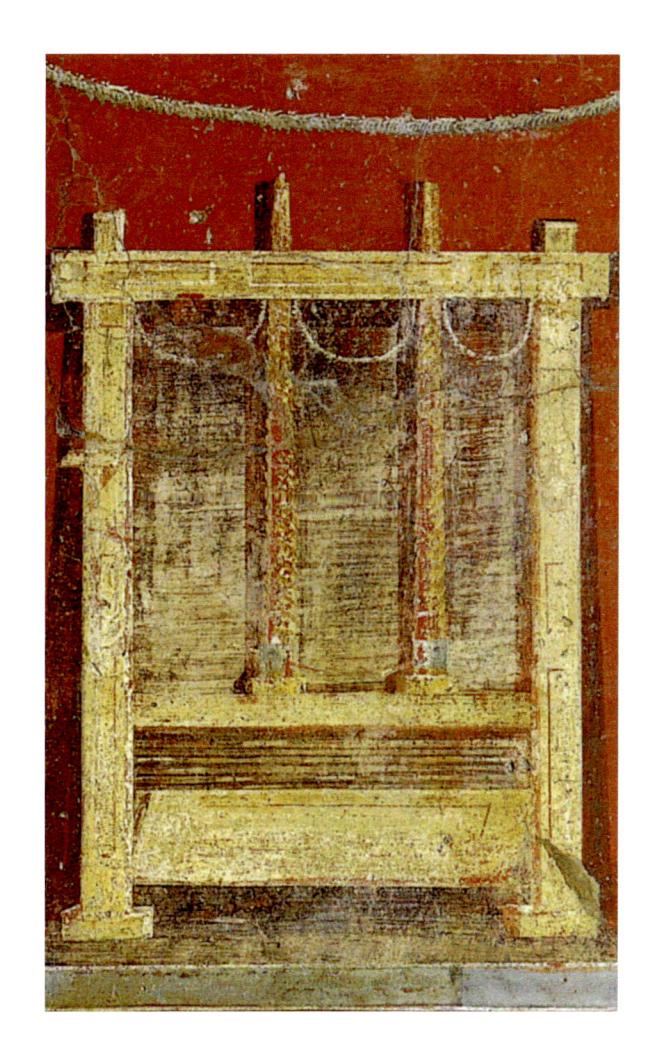

Abb. 70
Eine Wäschepresse, eines der Motive eines bemalten Pfeilers aus der «Walkerei des Veranius Hypseus». Museo Nazionale, Neapel (Inv.-Nr. 9774).

Im oberen Abschnitt erscheint ein junger Mann, wie er mit einer Bürste den an einer Stange aufgehängten Stoff bearbeitet. Rechts trägt ein anderer einen kleinen Eimer mit dem erhitzten Schwefel und ein Gestell aus Weidenholz, auf dem der Stoff zum Schwefeln ausgebreitet wird und auf dessen Spitze eine kleine Eule, die Beschützerin der *fullones*, sitzt.

Unten links prüft eine Dame den Stoff, den ihr eine Dienerin gebracht hat. Im oberen Teil stampfen die Arbeiter mit ihren Füßen die in den Becken eingeweichten Stoffe.

Auf der anschließenden Seite des Pfeilers ist oben eine hölzerne Presse dargestellt, darunter ein Arbeiter in kurzer Tunika, der einigen Damen Stoffe vorführt. Auf der dritten Seite des Pfeilers erscheint die Schutzgöttin der Werkstatt, eine nackte Venus.

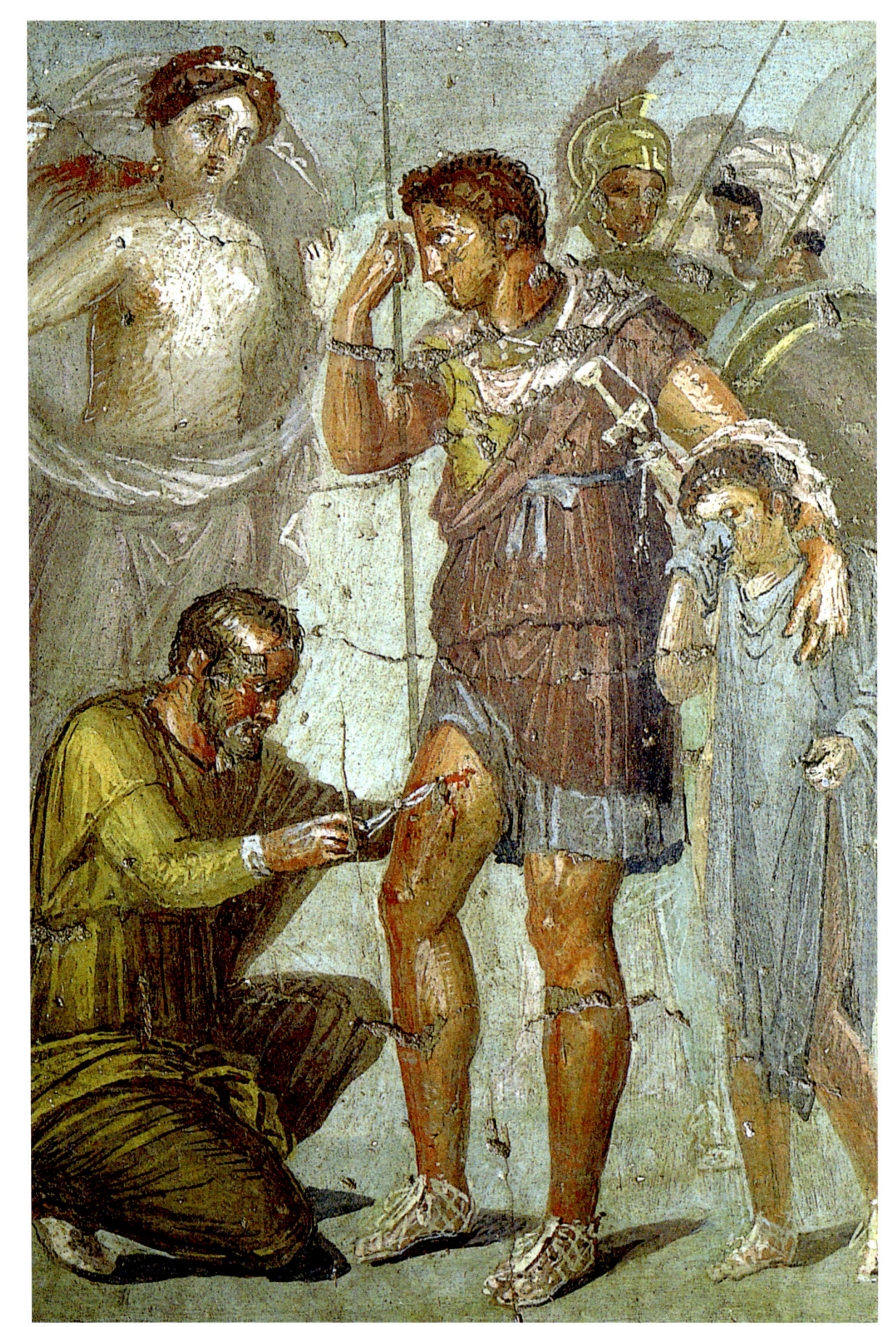

Abb. 71
Dieses Fresko aus dem «Haus des Siricus» zeigt eine Szene aus dem letzten Buch der «Aeneis» von Vergil: Der verwundete Aeneas, gestützt auf seinen Sohn Ascanius, wird vom Arzt Iapys operiert, der ihm mit einer Zange eine Pfeilspitze aus dem Schenkel herauszieht. Links schwebt seine Mutter Venus heran, die ihm von der Insel Kreta ein Bündel Heilkräuter mitbringt. Museo Nazionale, Neapel (Inv.-Nr. 9009).

Gesundheit, Hygiene und die Kunst, das Wasser zu nutzen

Medizin im alten Rom

Der Beitrag des alten Rom zur Geschichte der medizinischen Wissenschaft ist eher gering; er besteht vor allem darin, die Ausübung medizinischer Berufe und die Organisation von Hygiene und öffentlichem Gesundheitswesen geordnet zu haben. Während in Griechenland der Beruf des Arztes frei ausgeübt werden konnte, jedoch keinerlei staatliche Anerkennung erfuhr, war in Rom die Beziehung zwischen Ärzten und Staat enger. Im Jahr 46 v. Chr. ordnete Caesar an, alle frei Geborenen, die den Arztberuf ausübten, sollten das römische Bürgerrecht bekommen können. Er ermutigte dadurch Ärzte griechischer Abstammung, nach Rom einzuwandern und ihre wissenschaftlichen Kenntnisse in eigens dafür eingerichteten Schulen zu verbreiten. Augustus folgte dem Beispiel Caesars und dehnte das Recht auf Einbürgerung auch auf Freigelassene aus, die den Arztberuf ausübten, vor allem um so die Gesundheitsversorgung des Heeres zu sichern.

Zur alltäglichen Praxis der Ärzte kam vielfach die Herausgabe wissenschaftlicher Werke, deren Anspruch es war, *alle* bis zum Zeitpunkt der Publikation angesammelten Kenntnisse der Medizin zusammenzufassen. Das erste Werk dieser Art war «De re medica» von Celsus, geschrieben gegen 30 n. Chr. Es nahm auch schwierige Themen in Angriff, wie etwa plastische Operationen im Gesicht und im Mund, die Entfernung von Wucherungen aus der Nase, aber auch Kropf- und Mandel-Operationen und das Ziehen lockerer Zähne.

In Pompeji existierten regelrechte Kliniken, häufig in Verbindung mit der Wohnung eines Chirurgen. Ihre Einrichtung war einfach: ein großer, zur Straße hin offener Raum, das eigentliche Behandlungszimmer, in dem Untersuchungen und chirurgische oder zahnärztliche Operationen ausgeführt wurden, dahinter kleine Ruheräume für die Patienten nach den Eingriffen. Neben einigen Grabfunden in Ägypten und in Deutschland ist Pompeji die wichtigste Quelle für die Geschichte der antiken Medizin, da hier vollständige medizinisch-chirurgische Ausrüstungen gefunden wurden: Verbandskästen, Scheren, Geburtszangen, Sonden, Katheter für Männer und Frauen. Ein Bild aus dem «Haus des Siricus» zeigt eine medizinische Szene aus der Mythologie. Dem verwundeten Aeneas wird vom Arzt Iapys eine Pfeilspitze aus dem Bein gezogen (Abb. 71).

Auch der Hygiene und der öffentlichen und privaten Gesundheit widmeten die Römer größte Aufmerksamkeit. Davon zeugen die Reste der Bäder und Wasserleitungen; allein in Pompeji gab es mindestens sieben (öffentliche und private) Thermengebäude (s. S. 100). Wer besonders reich war, besaß freilich einen Badebe-

Abb. 72
Asklepios, der Gott der Heilkunde, kam wie viele Gottheiten aus dem Osten ins Römische Reich. Sein Erkennungszeichen ist der Schlangenstab. Aus Herculaneum, 1. Jh. n. Chr. (Museo Nazionale Neapel, Inv. Nr. 25699).

reich innerhalb des eigenen Hauses. Vor allem ging es dem Staat um die Gesundheit der Bürger, also um all das, was letztlich die lateinische Maxime *mens sana in corpore sano* («ein gesunder Geist in einem gesunden Körper») aussagt.

Der Asklepios-Tempel

Dieses Gebäude, das bisher als Tempel des Zeus Meilichios («des honigsüßen Zeus») galt, wurde in sam-nitischer Zeit, im 2. Jh. v. Chr. errichtet. Damals wurde bei der Neuordnung des Foro Triangolare dessen nordöstlicher Teil für den Kult der orientalischen Gottheiten Isis und Asklepios (Abb. 72) bestimmt.

Im 18. Jh. hat man hier eine kleine Büste der Minerva und zwei Statuen aus Terrakotta gefunden, die irrtümlich als Jupiter und Juno identifiziert wurden. Dies veranlasste Heinrich Nissen, in dem Gebäude einen Tempel des Zeus zu erkennen. Eine bei der benachbarten Porta di Stabia gefundene oskische Inschrift, die einen Tempel des Zeus Meilichios erwähnt, wurde ebenfalls damit verbunden. Aber ein kürzlich außerhalb von Pompeji entdecktes auf archaische Zeit zurückgehendes großes Heiligtum der Hekate lässt den Kult des Zeus Meilichios eher in dieser für die Aufnahme chthonischer Gottheiten geeigneteren Gegend vermuten. Auch im Heiligtum der Demeter Malaphoros in Selinunt war der Kult der Hekate mit dem des Zeus Meilichios verbunden. Für den kleinen Tempel an der Via di Stabia erweist sich damit die Gültigkeit der alten, schon auf Winckelmann zurückgehenden Identifizierung als Tempel des Asklepios, des Gottes der Heilkunst (römisch: Aesculapius), dessen Kult in Pompeji auch inschriftlich belegt ist.

Die bescheidene Einfassung des kleinen Asklepios-Tempels liegt an der Via di Stabia. Jenseits der Schwelle betritt man eine Portikus, die von zwei aus Ziegeln gemauerten Säulen mit dorischen Kapitellen aus Lava gestützt wird. Sie führt auf einen offenen Bereich, in dessen Zentrum ein mit Platten aus grauem Nocera-Tuff verkleideter Altar steht, verziert mit einem dorischen Fries und polsterartigen ionischen Voluten.

Durch den inneren Hof gelangt man über eine Treppe zum Tempel. Er hat einen Vorraum mit vier Säulen an der Fassade und eine Cella aus *opus quasi reticulatum* mit Pilasterkapitellen aus Tuff, in deren Innerem sich ein Podium erhob. Hier fand man die beiden als Jupiter und Juno identifizierten Terrakotta-Statuen, die in Wahrheit Asklepios und seine Tochter Hygieia darstellen.

Das «Haus des Arztes»

In Pompeji wurden etwa zwanzig Arztpraxen gefunden. Das Haus, das der Arzt Pumponius Magonianus bewohnte (VII 5, 20), lag an der Via dell'Abbondanza, einer vor allem in diesem Abschnitt, zwischen den öffentlichen Thermen und dem Forum, sehr belebten Straße. Das Gebäude besaß eine elegante Fassade aus Nocera-Tuff mit einem breiten Eingang, der in den Untersuchungsraum führte. Die Praxis verfügte im rückwärtigen Teil über einige kleine Räume, in denen sich die Patienten nach dem Eingriff ausruhen konnten. Bei der Ausgrabung fand man zahlreiche chirurgische Instrumente, teilweise in Behältnissen aus Holz (Abb. 73). Eine kleinere Tür führte über eine gemauerte Treppe ins Obergeschoss, wo der Arzt mit seiner Familie wohnte.

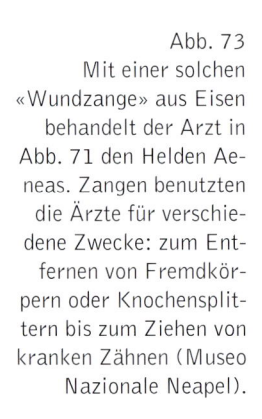

Abb. 73
Mit einer solchen «Wundzange» aus Eisen behandelt der Arzt in Abb. 71 den Helden Aeneas. Zangen benutzten die Ärzte für verschiedene Zwecke: zum Entfernen von Fremdkörpern oder Knochensplittern bis zum Ziehen von kranken Zähnen (Museo Nazionale Neapel).

Wasserversorgung und Brunnen

Dass die Stadt Pompeji auf einer Lavabank liegt, sicherte zwar ihre Verteidigung gegen Angreifer, brachte jedoch erhebliche Schwierigkeiten für die Wasserversorgung. In die feste Lavaschicht mussten Brunnen gegraben werden, die erst in einer Tiefe von 30–40 m das Wasser erreichten. So sammelte man zunächst auch das Regenwasser, indem man unter der zentralen Öffnung im Dach der Atrien *impluvia* anlegte oder an den Portiken, die die Gärten umgaben, kleine Kanäle baute.

Seit augusteischer Zeit wurde die Stadt endlich auch mit fließendem Wasser versorgt, das über eine Abzweigung der Wasserleitung (*aquaeductus*) vom Serino, einem Fluss im Apennin, in ein großes Reservoir (*castellum aquae*, s. u.) geleitet wurde.

Nur die Häuser der Reichen hatten fließendes Wasser, das einfache Volk musste sich an den öffentlichen Brunnen versorgen, die meist an den Straßenkreuzungen aufgestellt waren. Die beiden flachen Wannen beim Bogen des Caligula dienten als Pferdetränken. Es gab in Pompeji etwa 40 Brunnen; sie waren aus Travertin oder Lava, das Becken bestand aus vier mit Eisenklammern verbundenen Platten. Die Mündung, aus der ein Bronzerohr hervorkam, war häufig mit einem Relief-Emblem charakterisiert, meist Tier- oder Götterfiguren (Abb. 74). Am schönsten und berühmtesten ist die sog. «Fortuna mit dem Füllhorn» (*cornucopia*), nach der die Via dell'Abbondanza («Straße des Überflusses») benannt ist, bei der es sich in Wirklichkeit jedoch um eine Darstellung der Concordia handelt. Es erscheinen auch andere Motive, etwa ein Hahn, ein Stier, ein Merkur, eine Maske, ein betrunkener Satyr usw.

In unmittelbarer Nähe der Brunnen errichtete man sog. «Wasserpfeiler», in deren oberem Teil sich ein Wasserbecken aus Blei befand, das den Wasserdruck auch bei Trockenheit sicherte. Vermutlich hatten sie immer dieselbe Höhe wie das zentrale Reservoir, so dass sie ständig voll waren ohne überzulaufen. Die Rohre waren aus Blei, einem Material, das bei Beschädigungen leicht repariert werden konnte, langfristig jedoch eine Krankheit hervorrief: den auch als «mediterrane Anämie» bezeichneten Saturnismus (Bleivergiftung). Die Verzweigungen oder Abschlüsse waren dagegen aus Bronze, ebenso die häufig mit Tierköpfen (Löwe, Wolf, Hund o. Ä.) verzierten Wasserhähne.

Das Wasserreservoir

Das *castellum aquae* war ein großes, an den Aquädukt angeschlossenes Wasserreservoir. Es stand in der Nähe der Porta Vesuvio, am höchsten Punkt der Stadt, um ständig ausreichenden Wasserdruck zu garantieren. Die aus Ziegelsteinen errichtete Fassade ist mit drei durch Pilaster getrennten Scheinbögen gegliedert. Den seitlich gelegenen Eingang verschloss eine mächtige Tür. Das Innere war mit unterschiedlich hohen Abtrennungen in drei Bereiche unterteilt: einen für die Brunnen, einen für die öffentlichen Gebäude und einen für Privatwohnungen. Bei Wasserknappheit unterbrach man die weniger wichtigen Leitungen; man sperrte zunächst die Versorgung der Privaten und dann die der Thermen, so dass es an den Brunnen immer Trinkwasser gab. Auf dem Relief im «Haus den Caecilius Iucundus» ist dargestellt, wie das Gebäude beim Erdbeben 62 n. Chr. einstürzt.

Abb. 74
Öffentlicher Brunnen mit einem stilisierten Stierkopf als Wasserspender, Regio VI, 13.

Bäder, Gladiatoren und Bordelle: Freizeitgestaltung in Pompeji

Badekultur und Thermen

In der römischen Welt gab es eine regelrechte Kultur des Badens; jede Stadt verfügte über mindestens eine Thermenanlage. Auf der ganzen Welt erreichten nur wenige Bauwerke eine solche Ausgewogenheit von Eleganz und Funktionalität wie die Thermen der Römer.

Pompeji selbst verfügte über mindestens vier öffentliche Bäder: die Thermen am Forum, die Stabianer Thermen, die Sarno- und die Vorstadt-Thermen. Die Zentralen Thermen waren 79 n. Chr. noch im Bau. Hinzuzurechnen sind mindestens drei privat betriebene Bäder, die wohl aufgrund der starken Nachfrage entstanden. Die Bevölkerungszahl verdoppelte sich tagsüber durch die vielen Menschen, die nach Pompeji kamen, um hier Geschäfte abzuwickeln. Viele von diesen wollten nicht auf das Vergnügen verzichten, sich nach einigen Stunden auf den staubigen Straßen in den Thermen zu erholen.

Da die römische Küche besonders schwer war und daher häufig Krankheiten wie die Gicht verursachte (s. S. 88), hielt man regelmäßige Dampfbäder zur Entschlackung für erforderlich. Wer dies übertrieb, starb jedoch nicht selten an einem Herzanfall, der «Thermenkrankheit», wie Seneca sie nannte.

Das römische Badewesen sah eine bestimmte Abfolge der Badevorgänge vor. Nach dem Auskleiden nahm man nacheinander ein kaltes, ein warmes und ein heißes Bad und trocknete zum Schluss den Schweiß ab. Die römischen Architekten ordneten daher die Baderäume nach einem festgelegten Schema an. Vorgesehen war ein Raum zum Auskleiden (*apodyterium*), der mit dem Kaltbad (*frigidarium*) verbunden war, von dort betrat man das warme Bad (*tepidarium*) und schließlich den Heißbaderaum (*caldarium*).

Anfangs wurden die Räume, vor allem das warme und das heiße Bad, mit großen Kohlebecken aus Bronze beheizt, wie man sie in den Thermen am Forum (VII 5) fand. Gegen 100 v. Chr. revolutionierte ein schlauer kampanischer Unternehmer, Gaius Sergius Orata, das Heizsystem mit einer bahnbrechenden Erfindung: Unmittelbar unter dem Fußboden leitete man heiße Luft durch einen Zwischenraum, den kleine Pfeiler aus Ziegelsteinen abstützten, und beheizte so die Räume – das sog. Hypokaustum.

Ein Heizraum (*praefurnium*) lieferte aus drei Reservoirs kaltes, lauwarmes und heißes Wasser. Ein Ofen diente dazu, die Behälter mit heißem und lauwarmem Wasser zu erwärmen, die dann die Becken im *caldarium* und im *tepidarium* speisten. Vom Ofen aus zirkulierte die heiße Luft im Hypokaustum. Man konnte so auch die Wände beheizen, wenn man darin mit Warzenziegeln oder Tonröhren einen Zwischenraum schuf. Die gebrauchte warme Luft entwich durch einen kleinen Kamin aus dem Gebäude. Diese Art von Heizungsanlagen hat Vitruv (1. Jh. v. Chr.) in seinem Handbuch «*De architectura*» ausführlich beschrieben. Die Deckengewölbe waren mit Stuck verziert; die Dekoration war so angelegt, dass das Kondenswasser den Leuten nicht auf den Kopf tropfte, sondern an den Wänden entlanglief.

Der Wasserverbrauch in den Thermen war geradezu verschwenderisch hoch. Man musste die Kessel mit heißem Wasser, die Wannen, die Brunnen, die Schwimmbecken und die Latrinen versorgen. Also brauchte man ein System, das die ständige Versorgung mit fließendem sauberem Wasser sicherte. Anfangs wurden die Thermen, etwa die Stabianer Thermen und die Thermen am Forum, aus den großen Brunnen versorgt. Mit einem Schöpfrad wurde das Wasser in ein riesiges Reservoir auf dem Dach der Thermen gebracht und dann in die verschiedenen kleineren Reservoirs geleitet. Als die Stadt in augusteischer Zeit eine eigene Wasserleitung bekam, reservierten die Pompejaner einen der Ausflüsse des *castellum aquae* (s. S. 99) ausschließlich für die Thermen, damit auch bei Druckabfall kein Wassermangel entstand.

Römische Thermen wurden von Männern wie von Frauen besucht, daher waren sie meist in eine Männer- und eine Frauenabteilung unterteilt. Wo dies nicht möglich war, richtete man unterschiedliche Badezeiten ein.

Die Römer verbanden das Baden mit sportlichen Übungen und Sonnenbädern, daher durfte in den Thermenbauten eine Palästra nicht fehlen. Hier betrieb man Gymnastik oder warf einander lederne Bälle zu; für die Stärksten gab es auch schwere Steinkugeln zur Körperertüchtigung. In der europäischen Kunst des 19. Jhs. wurden die Bäder der Römer (und besonders die in Pompeji ausgegrabenen Thermen) zu sinnlichen Schauplätzen maßloser Orgien stilisiert (wie im Roman «Die letzten Tage von Pompeji»). Man verdammte sie, benutzte sie jedoch gleichzeitig als Vorwand für genüsslich-erotische Darstellungen.

Die Stabianer Thermen

Diese Thermen (VII 1, 8), benannt nach ihrer Lage an der Kreuzung der Via dell'Abbondanza und der Via Stabiana, waren die ältesten in Pompeji (Abb. 75). Sie wurden im 2. Jh. v. Chr. erbaut, nach Gründung der römischen Kolonie erweitert, in der Kaiserzeit erneuert und nach dem Erdbeben von 62 n. Chr. restauriert. Zum Zeitpunkt des Vesuvausbruchs, immerhin 17 Jahre nach dem Erdbeben, waren die Restaurierungen allerdings noch im Gange und die Installationen daher immer noch nicht wieder funktionsfähig.

Vom Haupteingang (A) an der Via dell'Abbondanza gelangte man unmittelbar in die Palästra (B). Sie war von einer Säulenhalle eingefasst und mit einem offenen Schwimmbecken (*natatio*) (C) ausgestattet. Davor lag ein großer Raum (F), der als Auskleide diente, und ein weiterer, in dem man sich reinigte (*destrictarium*) (E). Die Außenwände der Räume E und F waren mit Malereien und Stuck im Vierten Stil verziert. Aquarellierte Stiche des 19. Jhs. zeigen noch die heute nahezu vollständig verblassten Dekorationen, beispielsweise eine Ädikula mit einem Satyr, der dem bereits betrunkenen Herkules Wein reicht. Raum X wird für das Zimmer des Betreibers (*balneator*) gehalten, W dagegen für ein *sphairisterion*, einen Raum für Ballspiele. Dahinter lagen kleine Badekabinen, vielleicht Überreste einer älteren, auf das 4. Jh. zurückgehenden Thermenanlage. An sie grenzt ein großer rechteckiger, vom Vicolo del Lupanare aus gut sichtbarer Schacht. Einlassungen in den Wänden lassen hier eine von Sklaven betriebene hydraulische Pumpe aus Holz vermuten. Möglicherweise wurde in einer Tiefe von 30 m eine Wasserader erreicht, von der aus das Wasser in eine Zisterne oberhalb der Latrine geleitet wurde.

Die Thermen waren in eine Männer- und eine Frauenabteilung unterteilt, getrennt durch die gemeinsame

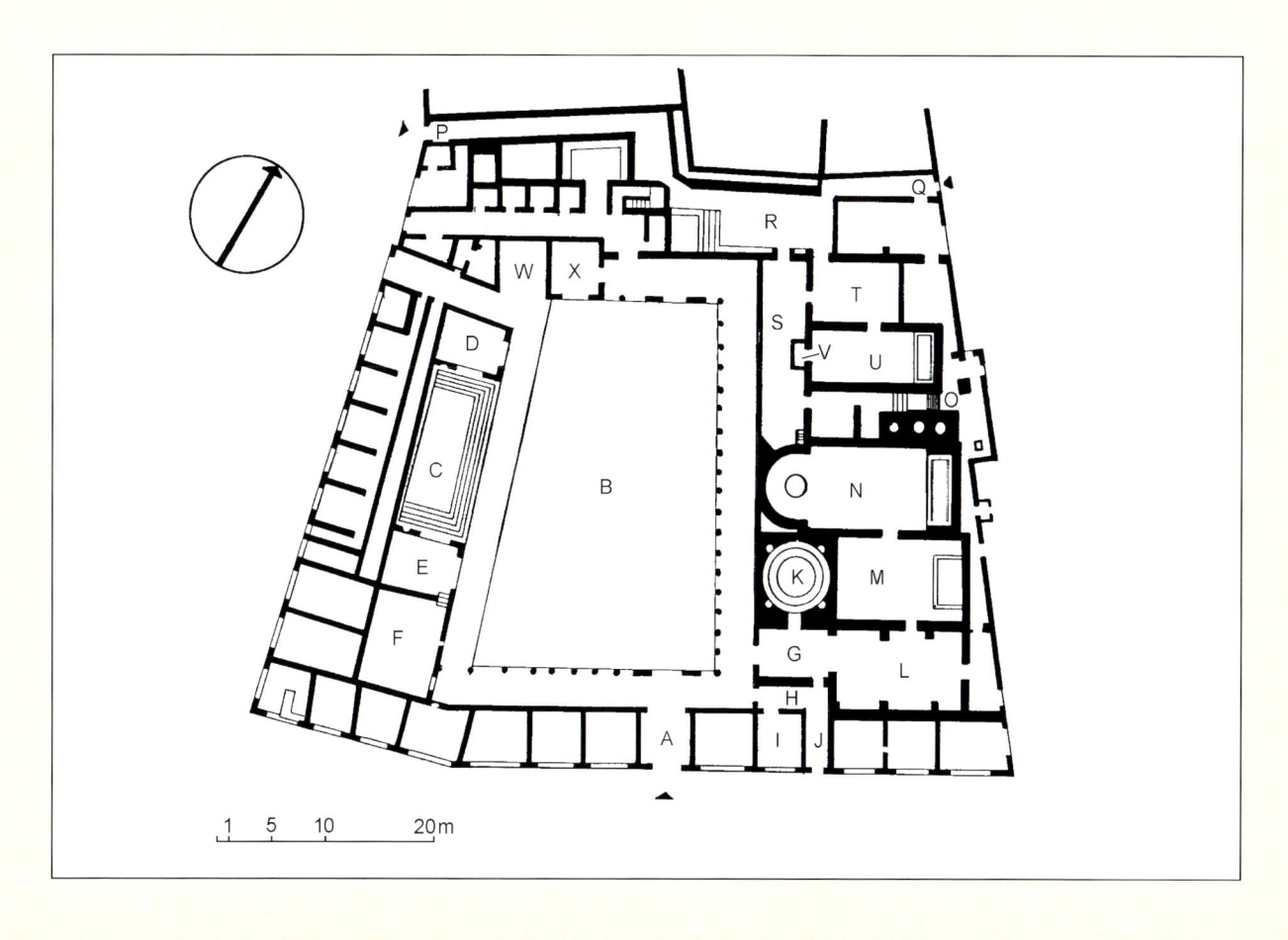

Abb. 75
Grundriss der Stabianer Thermen, mit getrennter Männer- (G, K, L, M, N) und Frauenabteilung (R, T, U). In der Mitte: die große Palästra (B) mit Schwimmbecken (C).

Heizungsanlage (*praefurnium*) (O). Weitgespannte, mit bemaltem Stuck verzierte Tonnengewölbe bedeckten die Räume, die für uns Moderne ein eindrucksvolles Beispiel römischer Baukunst darstellen.

Der Zugang zur Männerabteilung erfolgte über einen eleganten Raum (G, rechts vom Haupteingang A). Das mit Stuck überzogene Tonnengewölbe zeigt Medaillons und Achtecke mit Motiven, die alle mit Wasser zu tun haben: Nymphen, Eroten und Tritonen. Hier befand sich eine Sonnenuhr aus Travertin, die wahrscheinlich den Badebetrieb regelte. Von aus hier hatte man sowohl Zugang zum *apodyterium* (L) als auch zum *frigidarium* (K), das wegen seiner kreisförmigen Grundrisses ursprünglich die Funktion einer Sauna (*laconicum*) gehabt haben muss. Das heute vollständig verblasste *frigidarium* war prachtvoll ausgemalt, mit einer besternten Kuppel und mit Flussgottheiten in den großen, zu einem Garten geöffneten Scheinfenstern. Das *apodyterium* ist mit einer langen Bank ausgestattet, darüber gibt es Nischen zum Ablegen der Kleidung. Von hier gingen die Badegäste weiter ins *tepidarium* (M) und zum Abschluss ins *caldarium* (N).

Der auf das Erdbeben von 62 n. Chr. zurückgehende ruinöse Zustand lässt gut erkennen, wie die Wärme in den Zwischenräumen an den Wänden und unter dem erhöhten Fußboden zirkulierte.

Die kleinere, aber besser erhaltene Abteilung für die Frauen konnte vom Korridor Q an der Via Stabiana oder vom Korridor P am Vicolo del Lupanare betreten werden. Über dem Eingang stand in schwarzer Schrift das Wort «*mulier*» (Frau). Von hier ging man ins *apodyterium* (R), das als Ersatz für ein richtiges *frigidarium* mit einem kleinen Kaltwasserbecken ausgestattet war.

Man setzte das Bad im *tepidarium* (T) fort, um es im *caldarium* (U) abzuschließen. In diesem Raum gab es eine rechteckige Wanne mit heißem Wasser und ein rundes Marmorbecken (*labrum*). Die schlichte, aber elegante Dekoration bestand aus roten, durch korinthische Pilaster gegliederten Wänden, einer gerifften Decke und einer stuckierten Lunette, verziert mit für die Palästra typischen Gegenständen: einer Walze, einem Tisch mit Preisen für die Sieger und einem Füllhorn zwischen Ranken.

Mit Seneca in den Thermen

Ich wohne ausgerechnet oberhalb eines Bades. Stell dir nun alle Arten von Geräuschen vor, die den Ohren verhasst sind.

Wenn die Starken ihre Übungen machen und dabei ihre mit Bleihanteln beschwerten Fäuste schleudern, wenn sie sich anstrengen oder wenigstens so tun als ob, dann höre ich ihr Schnaufen; immer wenn sie den angehaltenen Atem ausstoßen, vernehme ich das Zischen und heftigstes Keuchen.

Handelt es sich um einen der Trägeren, der sich mit der Plebejer-Massage begnügt, höre ich das Klatschen der auf die Schultern schlagenden Hand, das sich ändert, je nachdem, ob sie flach oder hohl auftrifft.

Wenn aber ein Ballspieler dazukommt und anfängt, seine Treffer zu zählen, dann ist alles vorbei. Denke dir dann noch einen Streithammel und einen ertappten Dieb und einen, dem seine Stimme im Bad gefällt; nimm dazu die, welche unter fürchterlichem Aufklatschen ins Wasser des Schwimmbeckens springen.

Außer diesen Menschen, deren Stimmen normalerweise unverstellt sind, stelle dir einen Haarauszupfer vor, der, um sich besser bemerkbar zu machen, seine dünne Stimme schrill hervorpresst und der nur dann schweigt, wenn er jemandem die Achselhöhlen leerzupft und so einen anderen statt seiner schreien lässt; ferner die verschiedenen Ausrufe eines Getränkeverkäufers, der Wurst- und Backwarenhändler und aller Gehilfen der Garküchen, die ihre Ware in einer bestimmten, individuellen Tonart anbieten.» (Sen., *Epistulae morales* 56, 1–2)

Bordelle und Erotik

Die Zahl der öffentlichen und privaten Bordelle in Pompeji wird auf etwa 25 geschätzt. Am größten und am besten erhalten ist das «*Lupanar*» (VII 12, 18). Sein Name ist abgeleitet von *lupa* («Wölfin»), der Bezeichnung für eine «Prostituierte».

Das zweistöckige Gebäude hatte zehn Zellen, fünf im Erdgeschoss und fünf im oberen, über eine Außentreppe erreichbaren Stockwerk. Die Zellen verfügten über eine gemauerte Bettstelle, auf die eine weiche Matratze gelegt wurde. Über der Tür war jeweils eine erotische Szene dargestellt, von der sich die Kunden anregen lassen konnten (Abb. 76). Zahlreiche obszöne Kritzeleien bezeugen den intensiven Besucherverkehr.

Die römische Gesellschaft und Religion unterlagen keinen sexuellen Tabus: alles war ein Geschenk der Venus. Erotische Szenen waren verbreitet und zeigten unzensiert die verschiedenen Positionen. Auch

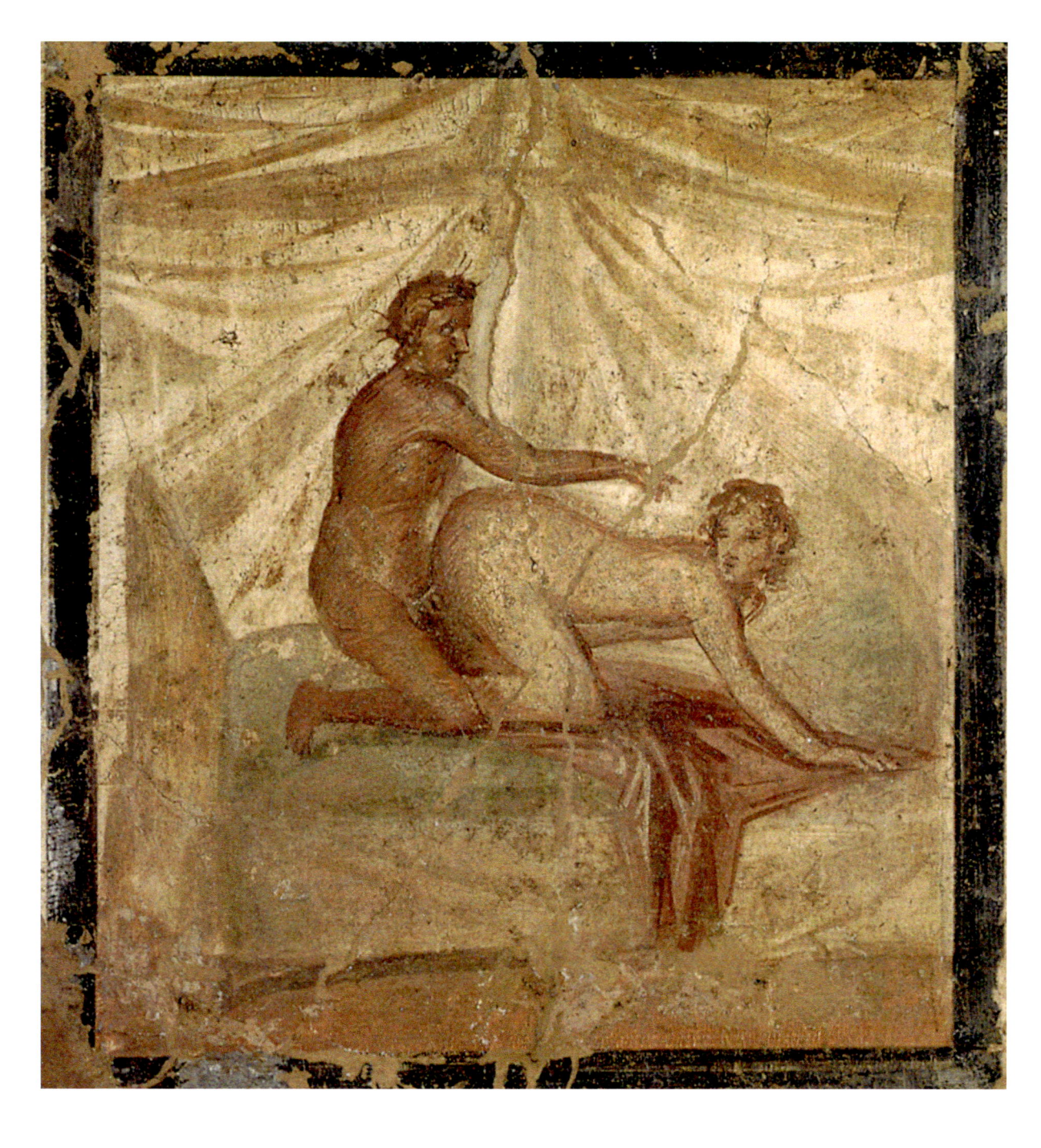

Abb. 76
Ein sog. *symplegma* – die Darstellung einer Stellung beim Liebesspiel, in einem pompejanischen Bordell gefunden.

erotische Handbücher waren im Umlauf, wie etwa die der Griechinnen Philainis und Elephantis, mit Ratschlägen und erotischen Stellungen, wie sie im Lupanar von Pompeji dargestellt sind. In Pompeji zeigten phallische Symbole – als Mosaik, Skulptur oder Malerei – den Passanten die Lage der Bordelle an, ähnlich modernen Wegweisern.

Viele Prostituierte waren Sklavinnen. Der durchschnittliche Preis für eine Leistung betrug zwei Asse, was zwei Bechern einfachen Weins entsprach. Der Kaufpreis für eine gewöhnliche Prostituierte betrug etwa 600 Asse, so viel wie die Anschaffung eines Maultiers. Prostituierte durften weder die lange Stola der Matronen tragen, noch als Zeuginnen vor Gericht auftreten; nur eine Heirat konnte sie in den Rang einer Matrone erheben.

Zur Empfängnisverhütung pflegte man ein in Zitronensaft getränktes Stück Stoff einzuführen. Das Risiko, sich mit Geschlechtskrankheiten wie Syphilis zu infizieren, dürfte sehr hoch gewesen sein. Die Reichen ließen sich daher (wie der Eigentümer des «Hauses der Vettier») ein erotisches Kabinett im eigenen Haus einrichten, in das sie sich nur mit ihren besonders vertrauenswürdigen Sklavinnen zurückzogen.

Abb. 77
Der Theaterbezirk von Pompeji: in der Mitte das große Theater (das etwa 5000 Zuschauer fasste), rechts das kleinere Odeion (für etwa 1300 Zuschauer).

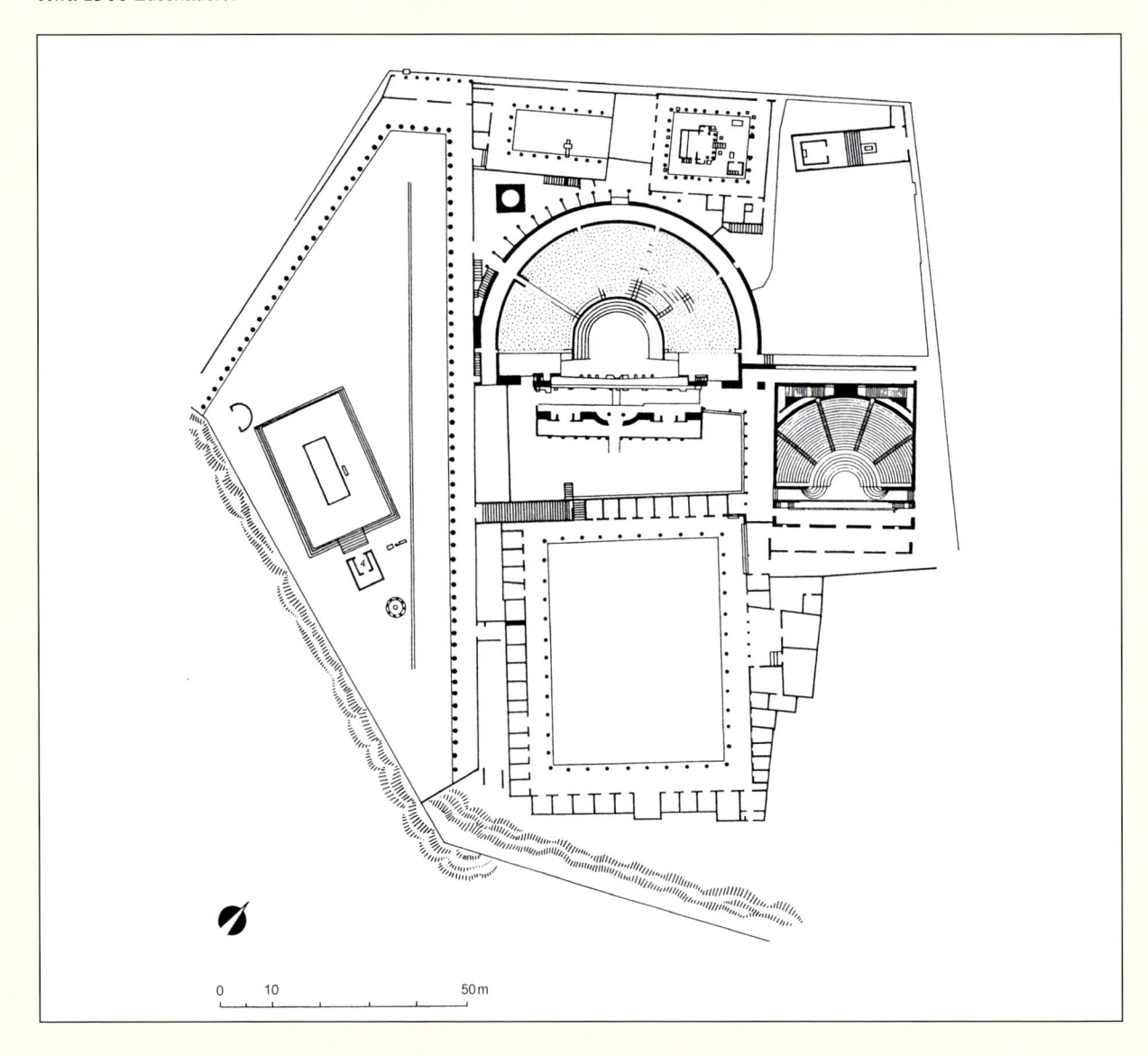

Theater, Odeion und Theaterleben

Die Lage der Theater am Abhang eines Hügels ist typisch für die griechische Architektur, wie überhaupt die architektonische Aufgliederung dieses Bereichs eine geniale Schöpfung der hellenistischen Stadtplanung war. Bereits im 2. Jh. v. Chr. verstand man es, eine elegante Lösung zu finden, um das Foro Triangolare, die Theater und die Gladiatoren-Kaserne zu einem geometrisch geformten Bereich zusammenzuschließen (Abb. 77).

Das Theater (Abb. 78) muss für die Pompejaner nicht nur ein Ort der Unterhaltung, sondern «die gute Stube» der Stadt gewesen sein, die man mit Statuen und farbigem Marmor schmückte. Das Gebäude konnte etwa 5000 Zuschauer aufnehmen. Es wurde im 2. Jh. v. Chr., also noch in samnitischer Zeit, errichtet und erlebte im Laufe der Jahrhunderte zahlreiche Veränderungen. In seiner jetzigen Form geht es im Wesentlichen auf die augusteische Zeit zurück und wird, wie zwei Inschriften bezeugen, der Großzügigkeit von Marcus Holconius Rufus und Marcus Holconius Celer verdankt. Durch eine weitere Inschrift kennen wir sogar den Namen des Architekten, was nur selten der Fall ist: «*Marcus Artorius M. l. primus architectus*».

An der Innenseite, unterhalb des geschwungenen Gesimses, befanden sich durchbohrte Blöcke, in denen man die Stangen für ein Sonnensegel (*velarium*) befestigen konnte, das mit Seilen und Winden bewegt wurde und die Zuschauer im Zuschauerraum (*cavea*) vor der Sonne schützte. Die unteren Reihen (*ima cavea*) waren tiefer, um die bequemen Sessel der Honoratioren aufzunehmen. In der obersten Reihe der *ima cavea* bezeichneten Bronzebuchstaben den Sitz des Marcus Holconius Rufus: «*Marco Holconio M. f. Rufo II viro iure dicundo quinquiens, iterum quinquennali, tribuno militum a populo, flamini Augusti, patrono coloniae decurionum decreto.*» («Für Marcus Holconius Rufus, Sohn des Marcus, zum fünften Mal duumvir mit Gerichtsbarkeit, zum zweiten Mal für fünf Jahre vom Volk ernannter Militärtribun, Priester des Augustus, Patron der Kolonie, auf Beschluss der Dekurionen.») Auch die *tribunalia*, die Logen zu beiden Seiten der Bühne oberhalb der Zugänge zur *orchestra*, waren herausragenden Persönlichkeiten vorbehalten.

Das Bühnengebäude (*scaenae frons*) bestand aus einer zweistöckigen Fassade mit drei Türen, die einem hellenistischen Königspalast nachgebildet war, mit einer runden Nische in der Mitte und zwei rechteckigen seitlichen Nischen. Die Fassade war mit Marmorplatten verkleidet und mit Säulen und Statuen geschmückt. Dahinter, im *postscaenium*, lagen die Umkleideräume für die Schauspieler.

Der Chor tanzte und sang in der *orchestra*. Bei neueren Grabungen wurde festgestellt, dass hier ein Becken eingebaut war, möglicherweise um das parfümierte Wasser zu sammeln, das während der sommerlichen Hitze auf das Publikum versprüht wurde.

Abb. 78
Das Theater von Pompeji, Blick vom Zuschauerraum (*cavea*) auf die *scaenae frons*.

Es kam aus einem in *opus incertum* erbauten Reservoir nordöstlich der oberen Galerie.

Während der Pausen versammelte sich das Publikum in der großen quadratischen Portikus hinter der Bühne. Sie wird als «Gladiatorenkaserne» bezeichnet, da sie während der letzten Jahre der Stadt eben dafür genutzt wurde (s. u.).

Das Odeion (Abb. 79) war ein kleines überdachtes Theater für Konzerte und Lesungen, das einem gebildeteren, zahlenmäßig begrenzten Publikum von etwa 1300 Personen Platz bot. Wie zwei gleichlautende Inschriften bezeugen, wurde es gleich nach der Gründung der Kolonie (80 v. Chr.) auf Initiative der beiden *duumviri* Gaius Quinctius Valgus und Marcus Porcius erbaut: «*C. Quinctius C. f. Valgus, M. Porcius M. f. duoviri decurionum decreto theatrum tectum faciundum locarunt eidemque probarunt.*» («Die *duumviri* Gaius Quinctius Valgus, Sohn des Gaius, und Marcus Porcius, Sohn des Marcus, gaben auf Beschluss der Dekurionen das überdachte Theater in Auftrag und weihten es ein.») Es handelt sich um zwei reiche Grundbesitzer, die auch das Amphitheater erbauen ließen; Gaius Quinctius Valgus gehörte Cicero zufolge ganz Hirpinia, das Bergland im Inneren Kampaniens.

Das Gebäude weist einen halbkreisförmigen Grundriss auf und ist einem Quadrat einbeschrieben, auf dem ein Walmdach ruht. Es gab zwei, durch eine Rückenlehne voneinander getrennte Ränge. Die fünf untersten, besonders geräumigen Stufen waren den Sitzen wichtiger Persönlichkeiten vorbehalten. Die Treppenwangen wurden an den äußeren Enden von zwei eindrucksvollen knienden Giganten aus grauem Tuff gestützt, sog. «Telamonen»; eine gestalterische Lösung, die sich auch in den Forums-Thermen und im Theater von Pietrabbondante findet. Die *orchestra* war mit Marmor gepflastert.

Abb. 79
Orchestra und *cavea* des Odeion, in einer Zeichnung von Fausto und Felice Niccolini, nach: «Le case e i monumenti di Pompei» (1854–1896).

106 | Bäder, Gladiatoren und Bordelle: Freizeitgestaltung in Pompeji

Die in Pompeji bevorzugten Motive in der Malerei, den Mosaiken und Marmorreliefs bezeugen die Theaterliebe der Kampaner (Abb. 80). Zwei Mosaiken aus der sog. «Villa des Cicero» zeigen Szenen der griechischen Komödie, die zwei lateinische Schriftsteller, Plautus und Terenz, in republikanischer Zeit der römischen Welt nahegebracht hatten. Das eine Mosaik stellt eine Szene aus dem ersten Akt der Komödie «Synaristosai» («Die gemeinsam Frühstückenden») von Aristophanes dar, das andere eine Szene aus dem zweiten Akt der Komödie «Theophoroumene» («Die Besessene») von Menander. Hier erscheinen vor einem Tor die *metragyrtai* genannten «fahrenden Musikanten» aus einer Prozession zu Ehren der Kybele; sie tragen Masken und spielen Tamburin, Zimbeln und eine Doppelflöte. Diese Mosaiken, die beide die Signatur des Dioskourides aus Samos tragen, sind Kopien berühmter griechischer Originale; der Beweis sind Mosaiken mit dem gleichen Motiv, die in Mytilene auf der Insel Lesbos in Griechenland gefunden wurden.

Leider lässt sich nicht mehr mit Sicherheit feststellen, welche Stücke aufgeführt wurden. Man kann sich jedoch vorstellen, dass man ins Theater ging, um griechische Tragödien (Euripides), aber auch lateinische (Seneca, Livius Andronicus) zu sehen – ebenso wie die Komödien von Menander oder Plautus.

Außerdem gab es die *atellanae* genannten Possen, eine typisch römische Theatergattung, deren Helden Pappus und Maccus sich nicht sehr von Pulcinella und Arlecchino, den bekannten Figuren der Commedia dell'arte, unterschieden. Eine andere populäre Gattung war der Pantomimus, der Themen aus der griechischen Mythologie aufgriff. Einige Schauspieler sind namentlich bekannt, beispielsweise Paris, der auf einen richtigen Fanclub treuer Bewunderer zählen konnte.

Abb. 80
Darstellung einer weiblichen Theatermaske, aus einem Fresko aus dem «Haus des goldenen Armbands». Weibliche Schauspieler gab es in der Antike nicht, auch die Frauenrollen wurden von Männern gespielt – dank der verwendeten Masken ein Leichtes.

Abb. 81
Die imposante Kulisse des Amphitheaters von Pompeji: Hier traten Gladiatoren gegeneinander an, um bis aufs Blut zu kämpfen. Im Oktober 1971 fand hier eine ganz andere Art von Spektakel statt: Die Gruppe Pink Floyd trat auf – vor leeren Rängen. Auf Zuschauer musste man verzichten, um den historischen Bau nicht zu gefährden. Stattdessen entstand der Konzertfilm «Live at Pompeii».

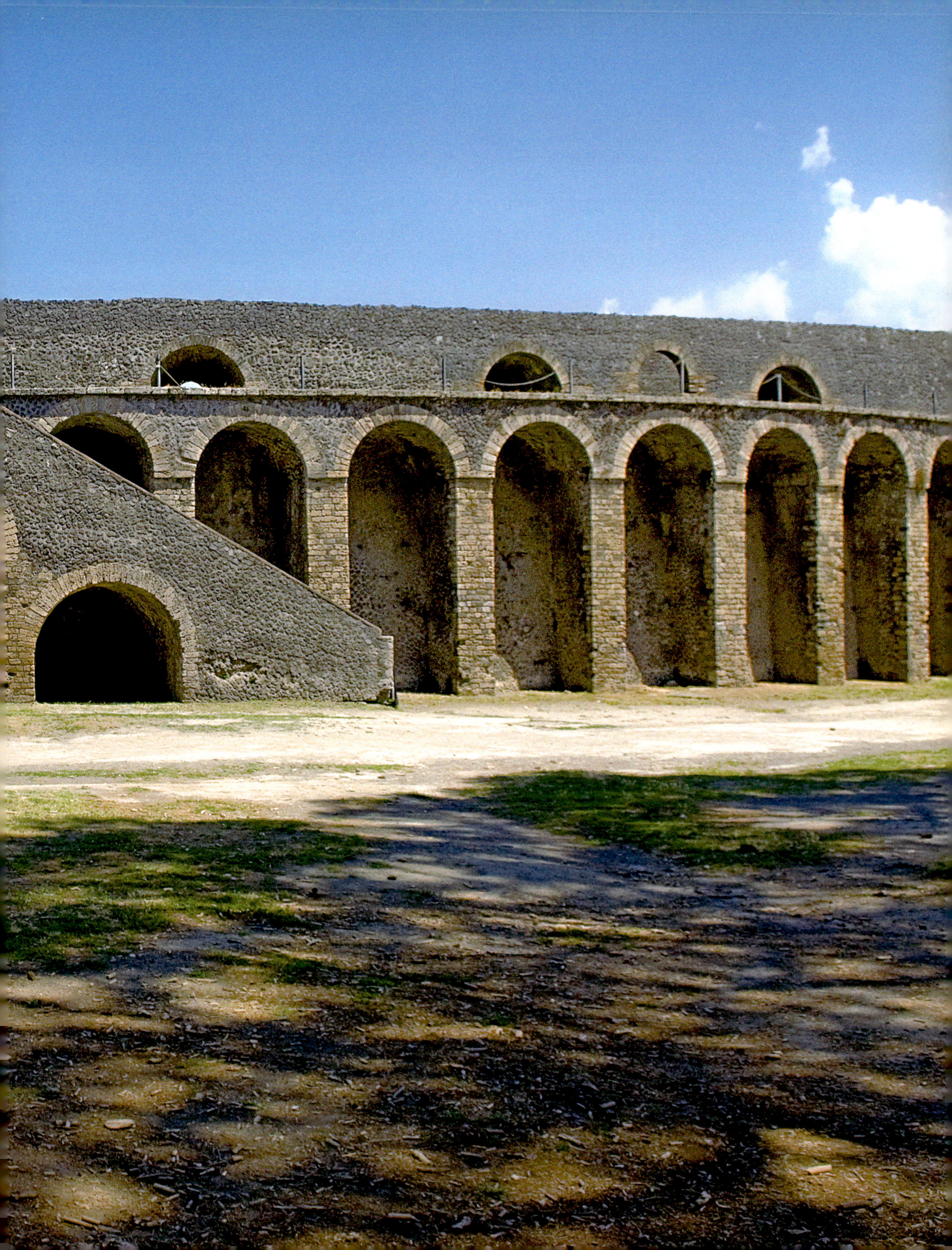

Amphitheater, Palästra und Gladiatorenkämpfe

Unter den uns bekannten römischen Amphitheatern ist das in Pompeji das älteste. Es wurde auf Initiative der beiden *duumviri* Gaius Quintius Valgus und Marcus Porcius, die auch das Odeon erbauten, nach Gründung der Kolonie im Jahr 80 v. Chr. errichtet und nach dem Erdbeben von den *duumviri* Gaius Cuspius Pansa, Vater und Sohn, restauriert.

Das Gebäude (Abb. 81) steht am Stadtrand, um den städtischen Verkehr während der Spiele nicht zu behindern. Die monumentalen Treppen an der Außenseite dienten als Zugang zur *cavea*, die bis zu 20.000 Zuschauer aufnehmen konnte. Die Treppe und der obere, den Frauen vorbehaltene Rang sind zum größten Teil noch erhalten. Der Boden der Arena, in der die Gladiatorenkämpfe (*ludi* oder *munera gladiatoria*) stattfanden, liegt unter dem Umgebungsniveau, ein Zeichen dafür, dass das Gebäude (wie das Kolosseum in Rom) teils in die Höhe gebaut, teils aus der Erde herausgegraben wurde (Abb. 82).

Die Begeisterung für derartige Schauspiele konnte in blutige Raufereien ausarten, wie im Jahr 59 n. Chr., als es zwischen den Bewohnern von Pompeji und Nuceria zu einer Schlägerei kam, bei der es Dutzende von Toten gab. In Folge der Unruhen verfügte der Senat in Rom die «Disqualifizierung» der Arena in Pompeji mit einer zehn Jahre dauernde Sperrung des Amphitheaters, die im Jahr 62 n. Chr., nachdem das Erdbeben die gesamte Bürgerschaft schwer getroffen hatte, jedoch wieder aufgehoben wurde. Das Ereignis ist in

Abb. 82
Historischer Blick über das Oval des Amphitheaters, aufgenommen ca. 1880 von Roberto Rive.

einem berühmten pompejanischen Gemälde (jetzt im Museum in Neapel) quasi fotografisch wiedergegeben; mit der Frische einer volkstümlichen Chronik hat der Maler die Spielstätte aus der Vogelperspektive dargestellt, um sie von außen und innen genau wiedergeben zu können (Abb. 83).

Abb. 83
Das Amphitheater als Kulisse der Massenschlägerei von 59 n. Chr. Rechts erhebt sich die Große Palästra mit dem Schwimmbecken in der Mitte. Dargestellt sind das Rund des Amphitheaters mit der äußeren, aus Bögen und zwei hohen Rampen bestehenden Fassade und das Sonnensegel. Die Szene gibt die Zusammenstöße zwischen den Besuchern aus Pompeji und Nuceria im und vor dem Amphitheater wieder (Museo Nazionale Neapel, Inv. Nr. 112222).

Das Amphitheater hatte für die Römer die gleiche Bedeutung wie für uns das Fußballstadion. Die Regierenden waren sich dessen bewusst; um die Massen ruhig zu halten musste man ihnen Brot und Zirkusspiele («*panem et circenses*») geben. Die Gladiatoren – rekrutiert unter den Sklaven, den Armen und den zum Tode Verurteilten – wurden in eigenen Schulen trainiert. Die Spiele fanden von Februar bis Juni statt und wurden im Oktober noch einmal aufgenommen, so dass es nie zu kalt und nie zu warm war. Ein Sonnensegel (*velarium*) schützte das Publikum. Die Spiele wurden mit einer festlichen Parade eröffnet, bei der die Kämpfer schwere, reich verzierte Paradewaffen mit Helmen, Kurzschwertern, Schilden und Beinschienen trugen.

In der Arena gab es Kämpfe zwischen Gladiatorenmannschaften, zwischen Menschen und wilden Tieren und schließlich zwischen wilden Tieren.

Auch in Pompeji waren die Gladiatorenkämpfe sehr populär. Dies bezeugen die zahlreichen noch heute in der gesamten Stadt, aber ganz besonders im Korridor am Theater sichtbaren Kritzeleien, die Gladiatoren beim Kampf zeigen (Abb. 84). Auch Tierhatzen (*venationes*) waren beliebt: Es gab Kämpfe zwischen Löwen, Tigern, Leoparden, Elefanten, Bären, Ebern und Stieren oder auch Kämpfe zwischen Gladiatoren und wilden Tieren. Dabei benutzten diese als *bestiarii* bezeichneten Gladiatoren leichte Waffen wie Wurfspeere und Dolche (Abb. 85). Zum Tode Verurteilte mussten mit bloßen Händen gegen die Tiere kämpfen.

Abb. 84
Die Fans der Gladiatoren hinterließen eine Vielzahl solcher Graffiti und Kritzeleien. Gladiatoren waren in mancher Hinsicht durchaus die «Superstars» des alten Rom.

Abb. 85
In der Arena kämpften nicht nur Gladiatoren gegeneinander, sondern auch wilde Tiere – und manchmal auch Mensch und Tier.

Todgeweihte in der Arena: Gladiatoren

Unter den Gladiatoren gab es unterschiedliche Kategorien. So kämpfte z. B. ein *retiarius*, mit einem Netz und einem Dreizack bewaffnet, gegen einen vollständig gepanzerten *myrmillon* mit Helm, Beinschienen, Kurzschwert und Schild – der eine kämpfte mit List und Beweglichkeit, der andere mit Kraft. Daneben gab es noch den *thrax*, den thrakischen Gladiator (Abb. 86). Nach dem Sieg des Pompeius über das Heer Mithridates' VI. Eupator, König von Pontos (am Schwarzen Meer), kamen viele Thraker in die römischen Arenen, wo sie gegen Bezahlung kämpften.

Die Ausrüstung der thrakischen Gladiatoren bestand aus Helm, Beinschienen, Armschutz und einem gebogenen Kurzschwert. Von pompejanischen Graffiti wissen wir, dass die Thraker gegen die *myrmillones* und gegen die schwerbewaffneten *hoplomachi* kämpften, die ihrerseits Stoßlanze, Kurzschwert und Helm trugen.

Die Helden präsentierten sich in der Arena mit dem Ruf: *«Ave Caesar, morituri te salutant!»* («Sei gegrüßt Caesar, die Todgeweihten grüßen Dich!»).

Dennoch (oder gerade deshalb) waren viele Gladiatoren beim Volk berühmt. Namen wie die von Celadus und Crescens ließen die Herzen der Fans höher schlagen, wie heute die von Beckham oder Ronaldo. Sicher: viel Ruhm, viel Geld – aber welch ein Leben! Das bezeugt die Widmung auf einem in Verona gefundenen Grab: «Für Glaucus, der sieben Mal kämpfte und beim achten Mal im Alter von nur 23 Jahren starb. Seine Frau Aurelia und seine Fans.»

Abb. 86
Solch einen Helm trug der *thrax*, der Gladiator aus Thrakien. Soprintendenza Pompeji (Inv.-Nr. 5649).

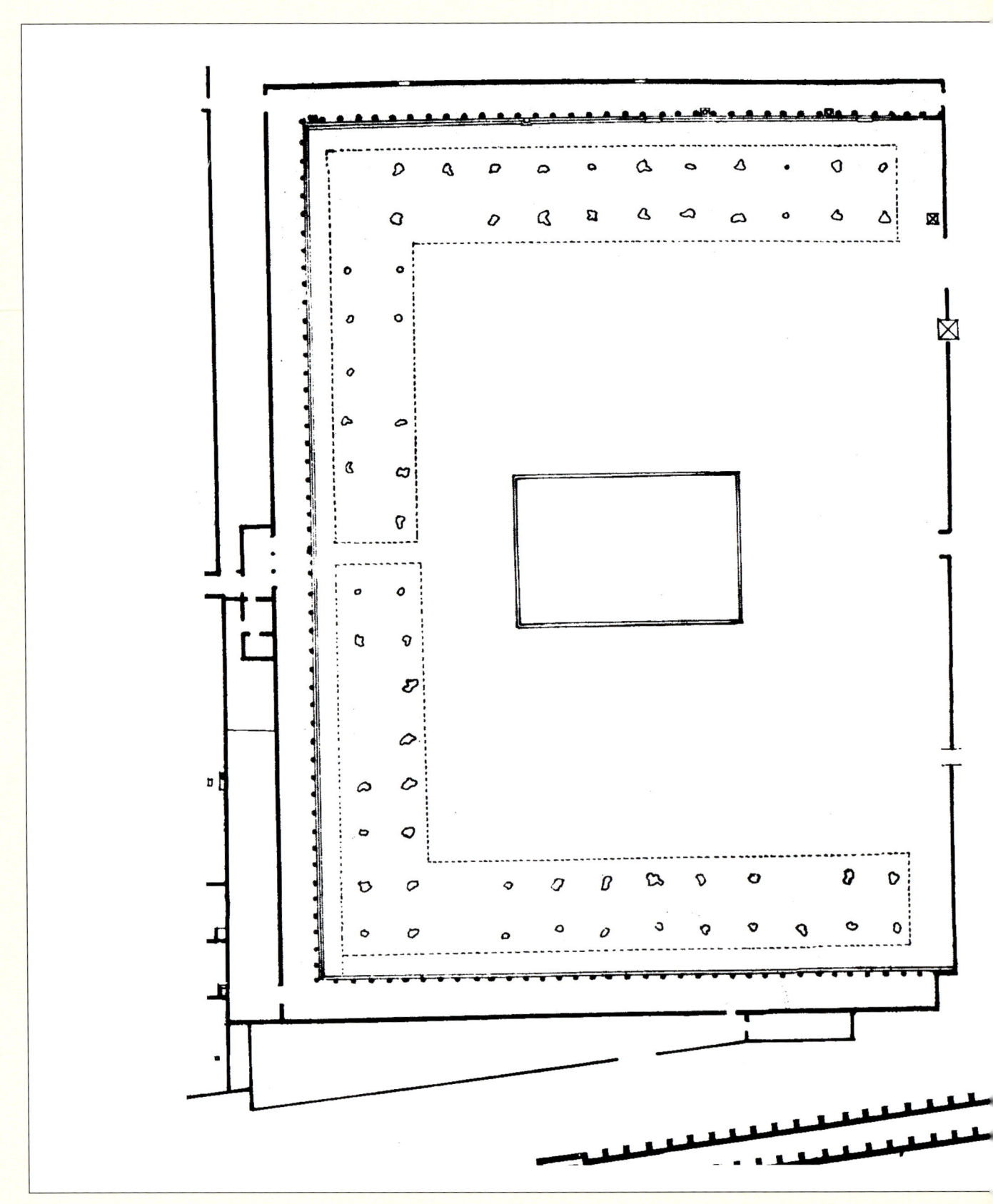

Abb. 87
Lage von Amphitheater und großer Palästra: links die Palästra mit dem Schwimmbecken in der Mitte.

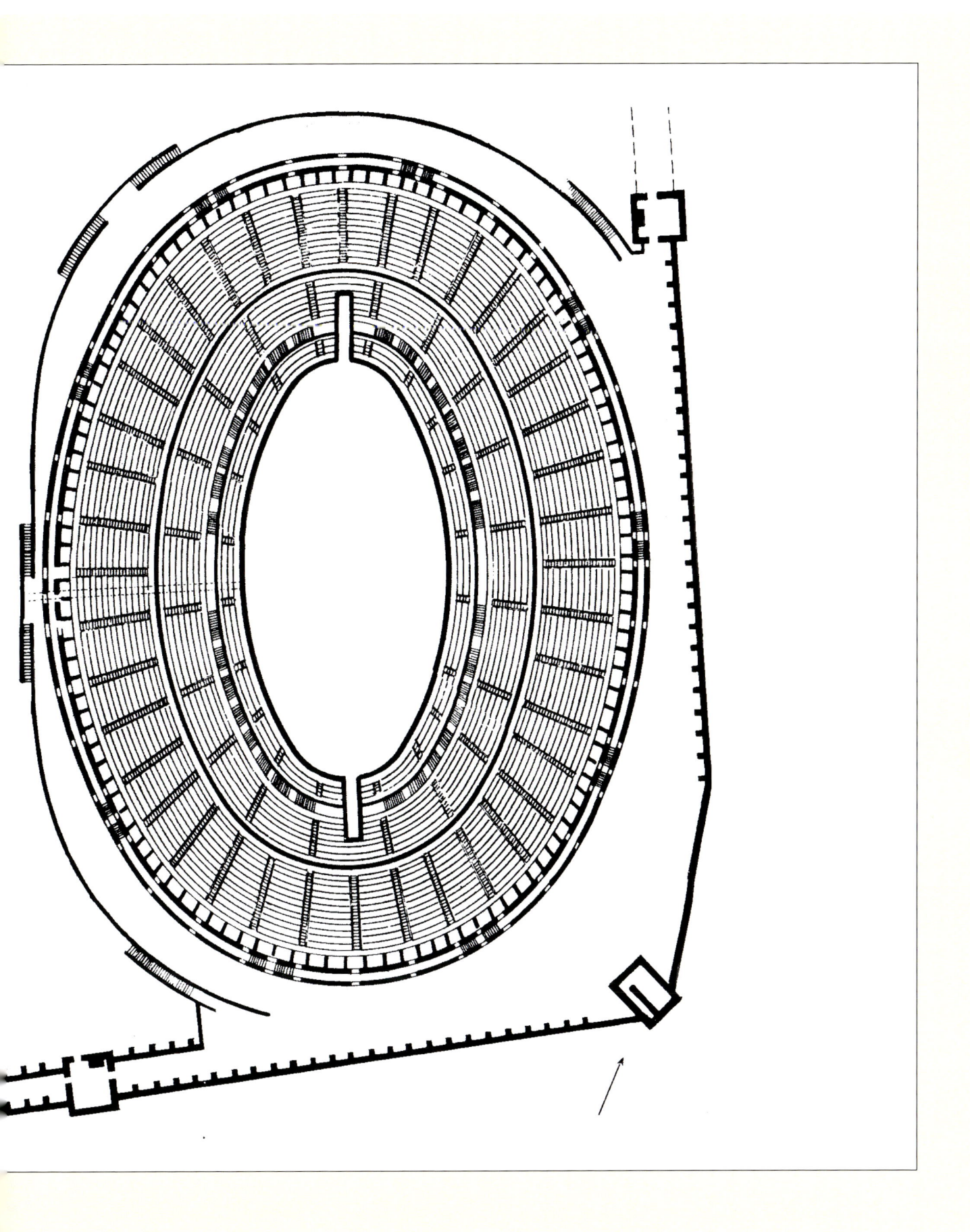

Bäder, Gladiatoren und Bordelle: Freizeitgestaltung in Pompeji | 115

Die benachbarte «Große Palästra» (wie sie zur Unterscheidung von der «Samnitischen Palästra» genannt wird) bestand aus einem circa 140 x 140 m großen, von einer Portikus umgebenen Platz, auf dem in doppelter Reihe gepflanzte Platanen standen. In der Mitte lag ein Schwimmbecken (23 x 35 m). Die Außenmauern waren mit Zinnen bekrönt (Abb. 87).

Die Palästra neben dem Amphitheater wurde in augusteischer Zeit erbaut, einerseits für das Training der Gladiatoren, aber auch als Versammlungsort für die Jugendorganisation *iuventus Pompeiana*, die Jugendliche im Sinne der neuen kaiserlichen Ideologie erziehen sollte. Hier veranstaltete man Paraden zu Fuß und zu Pferde, Schlachten wurden nachgestellt, es gab Duelle, Diskuswerfen und Springen mit Gewichten. Das Gebäude ähnelte einem Militärlager: ein rechteckiges Geviert und eine an drei Seiten umlaufende Portikus mit 108 Säulen, an der vierten Seite eine mit Zinnen bekrönte Mauer, in der sich fünf Eingänge öffneten. Die Portiken umgaben einen weiten, offenen Platz mit einem Schwimmbecken in der Mitte, umgeben von Platanen, die in doppelter Reihe gepflanzt waren.

In der Mitte der westlichen Portikus, an besonders hervorgehobener Stelle, befand sich ein Schrein, der mit großer Wahrscheinlichkeit dem Kaiserkult diente. Während des Erdbebens von 62 n. Chr. stürzte die gesamte Nordmauer ein. Daher wurde das «Theaterfoyer» – die Portikus hinter der Bühne des Theaters – während der letzten Jahre der Stadt als Kaserne für die Gladiatoren (*schola gladiatorium*) genutzt.

Hier fand man im 18. Jh. in zwei Holztruhen Reste mit Gold bestickter Prunkgewänder und Gladiatorenwaffen aus Bronze, die heute im Museo Nazionale in Neapel ausgestellt sind: 15 Helme, 14 Beinschienen (Abb. 88), vier Gürtel, Schulterpanzer (Abb. 89), Schwertscheiden und einen Schild.

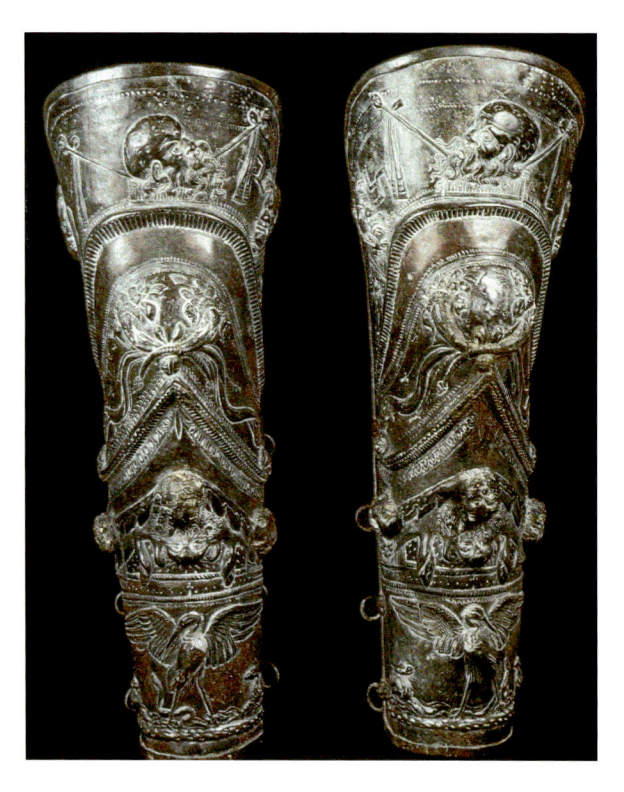

Abb. 88
Beinschienen aus Bronze, gefunden in der Gladiatorenkaserne beim Theater.

Abb. 89
Schulterschild aus Bronze, gefunden in der Gladiatorenkaserne beim Theater.

Besonders auffallend ist ein Helm mit der Darstellung der Zerstörung Trojas (Abb. 90). Er zeigt auf einer Seite die Flucht des Aeneas, auf der anderen die Vergewaltigung der Kassandra und Ermordung des Priamos. Auf der Krempe sind die Toten und Verwundeten Trojas letzter Nacht dargestellt. Als mythische Vorgeschichte der Gründung Roms war dieses Thema bei den Römern sehr beliebt.

Diese Art von Helmen wurde vom *thrax*, dem thrakischen Gladiator, getragen. Die aufwendigen Darstellungen dienten dazu, den Ruhm des Römertums zu feiern. Dies zeigen auch die Reliefs auf einem ähnlichen Helm; sie stellen Roms Triumph über die Barbaren dar (Abb. 91). Oberhalb der Wangenklappen ist auf einer Seite Minerva dargestellt, die mit einer Lanze einen Giganten tötet, auf der anderen ein Silen.

In einem kleinen Raum im Obergeschoss der Kaserne fand man im 18. Jh. eine reich geschmückte Dame, die ihrem Liebhaber, einem jungen Gladiator, gerade einen Besuch abstattete. Dieses Motiv verwendete später auch Bulwer-Lytton in «Die letzten Tage von Pompeji», um Pompeji als verdorbenen Ort zu zeichnen, eine Art Sodom, das von Gott mit dem Ausbruch des Vesuvs bestraft wird.

Auf das männliche Glück – und damit auch auf die Manneskraft der Gladiatoren – scheint sich eine Skulptur zu beziehen, die in einer Gaststätte beim Amphitheater gefunden wurde: ein thrakischer Gladiator, der sich an die Statue eines ityphallischen Priapus lehnt (Abb. 92).

Außerdem fand man in der Kaserne noch eine Gruppe von 18 Skeletten sowie in Fußeisen gefesselte, ausgestreckt liegende Sklaven.

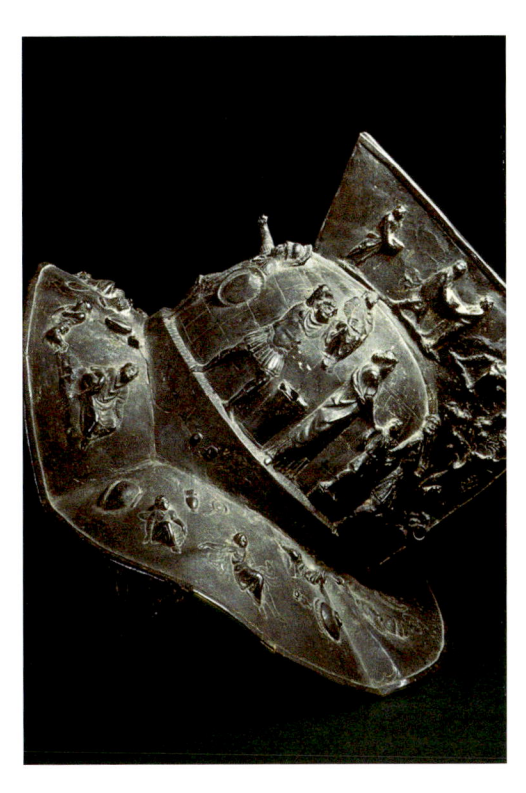

Abb. 90
Ein wahres Schmuckstück ist dieser Gladiatorenhelm mit teilweise freiplastisch gearbeiteten Figuren.

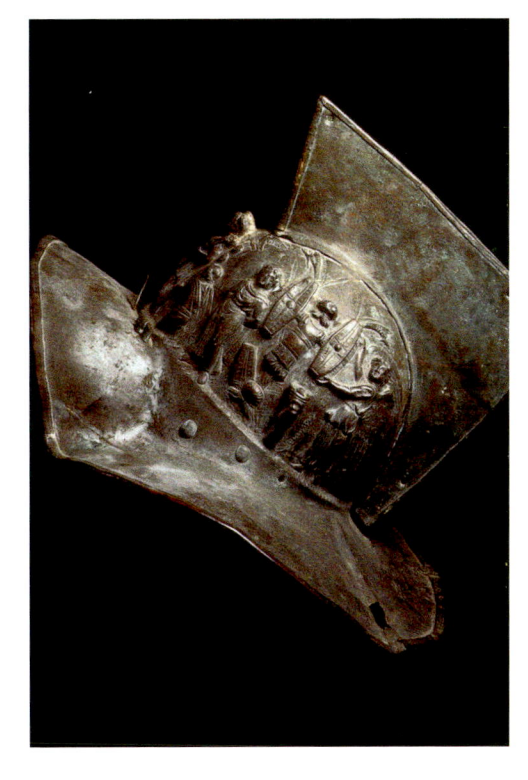

Abb. 91
Bei diesem Helm erscheint in der Mitte die siegreiche Göttin Roma zwischen zwei knienden Barbaren, dahinter zwei Gefangene.

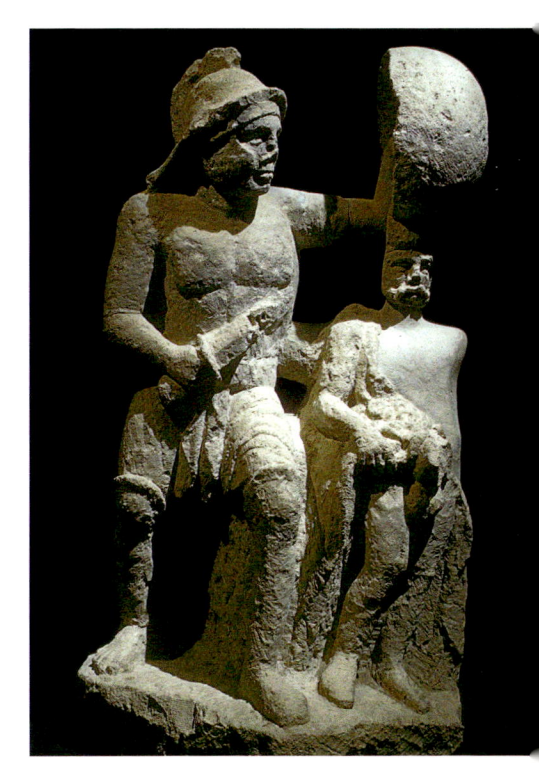

Abb. 92
Volkstümliche Tuff-Skulptur, die einen *thrax* zeigt, der sich an eine Priapus-Statue anlehnt.

Unter dem Schutz der Götter: Leben im Diesseits und Jenseits

Religion in Pompeji

Religion spielte im privaten wie im öffentlichen Leben Pompejis, wie überhaupt in der Antike, eine wichtige Rolle. In den großen Tempeln am Forum feierte man die offiziellen Kulte. Der Platz wurde beherrscht vom Tempel für die «Kapitolinische Trias» – die drei auf dem römischen Kapitol verehrten Gottheiten Jupiter, Juno und Minerva. Hier befanden sich auch das Heiligtum der Lares Publici, der Schutzgottheiten der Stadt, und der Tempel für den Genius des Augustus, der dem Kaiserkult gewidmet war. Dessen Priester, die Augustalen, wurden unter den *liberti*, den freigelassenen Sklaven, ausgewählt. Sie genossen geringes gesellschaftliches Ansehen, spielten jedoch eine wichtige Rolle im Wirtschaftsleben. Auch die Priester des Tempels der Fortuna Augusta waren Freigelassene. Marcus Tullius, ein bedeutender Pompejaner, hatte den Tempel in der Nähe des Forums auf seinem Privatgrundstück erbauen lassen.

Ein weiterer bedeutender Kult, der in Pompeji seit dem 6. Jh. v. Chr. mit einem eigenen Tempel bezeugt ist, galt Apollo. Wahrscheinlich wurde er von Cumae aus, wo der von Vergil gepriesene alte Apollo-Tempel stand, in Pompeji eingeführt.

Schutzherrin der bei der Koloniegründung in «*Colonia Cornelia Veneria Pompeianorum*» umbenannten Stadt war die Venus Physica Pompeiana (Abb. 93). Ihr Tempel erhob sich auf einer weithin sichtbaren Terrasse über dem Meer, als wolle er die in den Hafen einlaufenden Schiffe grüßen. Die im 19. Jh. im Heiligtum gefundene goldene Lampe könnte ein Weihegeschenk sein. Auf der Fassade des Hauses von Marcus Vecilius Verecundus in der Via dell'Abbondanza war die Göttin als «Venus von Alexandria» dargestellt, zwischen Eroten und Laren majestätisch auf einer von Elefanten gezogenen Quadriga thronend.

Beim sog. Foro Triangolare, dem «dreieckigen Forum», befand sich das zweite Zentrum des religiösen Lebens der Stadt, mit dem Tempel der Isis, dem Asklepios-Tempel und dem Dorischen Tempel.

Abb. 93
Die «schaumgeborene» Venus im nach ihr benannten
«Haus mit der Venus in der Muschel» (II 3, 3). Venus
galt den Pompejanern als Schutzpatronin ihrer Stadt.

Das Foro Triangolare war eigentlich kein Forum, sondern ein sakrales Zentrum, das schon in archaischer Zeit am südöstlichen Rand der antiken Siedlung gegründet worden war. Es liegt auf einer Lava-Zunge, die eine natürliche, nach Süden steil abfallende Terrasse bildet, mit weitem Blick aufs Meer und ins Sarnotal. Um das Heiligtum herum entwickelte sich mit der Zeit ein Stadtviertel mit Tempeln, einer Palästra, Theatern und einer viereckigen Portikus.

Im Dorischen Tempel verehrte man Minerva und Herkules, den mythischen Gründer Pompejis. Der Isis-Kult ist seit dem 2. Jh. v. Chr. bezeugt, als sich in der Stadt Kolonisten aus Alexandria ansiedelten, die Ausbreitung des Isis-Glaubens begann jedoch erst in der Kaiserzeit. Damals endete die Verfolgung seitens des Staates, der zuvor in den orientalischen Kulten eine Gefahr für die öffentliche Ordnung sah und sich daher ihrer Einführung widersetzte. Nach dem Erdbeben von 62 n. Chr. war der Isis-Tempel das erste Heiligtum in der Stadt, das wieder aufgebaut wurde. Der große Erfolg der orientalischen Kulte lag darin, dass sie eher der Sehnsucht nach einem jenseitigen Leben entsprachen. Der Tempel des Asklepios, des Vaters der Medizin, lag in unmittelbarer Nachbarschaft des Isis-Tempels (s. S. 98.129).

Neben den orientalischen Kulten waren die Pompejaner auch Anhänger von sog. «Mysterienkulten», zu deren Riten nur Eingeweihte Zugang hatten, wie dem Kult der Demeter und Kore und dem des Dionysos. Ihre Heiligtümer lagen außerhalb der Stadtmauer. Dionysos, der Gott des Weines, der wichtigsten Einkommensquelle der Stadt, genoss naturgemäß besondere Popularität und Verehrung. Im Heiligtum in Sant'Abbondio, außerhalb der Stadt, verbanden die Pompejaner den Kult des Dionysos mit dem der Venus, ihrer Schutzgottheit.

Die Straßenkreuzungen standen unter dem Schutz der Lares Compitales und der als «Dei Consentes» bezeichneten zwölf Götter. Wichtigster häuslicher Kult war der der Lares Familiares, der Beschützer des Hau-

Abb. 94
Ein weiteres Lararium im «Haus des Menander» (vgl. Abb. 39), in der Südwestecke des Peristyls. Die kleinen Büsten sind Gipsnachbildungen der originalen Holzbüsten, die wahrscheinlich Vorfahren der Hausherren darstellten.

ses, die man zusammen mit dem Genius, dem Schutzgeist des Hausherrn und des Hauses im Lararium, einem kleinen Tempel im Haus, verehrte (Abb. 94).

Auch die vielen auf die Fassaden der Häuser und Läden gemalten Bilder sind Ausdruck persönlicher Religiosität. Hier erscheinen Merkur, Beschützer des Handels und der Reisenden, Venus, die Schutzgöttin der Stadt, Dionysos und die orientalischen Gottheiten Kybele und Isis.

Die Tempelbauten

Der Tempel war der Ort, an dem man die Götter verehrte (Abb. 95). Auch wenn er im Laufe der Zeit eine Entwicklung durchlief, bewahrte er stets einige grundlegende Charakteristika. So stand er gewöhnlich auf einem hohen, rechteckigen Podium, das man über eine Treppe erreichte. Damit man die

Abb. 95
Fragment eines Freskos mit Landschaftsmotiv und Tempel im Vierten Stil. Berlin, Staatliche Museen, Antikensammlung.

erste und die letzte Stufe immer mit dem Glück bringenden rechten Fuß betrat, war die Anzahl der Stufen ungerade. An der Vorderseite des Tempels befand sich eine Säulenhalle, der sog. Pronaos, der als Eingang zur Cella diente. Beim kanonischen römischen Tempel, wie beim Jupiter-Tempel, standen die Säulen nur vor der Cella; sie konnten jedoch auch wie beim griechischen Tempel den gesamten Bau einfassen (Peristasis). Den oberen Abschluss der Fassade bildete ein meist mit Skulpturen geschmückter Dreiecksgiebel. Dieser wurde von drei Fialen bekrönt, auf denen man bisweilen Statuen aufstellte.

Die Cella war der innerste Raum des Tempels, in dem die Kultstatue der Gottheit auf einem Postament oder in einem Schrein stand. In der Cella verwahrte man auch die heiligen Geräte für den Kult: die Kohlebecken zum Verbrennen von Weihrauch, die Leuchter, den Teller für die festen Opfergaben und den Krug für die flüssigen, die Axt für die Schlachtopfer, den heiligen Stab und die Schöpfkelle für die Trankopfer.

Der Dorische Tempel

In der Mitte des Foro Triangolare erhob sich der Dorische Tempel (Abb. 96), ein Gebäude aus dem 6. Jh. v. Chr., das bis in die letzten Jahre der Stadt unverändert blieb. Architektonische Terrakotten, die bei Untersuchungen im Inneren des Gebäudes und in seiner Umgebung gefunden wurden, lassen vier Restaurierungsphasen erkennen, die einen Zeitraum vom 6. bis zum 2. Jh. v. Chr. umfassen. Neuere Forschungen haben aufgrund der Vergleiche mit Tempeln in Pyrgi und Satricum gezeigt, dass der Bau auf ein etruskisches Vorbild zurückgeht, wobei auch Einflüsse griechischer Tempelarchitektur deutlich sind. So werden beispielsweise die Säulen der Peristasis von dorischen Kapitellen bekrönt, deren flachgedrückter Echinus offensichtlich Kapitellen großgriechischer Tempel vom Ende des 6. Jhs. nachgebildet ist.

Diese Anomalie – ein Tempel mit etruskischen Formen, aber in «griechischem Stil» – erklärt sich durch den Standort, einen am Rand der Siedlung gelegenen Handelsplatz. Der Dorische Tempel wurde auf einem natürlichen Vorgebirge errichtet, von wo aus man die Straße vom Hafen zum Stadtzentrum kontrollieren konnte. Hier kamen die unter etruskischem Einfluss lebenden Einwohner mit fremden Handelsleuten in

Abb. 96
Im Dorischen Tempel auf dem
Forum Triangolare wurden
Minerva und Herkules verehrt.

Élévation Principale.

Temple du Forum Trian

- Élévation Latérale -

Propylées.

Berührung, nämlich mit den Griechen, die von ihrer Kolonie in Cumae aus den gesamten Golf von Neapel beherrschten. Hier verkehrten Fremde, die in den Heiligtümern am Rand der Stadt Aufnahme und Schutz fanden, gleichzeitig aber auch Handelsbeziehungen mit der städtischen Gemeinschaft anbahnten.

Das Podium des Tempels ist unmittelbar auf die Lavabank gebaut, so dass die Zahl der Stufen zwischen drei und fünf variiert. Eine Peristasis mit sieben bzw. elf Säulen umschloss die Cella. Von der späthellenistischen Restaurierung stammen einige Säulentrommeln aus grauem Nocera-Tuff und vor allem eine schöne Metope, auf der die Bestrafung des Ixion dargestellt ist. Im Inneren der Cella, die einen sehr tiefen Vorraum besitzt, ist eine offensichtlich für zwei Kultstatuen bestimmte Basis erhalten. Eine oskische Inschrift an der Via dell'Abbondanza verweist auf eine «Straße zum Tempel der Minerva», man fand Antefixe mit Darstellungen von Minerva und Herkules und in jüngerer Zeit im Bereich des benachbarten Isis-Tempels eine italische Bronzestatuette, die Herkules mit der Keule darstellt. Außerdem entdeckte man eine Grube mit Minerva-Statuetten. Diese Indizien bestätigen den Kult zweier Gottheiten: Minerva in ihrer Eigenschaft als Schirmherrin der Seefahrer (von der Terrasse des Dorischen Tempels aus ist die Punta della Campanella bei Sorrent sichtbar, wo ein wichtiges Minerva-Heiligtum stand) und Herkules, eine mit der samnitischen Welt verbundene Gottheit und mythischer Gründer Pompejis (Abb. 97). Der doppelt eingefasste rechteckige Platz neben der Treppe zum Tempel wurde als *heroon* (Heroen-Heiligtum) oder auch als Grab des mythischen und heroisierten Stadtgründers interpretiert. Den benachbarten, in samnitischer Zeit mit einem Rundtempel überbauten Brunnen deutete man in Analogie zum *umbilicus urbis* auf dem Forum Romanum als symbolischen Mittelpunkt der Stadt.

Das Capitolium

Da Capitolium, der Tempel des Iuppiter Capitolinus, steht an der Nordseite des Forums und war der größte Tempel der Kolonie (vgl. Abb. 26). Der Architekt, der ihn im 2. Jh. v. Chr. erbaute, errichtete ihn vor dem Hintergrund des Vesuvs, der seinerseits dem Iuppiter Vesuvius geweiht war. Das ursprüngliche Gebäude, ein Tempel mit Säulen an der Front, einer Vorhalle und einer einschiffigen Cella, stand wie der Apollo-Tempel in etruskisch-italischer Tradition auf einem hohen Podium.

Gegen Ende des 2. Jhs. v. Chr. wurde der Tempel nach griechischem Vorbild umgestaltet. Zwölf korinthische Säulen von 9,50 m Höhe – sechs an der Front und je drei an den Seiten – wurden hinzugefügt. An die Seitenwände der Cella wurden ionische Säulen ohne Kanneluren und darüber korinthische gesetzt. Der Boden in der Cella war wie im Apollo-Tempel in Pompeji und im Tempel des Apollo Sosianus in Rom mit *opus sectile* aus Marmorplättchen ausgelegt, die perspektivisch dargestellte Würfel (*scutulatum*) zeigten. In dieser zweiten Phase waren die Dekorationen im Ersten Stil gehalten: farbiger Stuck als Imitation von Marmorplatten.

Wohl kurz nach 80 v. Chr. wurde das Gebäude mit Dekorationen im Zweiten Stil verschönert. In dieser zweiten Phase wurde die Cella in drei Schreine für die Statuen von Jupiter, Juno und Minerva unterteilt. Die riesige Kultstatue, deren Kopf hier in einer Replik zu sehen ist (heute im Museo Nazionale in Neapel), könnte von der Jupiter-Statue auf dem römischen Kapitol beeinflusst sein.

Sie war ein Werk des Bildhauers Apollonios aus Gold und Elfenbein. Zu Seiten des Tempels bildete eine monumentale Kulisse mit Bögen den Abschluss des Platzes. In der dritten Dekorationsphase wurde die Cella mit einem schwarzen Sockel und einfachen weißen Feldern ausgemalt.

Der Altar vor den Stufen erscheint auch auf dem Relief am Lararium des «Hauses des Caecilius Iucundus» (vgl. Abb. 7). Das Podium wurde von drei Gewölben getragen, in denen vermutlich der Staatsschatz aufbewahrt wurde. Wer versucht hätte, ihn zu rauben, wäre wegen Beleidigung der höchsten Gottheit zum Tode verurteilt worden. Nach dem Erdbeben von 62 n. Chr. wurden diese Räume für die Lagerung von Statuen und Marmorplatten genutzt.

Abb. 97 a–d (von links nach rechts) Herakles/Herkules kämpft mit Laomedon, dem König von Troja. Fresko im *triclinium* des «Hauses des Loreius Tiburtinus», rechts eine rekonstruierende Umzeichnung.

Der Apollo-Tempel

Griechische und etruskische Keramik, die Amedeo Maiuri bei Schichtengrabungen an der Westseite des Podiums gefunden hat, belegt: Bereits ab dem 6. Jh. v. Chr. gab es in Pompeji einen Apollo-Kult; und im 2. Jh. v. Chr. befand sich hier mit dem Apollo-Heiligtum (Abb. 98) das größte Kultzentrum der Stadt. Das Heiligtum vertritt den hellenistischen Typus eines «Hoftempels», einer Platzanlage mit Tempel. Es wurde in samnitischer Zeit angelegt, in der römischen Kaiserzeit aber vielfach verändert.

Der italische Tempel erhob sich auf einem hohen Podium und wurde an drei Seiten von einer Portikus mit ionischen Tuff-Säulen eingefasst (Abb. 99). Die Cella erhielt einen kostbaren Fußbodenbelag aus *opus sectile* mit Plättchen aus farbigem Kalkstein und Schiefer, die einen Teppich mit perspektivisch wiedergegebenen Würfeln darstellten. Um den Tempel herum wurde eine zweistöckige Portikus errichtet, mit ionischen Säulen in der unteren und dorischen in der oberen Reihe.

Bei neueren Ausgrabungen fand man Fragmente der reichen Dekoration im Ersten Stil. An den Portiken waren Rundschilde angebracht, verziert mit Symbolen des Apollo-Kults, beispielsweise dem delphischen Dreifuß.

Das Heiligtum des Apollo wurde zum bevorzugten Ort für die Aufstellung von Kunstwerken wie den beiden Bronzestatuen von Apollo und Artemis als Bogenschützen. Ein Graffito auf der ersten Basis links vom Eingang (vgl. Abb. 99) lässt vermuten, dass der Skulpturenzyklus ganz oder zumindest teilweise mit der Beute aus der Plünderung Korinths durch Lucius Mummius im Jahr 146 v. Chr. zusammenhängt und über eine Versteigerung nach Pompeji gelangte. Die Ostseite war mit dem Forum durch neun Öffnungen verbunden, die in augusteischer Zeit geschlossen wurden. Nach dem Erdbeben von 62 n. Chr. überzog man die Säulen mit Stuck und arbeitete sie zu korinthischen Säulen um. Wie die Dokumentation des 19. Jhs. bezeugt, war die Portikus im Vierten Stil mit Nillandschaften und Szenen aus dem Trojanischen Krieg, u. a. mit Achill, Agamemnon, Hektor und Athene, ausgemalt.

Vor dem Tempel stand auf einer Säule eine Sonnenuhr, eine Anspielung auf Apollo als Sonnengott. Ein

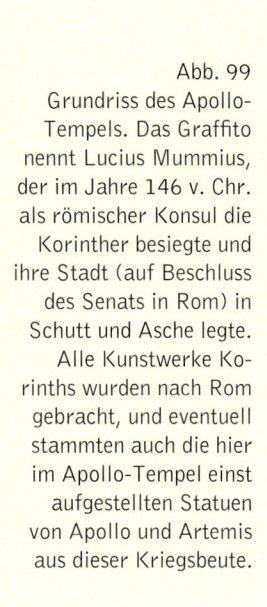

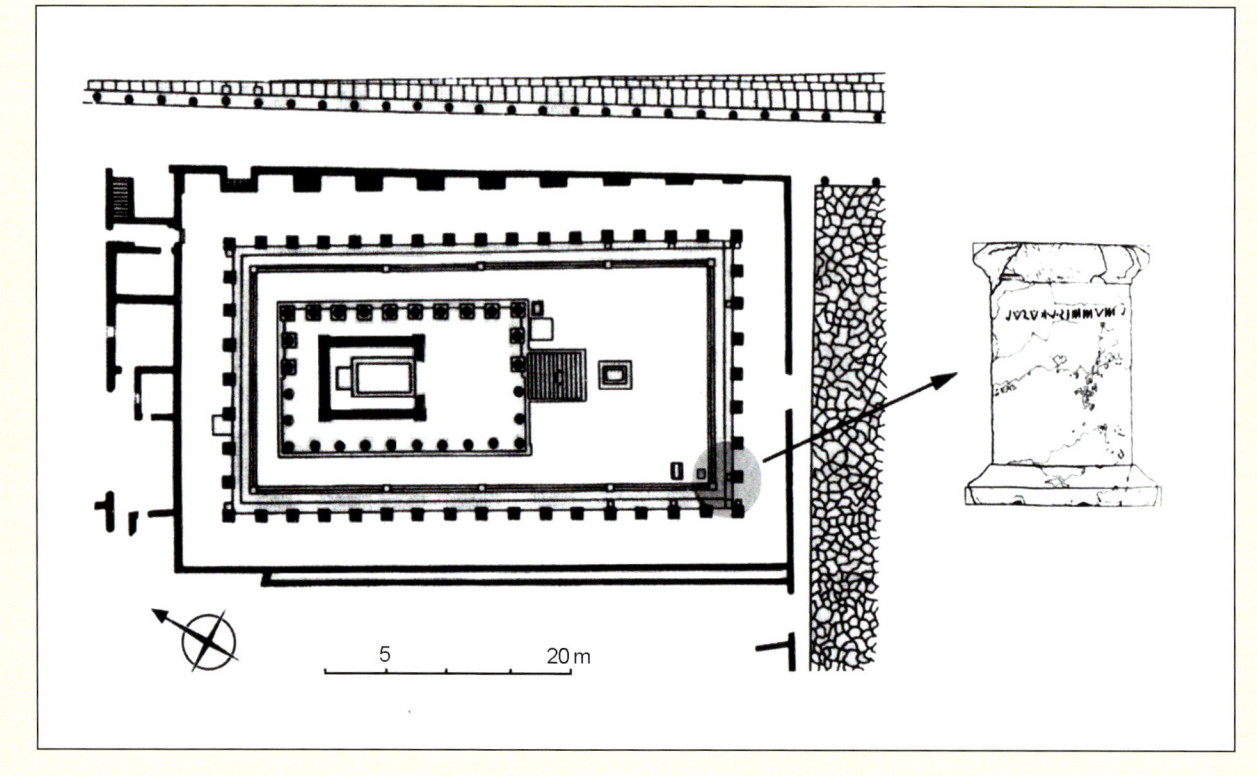

Abb. 99
Grundriss des Apollo-Tempels. Das Graffito nennt Lucius Mummius, der im Jahre 146 v. Chr. als römischer Konsul die Korinther besiegte und ihre Stadt (auf Beschluss des Senats in Rom) in Schutt und Asche legte. Alle Kunstwerke Korinths wurden nach Rom gebracht, und eventuell stammten auch die hier im Apollo-Tempel einst aufgestellten Statuen von Apollo und Artemis aus dieser Kriegsbeute.

Abb. 98
Der Apollo-Tempel ist einer der ältesten Tempel der Stadt und zugleich das älteste Gebäude am Forum von Pompeji. Schon im 6. Jh. v. Chr. stand hier ein Heiligtum für den Gott des Lichts, der Musik, der Wahrheit u. v. m.; im 2. Jh. v. Chr. wurde der Tempel erneuert.

Altar aus republikanischer Zeit, kurz nach 80 v. Chr., trägt eine Weihinschrift der *quattuorviri*. Einer davon, Marcus Porcius, war ein Anhänger Sullas, zwei andere entstammten der Familie der Cornelii und waren Verwandte Sullas. Es handelt sich also um *homines novi* (Emporkömmlinge), Repräsentanten der ersten Aristokratie der Kolonie.

Auf der Schwelle zur Cella erscheint eine oskische Inschrift mit Bronzebuchstaben (in Kopie, das Original befindet sich heute im Museo Nazionale in Neapel): «Der Quästor Oppius Campanus ... förderte den Bau ... auf Beschluss der Versammlung, mit dem Apollo gespendeten Geld.» Die Cella ist mit einem Mosaik geschmückt, das perspektivisch wiedergegebene Würfel zeigt, sie enthielt die (nicht aufgefundene) Statue des Gottes und einen steinernen *omphalos*, Symbol des Nabels der Welt, wie er im Heiligtum des Apollo in Delphi verehrt wurde.

Die orientalischen Kulte

Pompeji war eine lebhafte Handelsstadt, in deren Hafen Menschen aus allen Teilen des Imperiums zusammenkamen. Auf den Wänden wurden Kritzeleien in hebräischer und aramäischer Sprache gefunden.
Mit den Menschen kamen auch Gegenstände, einfache exotische Kuriositäten ebenso wie kostbare und erlesene Produkte – und natürlich Ideen und Glaubensvorstellungen. In der bürgerlichen pompejanischen Gesellschaft fielen sie auf fruchtbaren Boden, da sie sich mit den traditionellen Gottheiten des römischen Pantheon, die ihren spirituellen Bedürfnissen fremd waren, nicht ganz identifizieren konnte. Vor allem in den Jahren nach dem Erdbeben von 62 n. Chr. explodierte die Zahl orientalischer, oft mit lokalen religiösen Traditionen verschmolzener Kulte; ein typisches Beispiel ist der Isis-Kult (s.u.).

Eines der interessantesten Phänomene ist der Kult der Kybele. 204 v. Chr. hielt die Göttin, gefolgt von einem Priester und einer Priesterin aus Phrygien, unter den Gebeten des römischen Volkes ihren Einzug in Rom; sie sollte die Stadt vor dem Vormarsch Hannibals retten. In Kampanien verbreitete sich der Kybele-Kult allerdings erst während der Kaiserzeit. In Herculaneum gab es einen bisher nur inschriftlich bezeugten Tempel; in Pompeji dagegen ist die Göttin in vielen Häusern gegenwärtig, beispielsweise in den auf die Wände gemalten sakral-idyllischen Landschaften. Häufiger ist die Darstellung ihres Getreuen, Attis.

Die Fassade der Werkstatt IX 7, 1, an der Via dell'Abbondanza zeigt eine Prozession, in der die Statue der thronenden Göttin unter einem reichen, mit Sternen geschmückten Baldachin getragen wird. Sie ist zu erkennen an der Krone mit den Türmen, dem Zepter, der Opferschale und dem zu Füßen des Thrones liegenden Löwen. Die Szene könnte eine Darstellung der Prozession sein, die jedes Jahr am 4. April durch Straßen der Stadt zog. An der Nordostecke der *insula* I 12 ist ein schwarzer Stein aus Vesuv-Lava eingemauert; vielleicht eine Hypostase, ein verdinglichtes Sinnbild der Göttin, wie man es aus der griechischen Stadt Pessinus kennt.

Eine andere von den Pompejanern verehrte orientalische Gottheit war Sabatios, ein Gott der Vegetation und Fruchtbarkeit mit thrakisch-phrygischem Ursprung, der im römischen Bereich mit Jupiter oder Dionysos verbunden war. Aus dem Haus I 13, 9 stammt eine kleine Bronzebüste des Dionysos-Sabatios, dargestellt mit üppigem Haupthaar und einem Blumenkranz, langem Bart und dichtem Schnurrbart. Auf dem Kopf trägt er einen mit Früchten gefüllten Korb.

Häufig erscheint das Bildnis des Sabatios auf den mit göttlichen Symbolen und Attributen bedeckten «pantheistischen Händen».

Es handelt sich um Bronzehände mit nach außen gewendeter Handfläche; Daumen, Zeige- und Mittelfinger sind abgestreckt, Ringfinger und kleiner Finger im Gestus der lateinischen Segnung gebogen. Finger und Handfläche sind mit Symbolen und Attributen bedeckt, darunter häufig auch Sabatios, bekleidet mit kurzer Tunika, Hosen und hohen Schuhen, den Kopf mit einer Kapuze bedeckt, bekrönt von einem Halbmond. Am Handgelenk ist in einer bogenförmigen Nische eine stillende Frau mit Kind dargestellt. Die Zusammenstellung all dieser Symbole muss eine starke Abwehrkraft bewirkt haben, die in der Lage war, Unheil abzuwenden und junge Mütter und ihre Kinder zu schützen.

Aus dem gleichen Komplex stammt ein Zaubergefäß, dessen Oberfläche mit Reliefs verziert ist: auf einer Seite erscheinen drei Musikinstrumente (eine Doppelflöte, eine Syrinx und ein Paar Kymbeln), ein Kuchen, eine Eidechse, ein Fläschchen, ein Stierschädel, eine Dose, eine Traube und eine Blume, auf der anderen wiederum die drei Musikinstrumente zusammen mit einer Leiter, einem Stierschädel, einem Kuchen, einer Eidechse, einer Schildkröte und einer Schlange.

Der Isis-Tempel

Der Isis-Kult war der erste orientalische Kult, der sich innerhalb der pompejanischen Gesellschaft verbreitete. Schon im 2. Jh. v. Chr., als das Viertel um die Theater, inzwischen eines der wichtigsten kulturellen und religiösen Zentren der samnitischen Zeit, neu geordnet wurde, errichtete man einen ersten Tempel für die ägyptische Göttin (VIII 7, 28) (Abb. 100).

Abb. 100
Das Isis-Heiligtum in einer Zeichnung von Fausto und Felice Niccolini, nach: «Le case e i monumenti di Pompei» (1854–1896). Der Isis-Kult kam im 2. Jh. v. Chr. nach Pompeji und wurde äußerst populär.

Mehr als 200 Jahre später, nach dem verheerenden Erdbeben von 62 n. Chr., war der Tempel der Isis der erste, der vollständig wiederhergestellt wurde, *«a fundamento»*, wie es in der Inschrift über dem Eingang heißt. Dieser Inschrift zufolge wurde die Restaurierung von Numerius Popidius Celsinus finanziert, einem sechsjährigen Kind, das jedoch zum Dank für diese Großzügigkeit in das Collegium der Dekurionen von Pompeji aufgenommen wurde. Offensichtlich bereitete sein Vater, ein freigelassener Sklave, der wegen seiner niederen Herkunft selbst keinen Zugang zu diesem Gremium hatte, so die politische Karriere seines Sohnes vor. Vielleicht ist er der Knabe mit der typisch neronischen Frisur, der auf den Wänden der Portikus zwischen den kahlköpfigen Priestern dargestellt ist.

Das Gebäude bestand aus einem hohen Podium mit einer Treppe an der Vorderseite, einer Vorhalle mit vier Säulen an der Fassade und einer Cella. Der italische Tempel erhält eine exotische Note durch die reich verzierten seitlichen Nischen, in denen die Statuen von Harpokrates und Anubis gestanden haben müssen. Sie wurden hier zusammen mit der Hauptgottheit Isis, deren Statue im Inneren der Cella steht, verehrt. Die Statue der Isis war ein sog. «Akrolith»: Hände, Füße und Kopf waren aus Marmor, der Körper war wahrscheinlich aus Holz und reich bekleidet.

Eine Portikus umschloss den Tempelbezirk, deren Wände mit raffinierten Dekorationen im Vierten Stil bemalt waren: große rote Felder wechselten mit Durchblicken, deren Architekturen im unteren Bereich mit Darstellungen von Seeschlachten (Naumachien) abschlossen. Ein großer Saal hinter dem Tempel diente als Versammlungsraum für die Anhänger des Kults (*ekklesiasterion*). Vor und neben dem Podium standen die Opferaltäre mit den charakteristischen ptolemäischen Hörnern an den Ecken. In einer Zisterne neben dem Hauptaltar verwahrte man das heilige Wasser des Nil; der Eingang hatte die Form eines kleinen Tempels und war mit figürlichem Stuck reich verziert.

Im Heiligtum versammelten sich die Anhänger der ägyptischen Mysterien, um Isis zu verehren, die ihren Anhängern ein ewiges Leben nach dem Tode versprach. Ein Gemälde aus Herculaneum zeigt, fast wie ein zeitgenössisches Foto, was sich vor dem Tempel

Pompeji, der Isis-Kult und Mozarts «Zauberflöte»

Aus Wolfgang Amadeus Mozarts «Zauberflöte» kennen wir die Arie «Oh Isis und Osiris», es tritt ein «Chor der Eingeweihten» auf. Mozart und sein Librettist Emanuel Schikaneder fanden ihre Anregungen vor allem in einem 1784 im «Journal für Freymaurer» erschienenen Artikel von Ignaz von Born und in einem Roman Jean Terrassons über die Einführung des Prinzen Sethos. Doch könnte der geniale Komponist seine Anregung schon in jungen Jahren in Pompeji gefunden haben? War Mozart tatsächlich im Isis-Tempel, ist er die Stufen hinaufgestiegen, hat er die Statuen, die Priester, die Schlangen, die Musikinstrumente, die Malereien gesehen?

Es war im Jahr 1770, Wolfgang Amadeus war 14 Jahre alt, als er seinen Vater Leopold nach Neapel begleiten musste. Am 18. und 20. Mai besuchten beide den Königspalast in Portici, wo die Kunstsammlung des Königs und die Funde aus Pompeji und Herculaneum untergebracht waren, bevor sie nach Neapel überführt wurden. Hier muss er das Bild aus Herculaneum gesehen haben, auf dem der Hohepriester der Isis auf der Treppe vor dem Tempel dargestellt war, wie er dem «Chor der Gläubigen» die goldene Vase mit dem Heiligen Wasser aus dem Nil zeigt.

Die Mozarts begaben sich über die Via Regia delle Calabrie von Neapel über Portici nach Pompeji. Der Zugang zu den Grabungen befand sich damals am Theater. Was Leopold und Wolfgang Amadeus 1770 in Pompeji sehen konnten, weiß man durch den vom Franzosen François Latapie geschriebenen, knapp sechs Jahre später erschienen ersten Führer durch die Grabungen. Er enthält einen Stadtplan, auf dem alle damals sichtbaren Gebäude verzeichnet sind, darunter auch der Isis-Tempel. Latapie beschreibt den zwischen 1764 und 1766 ausgegrabenen Tempel als «ein kleines Gebäude, aber eines der besterhaltenen in der Stadt».

Mozart komponierte die Zauberflöte 21 Jahre später, 1791. Wie viel von dem, was er in Portici und in Pompeji sah, begleitet von den nachdrücklichen Erzählungen der Führer, fand Eingang in seine jugendliche Phantasie? Vielleicht spiegelt sich in den Motiven und im märchenhaften Charakter der «Zauberflöte» ja wirklich die Atmosphäre seiner Eindrücke aus Pompeji.

abspielte. Der Hohepriester hebt einen goldenen Krug mit dem heiligen Nilwasser in die Höhe, während die Gläubigen einen Hymnus für Isis anstimmen und am Altar Opfer vollzogen werden. Im Garten laufen Ibisse, aus Ägypten importierte Wasservögel, frei herum.

Die hier gefundenen Malereien, Skulpturen und Gegenstände sind im Museo Nazionale in Neapel ausgestellt. Das Bild mit der Ankunft der Io in Ägypten stammt aus dem Versammlungsraum. Es zeigt Io, die von einer Flussgottheit getragen bei der Stadt Kanopus ankommt, und Isis, die mit einer Schlange in den Händen und einem Krokodil unter den Füßen die Ankommende freundlich aufnimmt. Isis-Priester und ein Hörneraltar kennzeichnen die Umgebung als ihr Heiligtum. Io war von Hera verfolgt worden, weil Zeus sich in sie verliebt hatte. Sie wurde nach Ägypten in Sicherheit gebracht, wo sie Epaphos gebar, der durch die Zwillingsbrüder Aigyptos und Danaos zum Ahnherrn der Herrscherfamilien von Ägypten und Argos wurde. Dieser Mythos entstand wahrscheinlich im 3. Jh. v. Chr. am ptolemäischen Hof in Alexandria; zur Legitimierung der Herrschaft über die beiden inzwischen in Ägypten lebenden Völker, Ägypter und Makedonen, dichtete man ihnen gemeinsame Ursprünge an.

Kaiserkult und augusteische Ideologie

Mit Augustus' Aufstieg zur Macht und seiner Politik einer religiösen und kulturellen Erneuerung begann ein wahrer Wettstreit zwischen den Städten des Imperiums. Überall baute man neue Monumente, und auch in Pompeji befolgten die einflussreichsten Bürger das vom Kaiser angestoßene Programm der *publica magnificentia*. Eines der Leitmotive der augusteischen Politik war *pietas*, die Frömmigkeit oder religiöse Ergebenheit. In Rom ließ Augustus die alten, bereits verfallenen Tempel restaurieren und prächtige neue erbauen.

Auch in der Stadt am Vesuv folgte man seinem Beispiel, indem man die alten Tempel aus der Zeit der Samniten und der ersten Koloniezeit restaurierte und verschönerte. Einer der ersten war der Apollo-Tempel am Forum; hier errichtete man an der Westseite des Heiligen Bezirks eine neue Mauer, um die Sicht auf das angrenzende «Haus des Triptolemos» (VII 7, 2) zu versperren. Vor dem Tempel wurde die bereits erwähnte Sonnenuhr aufgestellt, gestiftet von den beiden *duumviri* Marcus Herennius Hepidianus und Lucius Sepunius Sandilianus.

Möglicherweise geht auch die erste große Erweiterung des Venus-Tempels auf diese Phase zurück. Der in sullanischer Zeit auf einer Terrasse mit Blick auf die Küste und das Sarno-Tal erbaute Tempel war an drei Seiten mit einer Portikus umgeben, während sich die südliche Seite gegen das Tal hin öffnete. Eine Treppe verband die Terrasse des Heiligtums mit der unterhalb davon gelegenen «Villa Imperiale». Diese Verbindung zwischen Villa und Tempel erinnert an diejenige zwischen dem Haus des Augustus und dem Tempel des Apollo auf dem Palatin in Rom.

Neben der Restaurierung und der Verschönerung der alten Tempel engagierten sich die pompejanischen *domi nobiles* auch bei der Errichtung neuer Bauten für den Kaiserkult. In Rom hatte Augustus den Kult um seine Person verboten, jedoch erlaubt, Kulte für die von ihm besonders verehrten Gottheiten, aber auch für die Personifikationen von abstrakten Tugenden einzurichten, die dann den Zusatz «*Augustus*» (bzw. «*Augusta*») erhielten.

In Pompeji wurde die Ostseite des Forums durch neue, direkt oder indirekt mit dem Kaiserkult verbundene Gebäude aufgewertet. Im Macellum, dessen erste Anlage auf republikanische Zeit zurückgeht, errichtete man in der Mitte der östlichen Portikus einen Schrein mit der Statue des Kaisers, der sitzend und mit einem Globus in der rechten Hand dargestellt war. In den seitlichen Nischen standen die Statuen der Stifter, von denen zwei erhalten sind, beide aus den letzten Jahren der Kolonie.

Die alten, auf samnitische Zeit zurückgehenden *tabernae* neben dem Macellum wurden abgerissen und stattdessen Gebäude für den Kaiserkult errichtet. Der früheste derartige Bau ist der Tempel des Genius Augusti, erbaut von Mamia Lucilia filia, einer Priesterin der Venus. Wie aus einer bei Ausgrabungen in der Umgebung des Monuments gefundenen Inschrift hervorgeht, errichtete sie ihn auf ihrem eigenen Grundstück und auf eigene Kosten.

Die Anlage bestand aus einem rechteckigen Platz,

einer Vorhalle mit vier Säulen, einem Altar in der Mitte und einem Schrein mit vier Säulen an der Vorderseite. Nischen mit dreieckigen und bogenförmigen Giebeln gliederten die Umfassungsmauern. Der mit Marmorreliefs verkleidete Altar bestätigt die Identifizierung als Heiligtum für den Kaiserkult. Auf der Hauptseite ist ein Stieropfer dargestellt, dahinter ein Tempel mit vier Säulen an der Front, der aussieht wie die Cella hinter dem Altar. Das Relief auf der Rückseite zeigt eine *corona civica* (Bürgerkrone) aus Eichenlaub zwischen zwei Lorbeerbäumen, Attributen des Kaiserkults. An den Seiten waren Opfergeräte dargestellt: auf der Nordseite das Tuch, das Kästchen mit Weihrauch und der Stab des Weissagers, auf der Südseite die Schale für das Trankopfer, die Schöpfkelle und der Krug.

Neben dem Tempel für den Kaiserkult wurde wenige Jahre vor dem Erdbeben von 62 n. Chr. ein zweiter Prachtbau errichtet, ein Heiligtum für die Lares publici – ein rechteckiger Saal mit einer Apsis an der Rückseite. Die großen rechteckigen Nischen in der Mitte der Seitenwände werden wiederum durch kleinere Nischen gegliedert. Wahrscheinlich sollten hier Statuen aufgestellt werden, wobei die Angehörigen der kaiserlichen Familie sicherlich nicht fehlen durften.

Eumachia, einer anderen pompejanischen Priesterin, wird der Bau des größten und aufwendigsten Gebäudes verdankt (s. S. 91). Der Inschrift zufolge erbaute sie die Vorhalle, die Portikus und die Kryptoportikus und widmete sie der *Concordia* und der *Pietas Augusta*.

Nach der Errichtung dieser prächtigen neuen Gebäude wirkte der Platz mit seiner auf die samnitische Zeit zurückgehenden Pflasterung aus Tuff und den kleinen Statuenbasen lokaler Beamter allzu armselig. Es wurde daher mit großen Platten aus Travertin neu gepflastert, die alten Sockel der Standbilder wurden durch hohe Podeste mit großen Reiterstatuen der kaiserlichen Familie ersetzt. An der Südseite errichtete man in der Mitte einen kleinen Bogen, der möglicherweise eine Quadriga mit dem *pater patriae* trug, wie das Vorbild auf dem Augustus-Forum in Rom. Mitten auf dem Platz wurde ein großer Altar für den Kaiserkult errichtet, und an der Nordseite, neben dem Capitolium, zwei große, Mitgliedern der kaiserlichen Familie gewidmete Ehrenbögen.

Marcus Tullius, Mitglied einer der einflussreichsten Familien der Stadt, schuf eine zusätzliche Erweiterung des Forumsbereichs. Gegenüber von den öffentlichen Thermen am Forum ließ er einen der Fortuna Augusta geweihten Tempel errichten (VII 4, 1), und zwar auf seinem eigenen Grundstück, wie aus einer in der Cella gefundenen Inschrift hervorgeht. Es handelt sich um einen Tempel mit vier Säulen und einer Treppe an der Vorderseite, der Altar stand auf einem Treppenabsatz. In der Apsis an der Rückseite der Cella war die Statue der Fortuna aufgestellt, in den vier Nischen der Seitenwände standen die Statuen pompejanischer Bürger. Zwei davon wurden im 19. Jh. gefunden. Um den Tempel besser mit dem Forum zu verbinden, baute man auch an der Südseite eine Portikus. Neben dem Tempel errichtete man einen Ehrenbogen mit einer Reiterstatue darauf, den sog. «Bogen des Caligula», und schuf so in der Fortsetzung des Forums einen weiteren Platz.

Die Vergnügungsstätten, allen voran das Theater, boten den lokalen Größen eine weitere Möglichkeit, ihre Großzügigkeit zu zeigen. Das alte samnitische Theatergebäude wurde durch Marcus Holconius Rufus vollständig restauriert. Er war eines der vornehmsten Mitglieder des städtischen Senats und hatte für seine Verdienste den Titel eines *patronus coloniae* und eines *tribunus militum a populo*, eines vom Volk ernannten Militärtribuns, erhalten. Dieser Titel beinhaltete auch das Privileg des Zutritts zum kaiserlichen Hof. Holconius Rufus ließ im gesamten Theater neue Stufen aus Travertin bauen, außerdem ließ er als Unterbau für den obersten Rang einen überdachten Gang anlegen und Logen neben der Bühne bauen. Auch die Bühne wurde umgebaut und durch eine Reihe übereinander angebrachter halbrunder und rechteckiger Nischen bereichert. Sie waren mit Statuen geschmückt, unter denen die des Kaisers und anderer Mitglieder der kaiserlichen Familie nicht fehlen durften. Im Viertel am Amphitheater wurde schließlich die Palästra als *campus* für das Training der *iuventus Pompeiana*, der augusteischen Jugendorganisation Pompejis, angelegt (s. S. 110).

Der Kult des Kaisers (Abb. 101) und der mit ihm verbundenen *virtutes* (Tugenden), die fast obsessive Präsenz von Statuen der Angehörigen des Kaiserhauses, bezeugen die Verbreitung der augusteischen Propaganda und die rasche Übernahme der neuen Botschaften durch die lokalen Eliten. Diese propagierten die neue politische Sprache, wohl wissend, dass sie dadurch nicht nur einen tatkräftigen Beitrag zum Wohl der Bürgerschaft und im weiteren Sinne des Staates leisteten, sondern auch ihr eigenes Ansehen vergrößerten. Tatsächlich zeigten viele prominente Bürger über der Tür ihres Hauses ein Stuckrelief mit der *corona civica* als Symbol für die Ehrentitel, die sie ihrer Unterstützung der offiziellen politischen Programme verdankten.

Abb. 101
Die Überreste des sog. «Tempels des Vespasian» am Forum. Hier wurde der Kaiserkult zelebriert. Während man den Bau lange in die Regierungszeit Vespasians (69–79 n. Chr.) datierte, tendiert man heute eher zu der Annahme, das Gebäude stamme aus spätaugusteischer oder tiberischer Zeit.

Christen und Juden

In Pompeji gab es auch kleine jüdische und vielleicht auch christliche Gemeinden. Angesichts der Nachbarschaft zu Puteoli, dem heutigen Pozzuoli, ist dies nicht weiter überraschend; an den Handelswegen zum Orient und nach Afrika, insbesondere nach Alexandria, gelegen, war Puteoli einer der wichtigsten Häfen der Antike.

Möglicherweise kamen die ersten Juden mit der römischen Kolonisation im 1. Jh. v. Chr. nach Italien. Der große Zustrom von Menschen jüdischer Herkunft erfolgte nach der Eroberung Jerusalems und der Zerstörung des Salomon-Tempels durch Titus im Jahr 70 n. Chr.; damals wurden viele Juden als Gefangene auf dem Sklavenmarkt verkauft.

Dass in Pompeji Juden lebten, bezeugt eine Reihe von Graffiti, die uns die – häufig latinisierten – Namen überliefern: Jesus, Jeshua, Martha, Maria. Es handelte sich um Personen von niedrigem sozialem Stand, Sklaven und arme Leute, die schwere und häufig erniedrigende Arbeit verrichteten.

Jesus war möglicherweise ein Gladiator, da sein Name auf einer Säule der Gladiatorenkaserne gefunden wurde. Martha war eine Sklavin. Der Name Maria ist zweimal bezeugt: in einer Weberei in der Via della Fortuna und an der Fassade der «Garküche der beiden Asellinae» (IX 11, 2). Im ersten Fall handelt es sich um eine Arbeiterin, im zweiten um eine Prostituierte, die zusammen mit zwei weiteren Frauen, der Griechin Aigle und der Asiatin Smyrina, die Kunden einer Schenke unterhielt.

Für die Präsenz von Christen in Pompeji gibt es keine sicheren Beweise. Einen Hinweis gibt die Tatsache, dass der Apostel Paulus auf seiner Reise nach Rom im Jahr 60 n. Chr. in Puteoli landete und sich dort sieben Tage lang bei einigen Glaubensbrüdern aufhielt. Möglicherweise gab es auch in anderen Orten Kampaniens kleine christliche Gemeinden.

Einer der angeblichen Beweise für die Existenz von Christen in Pompeji ist das sog. «magische Quadrat», fünf zu einem Quadrat angeordnete Worte, die von links nach rechts und von rechts nach links, von oben nach unten und von unten nach oben gelesen werden können, aber auch als Bustrophedon, also eine Zeile in einer und die folgende in der entgegengesetzten Richtung.

Das «magische Quadrat» lautet:

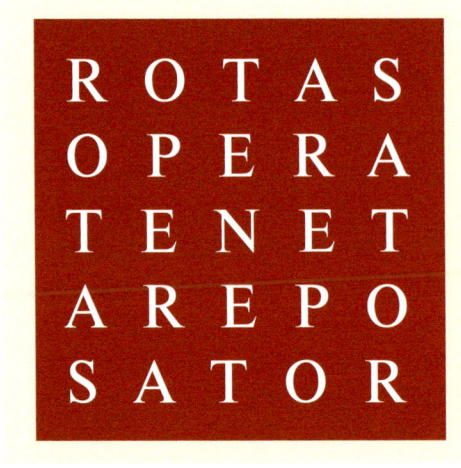

```
R O T A S
O P E R A
T E N E T
A R E P O
S A T O R
```

Es wird unterschiedlich interpretiert. Man hat festgestellt, dass die 25 Buchstaben zweimal die Worte *pater noster*, kreuzförmig angeordnet, ergeben. Vier Buchstaben, zwei A und zwei O, bleiben übrig, die als Alpha und Omega gedeutet werden, als erster und letzter Buchstabe des griechischen Alphabets. Dies kann mit einem Passus aus der Offenbarung des Johannes in Zusammenhang gebracht wurden, wo es heißt, Gott sei «das A und das O, der Anfang und das Ende, der Erste und der Letzte» (Offenbarung 22,13).

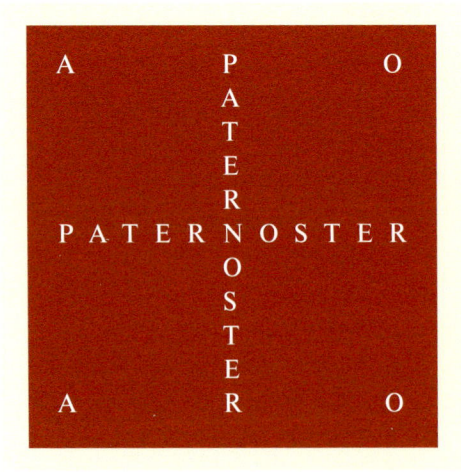

```
A       P       O
  A   T   A
    T E R
      R
P A T E R N O S T E R
      O
    S   T
  O   T   E
A       R       O
```

Das «magische Quadrat» wurde als eines der ersten Erkennungszeichen der Christen gedeutet, wie der Fisch oder die Traube. Andere halten es dagegen nur für ein Rätselspiel, nach Art anderer in Pompeji gefundener Wortspiele, wie ROMA–AMOR, OLIM–MILO usw. Dies schließt jedoch nicht aus, dass im 1. Jh. n. Chr. in Pompeji eine kleine christliche Gemeinde existiert haben könnte.

Grabarchitektur und Totenkult

Das römische Gesetz schrieb vor, die Gräber außerhalb der Stadtmauern, an den großen Konsular-Straßen anzulegen (Abb. 102, siehe nächste Seite). In Pompeji reihten sich die Gräber an den sternförmig aus der Stadt ins Umland führenden Straßen. Sklaven und Arme hatten keine eigenen Gräber, ihre Asche wurde einfach in einem Gefäß gesammelt und innerhalb eines Familiengrabs bestattet. Form und Ausmaße variierten je nach Reichtum der Familie.

Die meisten Gräber bestanden aus einem Grabbezirk, dessen Fassade mit Nischen oder Giebel geschmückt war und Inschriften mit dem Namen des Verstorbenen oder des Weihenden trug, oft mit dem Zusatz: «*sibi et suis*» («für sich und die Seinen»). Innerhalb der Umfassung war ein offener Platz, auf dem man die Asche bestattete. Die Stelle wurde mit einem steinernen Mal (*columella*) in Form eines stilisierten Kopfes bezeichnet, in das der Name des Verstorbenen eingeritzt wurde.

Häufig nahmen die Gräber monumentale Formen und Ausmaße an. Innerhalb des Grabbezirks wurde eine Grabkammer gebaut, die nach außen durch ein Podium umschlossen war. Darauf stand ein mit Marmorreliefs verkleideter Altar, bekrönt durch eine Inschrift, in der sämtliche vom Verstorbenen im Lauf seines Lebens angehäuften Ämter und Ehrungen aufgezählt waren. Handelte es sich um Magistrate oder Priester, so wurden auch die Symbole ihrer Rolle dargestellt: bei Priestern des Kaiserkults die *corona civica*, bei Amtsträgern, die einen Ehrenplatz im Theater hatten, das *bisellium*. Beispielhaft für diese Typologie sind die Gräber des Gaius Calventius Quietus und der Naevoleia Tyche an der Gräberstraße vor dem Herkulaner Tor. Die Reliefs auf dem Altar der Naevoleia zeigen an der Vorderseite die Verstorbene, die Weihinschrift und die Begräbniszeremonie, die Seiten dagegen ein Schiff mit geblähten Segeln – Symbol der Seele der Verstorbenen, die den Hades als letzten

Abb. 103
Johann Heinrich Wilhelm Tischbein: «Anna Amalia in den Ruinen von Pompeji», 1788. Öl auf Leinwand, 72 x 54 cm. Goethe-Nationalmuseum, Weimar.

Abb. 102
Philipp Hackert: «Das Grab der Priesterin Mammia auf der Gräberstraße in Pompeji I», 1793. Deckfarben auf Pappe.

HOC SEPVLTVR DATVS DE CVRIONVM DECRETO

Hafen erreicht oder Anspielung auf die bei Lebzeiten ausgeübten Tätigkeiten – und ein *bisellium* (Ehrensitz) als Anspielung auf die erreichten Ehren.

Bei anderen Gräbern stand auf dem Podium, das die Grabkammer umschloss, eine Ädikula, in der die Porträtstatuen der Verstorbenen aufgestellt waren. An der Gräberstraße vor der Porta Nocera scheinen uns die Bildnisse der Octavii und der Vesonii noch heute aus der Ädikula heraus anzusehen und zum Innehalten vor ihrem Grab einzuladen.

Ein sehr eleganter Grabtyp ist die *schola* oder *exedra* genannte halbrunde Grabbank aus grauen Tuff-Platten, deren Seiten mit Greifenklauen geschmückt sind. Das älteste Exemplar dieser Art in Pompeji ist das Grab des Aulus Veius an der Porta Ercolano, das auf die erste Hälfte des 1. Jhs. v. Chr. zurückgeht. Daneben steht das Grab der Priesterin Mamia, das Goethe am 11. März 1787 besuchte und über das er schrieb: «Ein herrlicher Platz, des schönen Gedankens wert.» Die Herzogin Anna Amalia von Sachsen-Weimar ließ sich von Johann H. W. Tischbein porträtieren, wie sie in majestätischer Haltung auf der Bank sitzt, die sie im Park zu Weimar nachbauen ließ (Abb. 103).

Eine üppigere Version bildet die in eine Exedra mit einer monumentalen, mit vielfarbigem Stuck verzierten Fassade eingefügte *schola*. Es gab regelrechte Mausoleen, die alle oder fast alle oben erwähnten Charakteristiken vereinten. Am häufigsten waren die kreisrunden Mausoleen mit hohem Podium und einem Tambur mit der Grabkammer darauf, außen mit Stuck verkleidet, der farbigen Marmor nachahmt.

Eines der besten Beispiele ist das Grab der Veia Barchilla in der Nekropole vor der Porta Nocera. Dort kann man auch eine «ärmliche» Version dieser Mausoleen finden, beispielsweise das Grab der Flavier, die von Freigelassenen abstammten. Es besteht aus einer monumentalen Fassade mit zahlreichen halbrunden Nischen, in denen die Porträts der Verstorbenen wie in einem Columbarium stehen.

Schließlich gab es Monumente von außerordentlicher Form und Größe, wie das Grab der Istacidier bei der Porta Ercolano: ein hohes Podium, geschmückt mit Halbsäulen aus Ziegeln, verkleidet mit Stuck und bekrönt von einem Rundtempel mit Statuen darin. Ganz außergewöhnlich ist das Grab der Eumachia bei der Porta Nocera.

Es besteht aus drei Teilen: einer großen Terrasse, auf der beim Begräbnis der Scheiterhaufen errichtet wurde, einem eingefassten Bezirk hinter dem Grab und dem eigentlichen Monument. Dieses besteht aus einer Exedra, deren Podium mit Platten aus Nocera-Tuff verkleidet ist, und einer Serie von Nischen, in denen Statuen zwischen Säulen standen. Den oberen Abschluss des Mausoleums bildete ein fortlaufender Fries mit Amazonenkämpfen.

Vor der Porta di Stabia lag eine bis heute nur zu einem winzigen Teil ausgegrabene Nekropole. Das erste Grab hat die Form einer halbrunden Bank aus Tuff mit geflügelten Löwentatzen an den Seiten.

Auf einem der Begrenzungssteine informiert eine Inschrift darüber, dass das Grab Marcus Tullius gehörte, einem als Erbauer des Tempels der Fortuna Augusta bekannten Bürger. Wegen seiner Verdienste schenkte ihm der Rat der Dekurionen die Grabstelle. Das zweite Grab gehörte der Inschrift auf der Rückenlehne zufolge Alleius Minius.

Aus derselben Nekropole stammt auch eine große Marmorplatte mit einem Relief, das Gladiatorenkämpfe im Amphitheater zeigt. Man vermutete, es habe das Grab des Aulus Clodius Flaccus geschmückt, eines Magistrats aus dem 1. Jh. n. Chr. (s. S. 56). Die Nekropolen bildeten die Fortsetzung der Stadt – das Grab bot die letzte Gelegenheit zur Darstellung des eigenen Ranges und der im Leben erreichten Verdienste.

In den Gräbern fanden sich bisweilen Luxusartikel, wie die «Blaue Vase» aus Grab Nr. 8 vor der Porta Ercolano. Es handelt sich um einen der berühmtesten Gegenstände aus Pompeji, der in einer raffinierten Technik als Glaskameo ausgeführt ist (Abb. 104).

Die Römer glaubten im Allgemeinen, beim Tod trenne sich die Seele vom Körper, um ein anderes Leben zu beginnen, wobei die Seele jedoch alle ihre körperlichen Bedürfnisse bewahre. Deshalb legten die Menschen der Antike Gegenstände in das Grab, die dem Verstorbenen lieb waren, und boten ihm Milch, Gebäck, Obst, Wein und Salz an, um seinen Hunger zu stillen. Der Tod zerstörte die Menschen nicht, sondern ließ sie den Göttern gleich werden. Zu ihren Ehren wurden auch Feste gefeiert; eines bestand darin, eine Grube als Verbindung zur Welt der Verstorbenen zu öffnen. Sie war mit einem Stein verschlossen; wenn man ihn hochhob, konnten die Seelen der Toten auf die Erde herauskommen.

Unter den Gottheiten des Jenseits galten die Manen als gute Geister. Sie konnten aber auch als Lemuren, als böse Geister, die Lebenden heimsuchen. Dann war es besser, rasch ins Haus zu gehen und die Türen zu schließen. Die Seelen der Toten wurden zum Schutz des Hauses angerufen, als Laren und Penaten. Ihre

Abb. 104
Die berühmte «Blaue Vase». Auf dem dunkelblauen Glas sind in Kameo-Technik Eroten bei der Weinlese dargestellt. Die Vase stammt aus einem Grab, und die dionysische Szene ist wahrscheinlich eine Anspielung auf die Wiederauferstehung. Museo Nazionale, Neapel.

Feste, die *Parentalia*, veranstaltete man zwischen dem 13. und dem 21. Februar.

Im Atrium des römischen Hauses stellte man die aus Wachs geformten Totenmasken der Vorfahren aus, die *imagines maiorum*, wie es in Pompeji für das Haus des Menander bezeugt sind. Beim Begräbnis eines vornehmen Bürgers wurden diese Masken von Schauspielern getragen, die die Rolle der Vorfahren übernahmen. Der *archimimus* (Hauptdarsteller) trug die Maske des Verstorbenen und imitierte dessen Gang und Verhaltensweisen (auch die lächerlichen).

Am Trauerzug nahmen auch die *praeficae* teil, die «Klageweiber»: Frauen, die dafür bezahlt wurden, zu weinen und Klagelieder anzustimmen. Der Tote wurde so gekleidet, wie es seinem höchsten Amt zu Lebzeiten zukam. Man brachte ihn auf das Forum und legte ihn unterhalb der Rednertribüne nieder, wo eine Rede zu Ehren des Verstorbenen gehalten wurde (*laudatio funebris*).

Der Leichnam wurde zur Nekropole gebracht und vor dem Grab auf ein Holzgitter gelegt, auf das man dann Gegenstände warf, die dem Toten besonders lieb waren. Ein enger Verwandter zündete den Scheiterhaufen mit einer Fackel an. Zum Schluss wurde die Asche in einem Tuch gesammelt und in einer gläsernen Urne im Grab aufbewahrt.

Unter dem Schutz der Götter: Leben im Diesseits und Jenseits | 139

Das Grab des Gaius Vestorius Priscus vor der Porta Vesuvio

In der Nekropole nördlich der Porta Vesuvio steht ein einzigartiges Monument: das Grab des jungen Gaius Vestorius Priscus, der 75/76 n. Chr. im Alter von 22 Jahren als Ädil starb. Die Weihinschrift berichtet, dass die Stadtverwaltung das Grundstück für sein Grab zur Verfügung stellte und eine Summe von 2000 Sesterzen für die Begräbnisfeierlichkeiten stiftete, die von der Mutter ausgerichtet wurden.

Das Grab besteht aus einer Umfassungsmauer und einem Altar, der auf einem hohen Sockel steht. An seinen Ecken stehen vier *omphaloi*, um die sich Schlangen, die Schutzgottheiten des Grabes, winden. Durch den Altar führt ein Bleirohr, in das man die Opfergaben schüttete, die den Verstorbenen in der Unterwelt erreichen sollten. Die Innenseite der Umfassungsmauer und der gesamte Sockel sind rotgrundig mit Szenen bemalt, die sich symbolisch auf das Begräbnis, aber auch auf die Verdienste beziehen, die der junge Magistrat in seinem Leben erworben hatte.

Links vom Eingang sind das Tor zum Hades, ein Granatapfelbaum auf düsterem schwarzem Hintergrund und der Verstorbene selbst an der Tür zum Hades dargestellt. Den Rahmen bilden seine Schreibutensilien. Rechts folgen Gladiatorenkämpfe und eine Tierhatz, gegenüber eine Gelageszene und unten ein Fries mit Nillandschaften und Pygmäen, vielleicht eine Anspielung auf das heilige Land der Isis, der Göttin der Auferstehung. Es folgen Schlangen und Pfauen neben einem Altar. An der Südseite, am Ende des Korridors, ist auf der einen Seite der Verstorbene dargestellt, wie er majestätisch auf einem *suggestum* sitzend eine Audienz gewährt, und auf der anderen Seite ein Tisch, auf dem ein prächtiges Silberservice prangt (Abb. 105).

Offensichtlich wollte man die Erinnerung an einen jungen Beamten auf dem Höhepunkt seiner Karriere festhalten, eingerahmt von seinen *clientes* und Mitbürgern. Die Schreibutensilien, *capsae* und Diptychon, spielen auf seine intensive Aktivität als Verwalter oder Briefschreiber an, während die Gladiatorenspiele an die Spiele anlässlich seines Begräbnisses erinnern – auch sie eine öffentliche Anerkennung durch die Bürgerschaft. Das Silbergeschirr wiederum könnte ein Zeichen für den Reichtum seines Hauses sein. Vier wichtige Eigenschaften werden somit gefeiert: Heldentum, dargestellt durch die Jagd, Bildung, symbolisiert durch die Schreibtäfelchen, Reichtum, vertreten durch das Silber, und schließlich soziale Stellung.

Die Würde einer Magistratur bedeutete einen angesehenen gesellschaftlichen Status, nicht zufällig wählte Mulvia Prisca daher vor allem die politischen Ehrungen, um die Erinnerung an den Sohn zu verewigen.

Abb. 105
Das Grab des Vestorius Priscus ist mit zahlreichen Fresken ausgemalt. Hier ein Motiv von der Innenseite der Nordmauer: Der reich mit Silbergeschirr gedeckte Tisch symbolisiert Reichtum.

Konservierung einer zerstörten Stadt

Pompeji ist weltweit eine der berühmtesten archäologischen Stätten (Abb. 106). Jedes Jahr besuchen mehr als zwei Millionen Menschen die Straßen, Häuser, Plätze, Tempel, Theater, Thermen und Gräber. Sie sind beeindruckt vom guten Erhaltungszustand der Gebäude, Wandmalereien und Mosaiken und bewegt vom tragischen Schicksal der Pompejaner, das die Gipsabgüsse zeigen. Doch scheint das antike Städtchen unweigerlich dazu verurteilt, ein zweites Mal zu sterben: Was die Wut des Vulkans nicht zerstörte, zerfällt heute unter den Unbilden der Witterung, bedroht von Wind, Regen, Sonne und dem Heer von Besuchern, die sich immer wieder in denselben Zonen des archäologischen Bereichs drängen.

Wie kann man jedoch ein so kostbares Erbe in optimaler Weise konservieren und es gleichzeitig nutzen? Die Geschichte der Ausgrabung und des Schutzes der ausgegrabenen Stadt Pompeji ist unter diesem Gesichtspunkt exemplarisch.

Als 1748 die ersten Grabungen begannen, ging es nur um die Entdeckung kostbarer und seltener Objekte für die Sammlungen des königlichen Museums, das damals im Königspalast in Portici eingerichtet war. Den ausgegrabenen Mauern schenkte man keinerlei Aufmerksamkeit, man zerstörte sie sogar durch die Stollen, die von den borbonischen Ausgräbern unter der Leitung von Militär-Ingenieuren, nicht von Wissenschaftlern, gegraben wurden. Jahrelang wurden Malereien und Stuckverzierungen, die man nicht für würdig befand, im Museum ausgestellt zu werden, auf Anordnung des Direktors Camillo Paderni mit dem Pickel zerstört.

Noch 1826 schrieb Chateaubriand anlässlich seines Besuchs über die Grabungsmethoden: «Meines Erachtens könnte man es besser machen, man könnte die Dinge lassen, wo und wie sie gefunden wurden. Man könnte die Dächer, die Decken, die Fußböden, die Fenster reparieren, um die Zerstörung der Fresken und der Mauern zu verhindern, die Stadtmauern erhöhen, die Tore schließen, Soldaten zur Bewachung und einige Altertumsexperten dort stationieren. Wäre das nicht das wunderbarste Museum der Welt?»

Leider blieben Chateaubriands Worte ungehört. Mindestens bis Ende des 19. Jhs. kümmerte man sich weiterhin mehr um das Graben selbst, als um die Erhaltung dessen, was schon ausgegraben worden war. Man brachte weiterhin die in den Häusern gefundenen Gegenstände nach Neapel, zusammen mit den aus Wänden und Böden herausgelösten Bildern und Mosaiken, und baute lediglich einige bescheidene Schutzdächer, um die Mauern und die an Ort und Stelle verbliebenen Dekorationen zu erhalten. Man versuchte, die nicht herausgeschnittenen Malereien zeichnerisch zu dokumentieren, wohl wissend, dass die Unbilden der Witterung sie schon bald den Augen der Forscher und der aristokratischen Besucher entziehen würden.

Erst zwischen dem Ende des 19. und dem Anfang des 20. Jhs. begann mit der Ausgrabung des «Hauses der Vettier», des «Hauses mit den vergoldeten Amoretten» und des «Hauses des Marcus Lucretius Fronto» durch Antonio Sogliano und mit den Ausgrabungen an der Via dell'Abbondanza durch Vittorio Spinazzola eine neue, aufgeklärte Periode in der Leitung der Grabung. Ziel war die Bergung aller für die anschließende Restaurierung und die philologische Rekonstruktion des Monuments wichtigen Elemente (Abb. 107). Man beließ nicht nur die Dekorationen, sondern auch die Skulpturen und, wo es möglich war, sogar die Gegenstände des täglichen Gebrauchs vor Ort.

Abb. 107
Dionysische Szene mit Satyr und Mänaden. Malerei im Dritten Stil aus dem «Haus des goldenen Armbands». Soprintendenza Pompeji (Inv.-Nr. 86075).

Abb. 106
Blick über eine der berühmtesten Ausgrabungsstätten der Welt – jedes Jahr kommen über zwei Millionen Besucher, was nicht ohne Folgen bleibt. Die Erhaltung des einzigartigen Areals ist ein äußerst kosten- und arbeitsintensives Unterfangen.

Damals begann man, für Restaurierungen und Rekonstruktionen Stahlbeton zu verwenden, die neueste und revolutionärste Entdeckung der zeitgenössischen Architektur.

Da man Beton für ein wahres Allheilmittel bei der Restaurierung der antiken Monumente hielt, wurde seine Anwendung zur allgemeinen Praxis. Nach dem Zweiten Weltkrieg bis in die 70er Jahre verwendete man für die Restaurierung pompejanischer Häuser jedoch minderwertigen Beton; häufig wurden Lapilli aus den laufenden Grabungen daruntergemischt, und die Armierungen bestanden nicht aus Stahl, sondern aus abmontierten alten Gittern. Diese kurzsichtige Restaurierungspolitik wurde noch verschlimmert durch die ständige Reduzierung der normalen, für eine Stadt wie Pompeji besonders wichtigen Pflegearbeiten. Dies führte während weniger Jahrzehnte zum fortschreitenden Verfall des gesamten Grabungsgebiets, was gerade in den neueren Ausgrabungen besonders deutlich wird.

In den 80er Jahren, nachdem ein dramatisches Erdbeben die Gegend um den Vesuv erschütterte, wurde ein eindrucksvolles Programm auf den Weg gebracht: Die fotografische Dokumentation aller in Pompeji erhaltenen Malereien und Mosaiken sowie ein Projekt zur Restaurierung des gesamten südöstlichen Teils der Stadt. Viele sonst unausweichlich der Zerstörung anheimgegebenen *insulae* konnten so gerettet werden.

Gegenwärtig erlebt man eine Tendenzwende bei der Vorbereitung und Durchführung von Restaurierungen. Sie werden nun fast immer von Untersuchungen zum Monument, seiner Geschichte, den Umständen der Ausgrabung und früherer Restaurierungen begleitet, die alle dem eigentlichen, mit Respekt für das Monument ausgeführten Eingriff dienen. Man verzichtete auf die Verwendung von Zementmörtel und benutzte nur noch Materialien, die – wie etwa Holz – mit den antiken Bauten harmonieren.

Moderne Grabungs- und Restaurierungstechniken

Das «Haus der keuschen Liebenden», benannt nach Bildern, die Liebespaare bei einem Gastmahl zeigen, ist das einzige Wohnhaus, in dem derzeit in Pompeji gegraben wird (unter Leitung des Archäologen Antonio Varone). Es handelt sich um ein Wohn- und Geschäftshaus, mit einer Bäckerei an der Straße und Wohnräumen im hinteren Bereich. Die große Bäckerei war mit einem Backofen und Getreidemühlen ausgestattet. In einem Stall, dessen Zugang an einer Gasse an der Südseite liegt, wurden die Skelette von Maultieren für den Transport des Getreides gefunden.

Die Wohnung war mit eleganten Malereien aus dem Vierten Stil geschmückt. Am Tag des Vesuvausbruchs wurde im Salon wahrscheinlich noch an den Wandmalereien gearbeitet; jedenfalls sind einige Teile schon fertig, während andere erst mit Einritzungen und Skizzen (sog. Sinopien) vorbereitet sind. Unter der eingestürzten Decke fand man Schüsselchen mit Farben, einen kleinen Kocher und einen Zirkel. Im Garten gelang es, die Beete anhand der Abdrücke ihrer Einfassungen zu rekonstruieren.

Nur wenige wissen, dass die Archäologie als Grabungswissenschaft vor 200 Jahren hier in Pompeji entstanden ist. In den Jahrhunderten nach dem Ausbruch verlor sich die Erinnerung an die Stadt. Man wusste nur noch, dass überall auf den Äckern Ruinen zutage traten; wer ein Haus bauen wollte, nahm sich die schönen Blöcke von den oberen Reihen des Amphitheaters, das in der Landschaft herausragte. Das erklärt, warum dieser ganz und gar ländliche Ort damals «La Città», «die Stadt», genannt wurde. Noch heute ist keine andere Ausgrabung auf der Welt so ergiebig wie Pompeji; überall kommen neue, wunderbare Überraschungen zutage – Häuser, Möbel, Schmuck, Geräte aus Silber und Bronze usw.

Während der vergangenen zweihundert Jahre hat sich sowohl die Einstellung der Archäologen als auch die Erwartung des Publikums gegenüber Pompeji verändert. Zur Zeit der Borbonen dienten die Ausgrabungen dazu, schöne Objekte für die Sammlung des Königs zu bergen – alles andere ließ man verwittern und verfallen (s. S. 30).

Das Bewusstsein dafür, dass Gegenstände nicht nur ästhetisch «schön», sondern innerhalb ihres Fundzusammenhangs auch in anderer Hinsicht interessant sein können, hat inzwischen zu einer ganzheitlichen, nahezu gleichzeitig mit den Ausgrabungen durchgeführten Restaurierung der Bauten geführt.

Diese Praxis hat den Fortgang der Grabungen zwar erheblich verlangsamt, dafür werden aber auch die – früher unwiderruflich verlorenen – oberen Stockwerke erhalten, wie eben beim «Haus der keuschen Liebenden».

Auch die archäologische Forschung selbst wurde in den letzten Jahrzehnten durch Beiträge der Geologie, Botanik und der Physik wissenschaftlich bereichert. Da die Restauratoren immer komplexere Methoden erproben und die chemische Industrie immer bessere Produkte entwickelt, kann man heute Gegenstände erhalten, die vor einigen Jahrzehnten noch als unrettbar gegolten hätten.

Damit die Häuser und ihre Dekorationen nicht mehr von Sonne und Regen zerstört werden, bleibt jedoch noch viel zu tun – man denke nur, welche Summen für die Instandhaltung hunderter unbewohnbarer Häuser benötigt werden. Die antiken Pompejaner würden sich freuen, könnten sie die vielen Experten bei der Arbeit sehen, die restaurieren, was sie damals mit so viel Liebe gebaut haben!

Da das Thema Pompeji einen solchen Reiz ausübt, war fast vorauszusehen, dass es auch zum Versuchsfeld für modernste Informations-Technologien werden würde. 1985 bildeten die größten Computer-Firmen der Welt eine Arbeitsgruppe, um alle Pompeji betreffenden Daten von 1748 bis heute zu sammeln und zu organisieren. Millionen Daten wurden in einem Archiv gesammelt; wer im Rahmen eines didaktischen oder wissenschaftlichen Projekts darauf zugreifen möchte, kann dies mit einem normalen PC bequem von daheim aus tun.

Die Casina dell'Aquila

Ende des 18. Jhs. in einem Übergangsstil zwischen Barock und Klassizismus erbaut, steht die Casina dell'Aquila mitten im Grabungsgelände auf einem Hügel. Ihre beherrschende Position vermittelt eine Vorstellung davon, wie das Gelände zu Beginn der Ausgrabungen aussah, aber auch davon, wie tief die antike Stadt durch die verschiedenen Vesuvausbrüche verschüttet wurde.

1916 forderte die Regierung die Eigentümer auf, hier eine kleine Gaststätte einzurichten. Die Besucherzahlen waren damals jedoch so gering, dass jedes derartige Unternehmen unwirtschaftlich gewesen wäre. Wenig später wurde das Anwesen an Giuseppe Dell'Aquila verkauft, einen Bauunternehmer, den der Staat mit archäologischen Untersuchungen beauftragt hatte. Zunächst war der kleine Bauernhof noch bewohnt, später lagerte man dort landwirtschaftliche Geräte. Heute wird das von der Via dell'Abbondanza aus zugängliche Haus für Ausstellungen zur Grabungsgeschichte genutzt, beispielsweise über deutsche Pompeji-Reisende oder die im vorigen Jahrhundert vom Louvre angekauften Silbergeräte aus Boscoreale.

Das Weiterleben Pompejis nach 79 n. Chr.

Für die Wirtschaft des römischen Italien hatte die Gegend um Pompeji eine außerordentliche Bedeutung. Als beim Vesuvausbruch von 79 n. Chr. ein Großteil der *Campania felix* plötzlich zu einem unfruchtbaren Landstrich wurde, fiel auch eine große landwirtschaftliche Nutzfläche weg; das Gelände war unter einer Decke von 3 km³ eruptiven Materials verschüttet. Die Römer sahen sich daher gezwungen, Wein und Öl, die früher in der Gegend am Vesuv produziert wurden, zu einem großen Teil zu importieren.

Aber wann erwachte das Leben wirklich wieder? Zehn Jahre nach der Katastrophe versuchte der Dichter Statius, seine aus Neapel geflohene Frau zur Rückkehr zu bewegen: «Glaubst Du, der Vesuv habe Kampanien völlig entvölkert? Übertreiben wir nicht: Es gibt noch viele Einwohner in Puteoli, in Capua, in Neapel, in Baiae, in Misenum, auf Capri und auf Ischia, in Sorrent … und auch in Stabiae, das aus den Ruinen wiederauferstanden ist» (Silvae 4, 78–85).

Wir wissen, dass Kaiser Hadrian im Jahr 121 n. Chr., also 42 Jahre nach dem Ausbruch, die Straßen wiederherstellen ließ. Die Gegend muss damals wie eine Mondlandschaft ausgesehen haben. Wie der archäologische Befund zeigt, wurde die Fahrbahn der Straße von Nuceria nach Stabiae, auf der sich Lavasteinchen und Lapilli aufgehäuft hatten, wieder ausgegraben. Offensichtlich wollte man vermeiden, dass wichtige Städte wie Nuceria, Stabiae und Sorrent, die zwar beschädigt, aber nicht völlig zerstört waren, vom Verkehr abgeschnitten wurden.

Nach Meinung der Vulkanologen dauerte es mindestens zweihundert Jahre, bis die Lava langsam abkühlte und zerbröckelte, so dass sich fruchtbarer Humus bildete und das Gebiet wieder bewohnbar wurde. In der Zwischenzeit war der Vesuv weiterhin aktiv; Prokop berichtet im 4. Jahrhundert, man habe vom Kraterrand aus das Feuer sehen können.

Mit der schrittweisen Wiederherstellung des Straßennetzes verstärkten sich im 2. bis 4. Jh. auch die Hinweise auf eine erneute Besiedlung der Gegend am Vesuv, zwischen Neapel und Stabiae.

Es muss eine langsame Entwicklung gewesen sein, die vorwiegend in den Dörfern und Weilern stattfand. An den Verkehrsachsen oder in der Nähe der Küste und der Flussläufe gelegen, breiteten sie sich im Lauf der Jahre immer weiter aus. Die wenigen, oft aus wiederverwendeten Materialien erbauten Reste deuten auf einen Lebensstandard, der im Vergleich zur *luxuria* in den Städten und Villen vor 79 n. Chr. recht bescheiden war. Es handelt sich eher um Bauten für den Lebensunterhalt als für das *otium* (Muße).

Die alte Konsularstraße, die vor dem Vesuvausbruch Neapel mit Herculaneum, Pompeji und Nuceria verband, entsprach ungefähr der heutigen Staatsstraße E 45. An ihr reihten sich in römischer Zeit die herrschaftlichen Villen. Auch im 18. Jh. lagen hier prächtige Häuser, die dem Abschnitt zwischen Portici und Torre del Greco den Namen «Goldene Meile» («Miglio d'Oro») einbrachten. Seit dem 18. Jh. ist die funktionale Gliederung des Landes wieder ganz wie in römischer Zeit: Ein für Wohnen, Handel und Gewerbe bestimmter Streifen wird eingefasst von einer landwirtschaftlich genutzten Zone an den Abhängen des Vesuvs und einem Küstenstreifen mit Villen, die heute wie damals von Neapel aus auch bequem mit dem Boot erreicht werden können.

Der landwirtschaftliche Charakter des antiken Pompeji, das wegen der Verlagerung der Küstenlinie heute keine Verbindung zum Meer mehr hat, lebt erstaunlicherweise weiter, und wie in der Antike wird Herculaneum noch heute durch das Meer, Stabiae durch seine Thermen und Sorrent durch den Tourismus geprägt.

Es sollte fast zwei Jahrtausende dauern, bis im Gebiet um den Vesuv die soziale und wirtschaftliche Struktur der Zeit vor der Katastrophe von 79 n. Chr. wiederhergestellt war: ein Beleg dafür, dass es in der Geschichte immer die Landschaft und ihre natürlichen Ressourcen waren, die auch nach großen Katastrophen die Art der Neubesiedlung bestimmten.

ANHANG

Gesamtplan von Pompeji

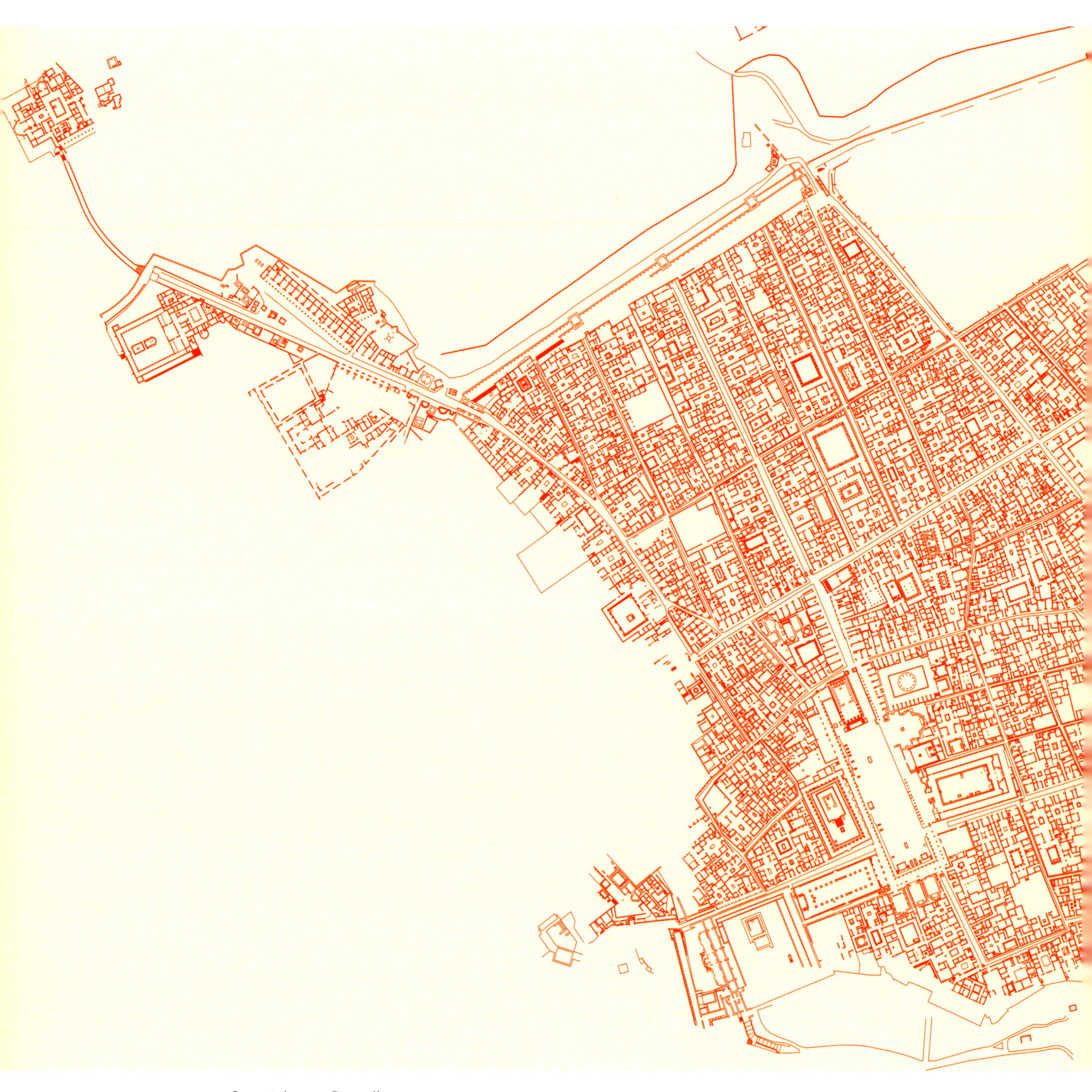

Anhang | 149

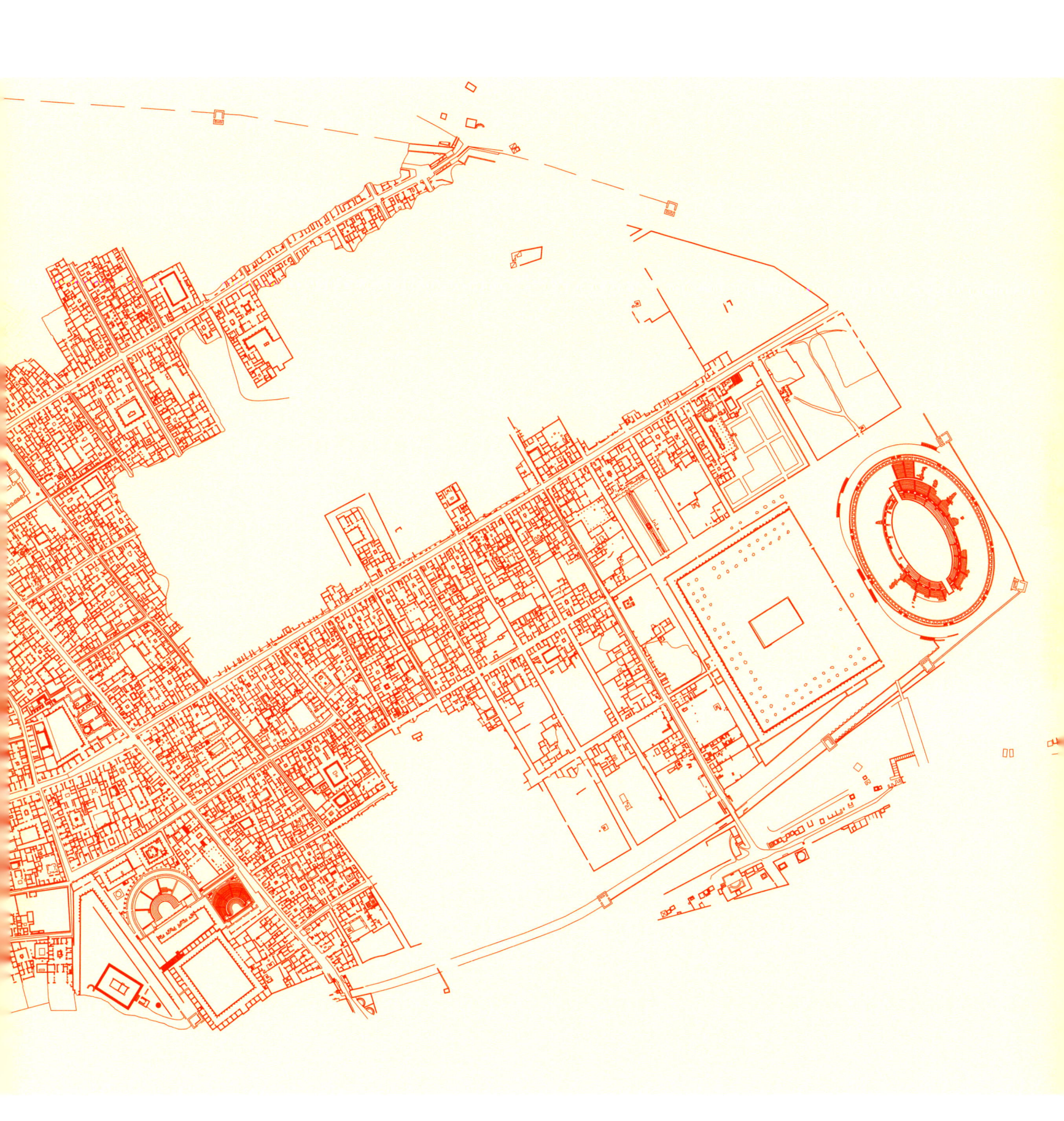

GLOSSAR

Ädikula	architektonisches Stilelement, ähnlich der Front eines kleinen Tempels
ala	offener Seitenraum am Atrium eines Wohnhauses
Ara Pacis	«Friedensaltar», von Augustus 9 v. Chr. in Rom eingeweiht, mit Bildfries, der die kaiserliche Familie bei einer Opferzeremonie zeigt
Atrium	Innenhof einer römischen Villa
augusteische Zeit	Regierungszeit des Augustus (29 v. Chr.–14 n. Chr.)
Bucchero	Tongefäße der Etrusker mit schwarzer, glänzender Oberfläche
cavea	Zuschauerraum im Theater
Cella	Innenraum eines Tempels
cubiculum	Schlafzimmer
Curia	Gebäude der Stadtverwaltung
denarius	römische Silbermünze
diaeta	Ruheraum
Dritter Stil	Stil der pompejanischen Wandmalerei, s. S. 72
duumvir	Stadtvorsteher
Echinus	wulstartiges Teilstück am Kapitell dorischer Säulen
Erster Stil	Stil der pompejanischen Wandmalerei, s. S. 71
Exedra	nischenähnlicher Raum
gynaeceum	für Frauen bestimmter Wohnbereich
Herme	ursprünglich Kultbild des Hermes; Pfeiler mit aufgesetztem Kopf
Hypokaustum	römische Fußboden- oder Wandheizung, mit Warmluft betrieben
impluvium	Wasserbecken im Atrium
insula	Häuserblock
ithyphallisch	s. Priapus
iuventus Pompeiana	augusteische Jugendorganisation in Pompeji
Kaiserzeit	Epoche der römischen Geschichte ab der Regierung des Tiberius bis zum Ende der Antike
Konsul	ranghöchster Beamter der römischen Republik, stand dem Senat vor
Kryptoportikus	Säulengang, der ganz oder teilweise unter der Erde liegt

Lararium	Heiligtum der Lares familiares, der Familien-Schutzgötter
Magna Graecia	ab dem 8. Jh. v. Chr. griechisch besiedelte Gebiete in Süditalien und auf Sizilien
Nymphäum	Nymphen-Heiligtum
opus incertum	Bruchstein-Mauerwerk ohne Muster
opus quasi reticulatum	Bruchstein-Mauerwerk mit unregelmäßigem Netzmuster
opus sectile	bildnerische Technik unter Verwendung von farbigen Plättchen aus Glas, Perlmutt, Schiefer, Marmor o. Ä.
orchestra	runder Tanzplatz im griechischen Theater
Palästra	Übungsfläche für Athleten
Pergola	mit Säulen oder Pfeilern abgegrenzter Laubengang
Peristasis	den Tempelinnenraum umgebender Säulenkranz
Peristyl	von Säulenhallen umgebener, rechteckiger Hof
Portikus	Säulengang
Prätor	zweithöchster, für das Rechtswesen zuständiger Amtsträger Roms
Priapus	Mythologie: Sohn des Dionysos, Fruchtbarkeitsgottheit, oft als ithyphallisch (mit erigiertem Phallus) dargestellt
regio	Stadtviertel
römische Republik	Epoche der römischen Geschichte von 509–27 v. Chr.
scaenae frons	fassadenartiges Bühnengebäude
Senat	höchstes Regierungsorgan Roms (von senex = «Greis»)
Silen	Mythologie: dickbäuchiger Alter mit Pferdeattributen im Gefolge des Dionysos
taberna	Ladenlokal
tablinum	Empfangs- oder Arbeitszimmer
Travertin	hellgelber bis bräunlicher Kalkstein
tribunal	erhöhtes Podium für Amtsträger
triclinium	Esszimmer
Trikline	Speiseliege, die drei Personen Platz bot
vestibulum	Eingangsbereich eines römischen Hauses
Vierter Stil	Stil der pompejanischen Wandmalerei, s. S. 72
Zweiter Stil	Stil der pompejanischen Wandmalerei, s. S. 71

IM TEXT ERWÄHNTE HÄUSER MIT ORTSBEZEICHNUNG
(Regio, Insula, Hausnummer)

«Bäckerei des Popidius Priscus» (Panificio di Popidio Prisco) ....VII 2, 22
«Bäckerei des Sotericus» (Caupona di Sotericus)... I 12, 1–2
«Garküchen der beiden Asellinae» (Termopolio delle Aselline) .... IX 11, 2
«Gebäude der Eumachia» (Edificio di Eumachia) .... VII 9,1
«Haus der Ceii» (Casa dei Ceii)..I 6, 15
«Haus der Iphigenie» (Casa di Ifigenia) .... III 4, 4
«Haus der Julia Felix» (Praedia di Giulia Felice) .... II 4, 2
«Haus der keuschen Liebenden» (Casa dei Casti Amanti)................................... IX 12, 6
«Haus der Silberhochzeit» (Casa delle Nozze d'Argento) .... V 2, 2
«Haus der Vettier» (Casa dei Vettii) .... VI 15, 1
«Haus des Arztes» (Casa del Medico Nuovo I)...VIII 5, 24
«Haus des Caecilius Iucundus» (Casa di Caecilius Iucundus) .... V 1, 26
«Haus des Epheben» (Casa dell'Efebo)...I 7, 10
«Haus des Fabius Amandus» (Casa di Fabio Amandio)....................................... I 7, 3
«Haus des Fauns» (Casa del Fauno) .... VI 12, 2–5
«Haus des Gaius Iulius Polybius» (Casa di Giulio Polibio) .... IX 13, 1–3
«Haus des goldenen Armbands» (Casa del Bracciale d'Oro) .... VI 17, 42
«Haus des Kitharaspielers» (Casa del Citarista) .... I 4, 5–25
«Haus des Labyrinths» (Casa del Labirinto) .... VI 11, 9
«Haus des Loreius Tiburtinus» (Casa di Loreio Tiburtino) .... II 2, 2
«Haus des Menander» (Casa del Menandro) ....I 10, 4
«Haus des Moralisten» (Casa del Moralista)...III 4, 2–3
«Haus des Obellius Firmus» (Casa di Obellio Firmo).. IX 14, 2–4
«Haus des Pansa» (Casa di Pansa) .... VI 6, 1
«Haus des Paquius Proculus» (Casa di Paquio Proculo) .... I 7, 1
«Haus des Priesters Amandus» (Casa di Sacerdos Amandus) .... I 7, 7
«Haus des Sallust» (Casa di Sallustio) .... VI 2, 4
«Haus des Stiers» (Casa del Torello) ....V 2 h
«Haus des Sulpicius Rufus» (Casa di Sulpicius Rufus).. IX 9, b–c
«Haus des Tragödiendichters» (Casa del Poeta Tragico) .... VI 8, 3–5
«Haus des Triptolemos» (Casa di Trittolemo) ....VII 7, 2
«Haus des Umbricius Scaurus» (Casa di Umbricio Scauro) ....VII 16, 15
«Haus des Vesonius Primus» (Casa di Orfeo) .... VI 14, 20
«Haus mit dem Balkon» (Casa del Balcone Pensile) ....VII 12, 28
«Haus mit dem Ilias-Schrein» (Casa del Sacello Iliaco) ....I 6, 4
«Haus mit dem Obstgarten» (Casa del frutetto) ....I 9, 5
«Haus mit dem Sarno-Lararium» (Casa del Larario del Sarno)........................... I 14, 6–7
«Haus mit den Figuralkapitellen» (Casa dei Capitelli Figurati)...........................VII 4, 57
«Haus mit den Theater-Bildchen» (Casa dei Quadretti Teatrali) ....I 6, 11
«Haus mit den vergoldeten Amoretten» (Casa degli Amorini Dorati)................. VI 16, 7
«Haus mit der Jagd wie in alten Zeiten» (Casa della Caccia antica) ....VII 4, 48
«Haus mit der Kryptoportikus» (Casa del Criptoportico) ....I 6, 2
«Haus mit der Säulenreihe im Obergeschoß» (Casa dei Cenacoli Colonnati) ....IX 12, 1-5
«Haus mit der Venus in der Muschel» (Casa della Venera in Conchiglia)............ II 3, 3
«Lupanar» (Lupanar)..VII 12, 18
«Walkerei des Stephanus» (Fullonica Stephani)...I 6, 7
«Walkerei des Veranius Hypseus» (Fullonica di Verianus Hypsaeus) .... VI 8, 20
«Werkstatt des Verecundus» (Officina di Verecundus)... IX 7, 5
Haus des Chirurgen (Casa del Chirurgo) .... VI 1, 10
Haus mit dem großen Brunnen (Casa della Fontana grande) .... VI 8, 22

NACH ORTSBEZEICHNUNG SORTIERT

I 4, 5–25	«Haus des Kitharaspielers» (Casa del Citarista)
I 6, 11	«Haus mit den Theater-Bildchen» (Casa dei Quadretti Teatrali)
I 6, 15	«Haus der Ceii» (Casa dei Ceii)
I 6, 2	«Haus mit der Kryptoportikus» (Casa del Criptoportico)
I 6, 4	«Haus mit dem Ilias-Schrein» (Casa del Sacello Iliaco)
I 6, 7	«Walkerei des Stephanus» (Fullonica Stephani)
I 7, 1	«Haus des Paquius Proculus» (Casa di Paquio Proculo)
I 7, 10	«Haus des Epheben» (Casa dell'Efebo)
I 7, 3	«Haus des Fabius Amandus» (Casa di Fabio Amandio)
I 7, 7	«Haus des Priesters Amandus» (Casa di Sacerdos Amandus)
I 9, 5	«Haus mit dem Obstgarten» (Casa del frutetto)
I 10, 4	«Haus des Menander» (Casa del Menandro)
I 12, 1–2	«Bäckerei des Sotericus» (Caupona di Sotericus)
I 14, 6–7	«Haus mit dem Sarno-Lararium» (Casa del Larario del Sarno)
II 2, 2	«Haus des Loreius Tiburtinus» (Casa di Loreio Tiburtino)
II 3, 3	«Haus mit der Venus in der Muschel» (Casa della Venera in Conchiglia)
II 4, 2	«Haus der Julia Felix» (Praedia di Giulia Felice)
III 4, 2–3	«Haus des Moralisten» (Casa del Moralista)
III 4, 4	«Haus der Iphigenie» (Casa di Ifigenia)
V 1, 26	«Haus des Caecilius Iucundus» (Casa di Caecilius Iucundus)
V 2 h	«Haus des Stiers» (Casa del Torello)
V 2, 2	«Haus der Silberhochzeit» (Casa delle Nozze d'Argento)
VI 1, 10	Haus des Chirurgen (Casa del Chirurgo)
VI 2, 4	«Haus des Sallust» (Casa di Sallustio)
VI 6, 1	«Haus des Pansa» (Casa di Pansa)
VI 8, 20	«Walkerei des Veranius Hypseus» (Fullonica di Verianus Hypsaeus)
VI 8, 22	Haus mit dem großen Brunnen (Casa della Fontana grande)
VI 8, 3–5	«Haus des Tragödiendichters» (Casa del Poeta Tragico)
VI 11, 9	«Haus des Labyrinths» (Casa del Labirinto)
VI 12, 2–5	«Haus des Fauns» (Casa del Fauno)
VI 14, 20	«Haus des Vesonius Primus» (Casa di Orfeo)
VI 15, 1	«Haus der Vettier» (Casa dei Vettii)
VI 16, 7	«Haus mit den vergoldeten Amoretten» (Casa degli Amorini Dorati)
VI 17, 42	«Haus des goldenen Armbands» (Casa del Bracciale d'Oro)
VII 2, 22	«Bäckerei des Popidius Priscus» (Panificio di Popidio Prisco)
VII 4, 48	«Haus mit der Jagd wie in alten Zeiten» (Casa della Caccia antica)
VII 4, 57	«Haus mit den Figuralkapitellen» (Casa dei Capitelli Figurati)
VII 7, 2	«Haus des Triptolemos» (Casa di Trittolemo)
VII 9, 1	«Gebäude der Eumachia» (Edificio di Eumachia)
VII 12, 18	«Lupanar» (Lupanar)
VII 12, 28	«Haus mit dem Balkon» (Casa del Balcone Pensile)
VII 16, 15	«Haus des Umbricius Scaurus» (Casa di Umbricio Scauro)
VIII 5, 24	«Haus des Arztes» (Casa del Medico Nuovo I)
IX 7, 5	«Werkstatt des Verecundus» (Officina di Verecundus)
IX 9, b–c	«Haus des Sulpicius Rufus» (Casa di Sulpicius Rufus)
IX 11, 2	«Garküchen der beiden Asellinae» (Termopolio delle Aselline)
IX 12, 1-5	«Haus mit der Säulenreihe im Obergeschoß» (Casa dei Cenacoli Colonnati)
IX 12, 6	«Haus der keuschen Liebenden» (Casa dei Casti Amanti)
IX 13, 1–3	«Haus des Gaius Iulius Polybius» (Casa di Giulio Polibio)
IX 14, 2–4	«Haus des Obellius Firmus» (Casa di Obellio Firmo)

CHRONOLOGIE DER STADTGESCHICHTE

Allgemeine Ereignisse	
ca. 1500 v. Chr.	Vulkanausbruch auf der Insel Thera (Santorini) und Ende der Minoischen Kultur
800 v. Chr.	Gründung von Capua und Nola
8. Jh. v. Chr.	Beginn der Kolonisierung in der Magna Graecia
753 v. Chr.	Gründung Roms; bis 509 v. Chr. Herrschaft der «Sieben Könige» von Rom
509–300 v. Chr.	Römische Republik; Kampf zwischen Patriziern und Plebejern um politische Gleichstellung in Rom
498–396 v. Chr.	Rom unterwirft Latium
474 v. Chr.	Die Etrusker werden von den Griechen in der Seeschlacht bei Cumae besiegt
5.–4. Jh. v. Chr.	Grabmalereien in Paestum
390–357 v. Chr.	Rom wird durch die Invasion der Gallier bedroht
343–290 v. Chr.	Rom unterwirft die Samniten und erobert Kampanien und Mittelitalien; Neapel muss dem Bündnis beitreten (327 v. Chr.)
331 v. Chr.	Alexander der Große besiegt bei Gaugamela Dareios III
280–270 v. Chr.	Rom unterwirft das von Pyrrhus unterstützte Tarent (272 v. Chr.)
264–241 v. Chr.	Erster Punischer Krieg; Rom erobert Sardinien, Korsika und Gallia Cisalpina
218–201 v. Chr.	Zweiter Punischer Krieg; *«Hannibal ad portas!»* (211 v. Chr.); Eroberung von Sizilien, Spanien und Illyrien
149–146 v. Chr.	Dritter Punischer Krieg; Scipio erobert Karthago (146 v. Chr.), Gründung der Provinz Africa; Lucius Mummius erobert Korinth, Rom erobert Makedonien und Griechenland (146 v. Chr.)
133–121 v. Chr.	Aufstand der Gracchen und Agrarreform
106–100 v. Chr.	Vorherrschaft des Marius; Rom unterwirft die Kimbern und Teutonen (104–101 v. Chr.)
91–88 v. Chr.	Bundesgenossen-Krieg
90 v. Chr.	Neapel erhält das römische Bürgerrecht
82 v. Chr.	Publius Cornelius Sulla erobert Neapel
82–79 v. Chr.	Diktatur Publius Cornelius Sullas
73–71 v. Chr.	Spartacus und der Aufstand der Gladiatoren
67 v. Chr.	Pompeius befreit das Mittelmeer von den Piraten
63 v. Chr.	Cicero vereitelt die Verschwörung Catilinas
58–51 v. Chr.	Caesar erobert Gallien
55–53 v. Chr.	Caesar kämpft gegen die Bewohner Germaniens und Britanniens
49–45 v. Chr.	Bürgerkrieg zwischen Caesar und Pompeius
48–44 v. Chr.	Diktatur Caesars, seine Ermordung (44 v. Chr.)
43–29 v. Chr.	Antonius und Oktavian; Schlacht bei Antium (31 v. Chr.); Selbstmord von Antonius und Cleopatra, Anschluss Ägyptens (30 v. Chr.)
29 v. Chr.–14 n. Chr.	Regierung des Augustus, Kaiserkult; Niederlage des Varus im Teutoburger Wald (9 n. Chr.); Geburt des Jesus von Nazareth und Einrichtung des Kaiserkults

Pompeji

ca. 1880–1680 v. Chr.	Ein Ausbruch des Vesuvs zerstört ein bei Pompeji gefundenes früh-bronzezeitliches Dorf und eine Nekropole der Mittleren Bronzezeit
ca. 1110–1000 v. Chr.	sog. «Vesuvausbruch A»
7. Jh. v. Chr.	Erste Siedlung auf dem Plateau von Pompeji
6.–5. Jh. v. Chr.	Entstehung der oskischen Stadt; etruskischer und griechischer Einfluss
Ende 5. Jh. v. Chr.	Pompeji wird von den Samniten erobert
4. Jh. v. Chr.	Stadterweiterung
	Stadtbefestigungen
3. Jh. v. Chr.	Dionysos-Heiligtum im Ortsteil Sant'Abbondio
2. Jh. v. Chr.	Intensive Bautätigkeit (Forum, Basilica, Forum Triangolare, Jupiter-Tempel u. a.); «Haus des Fauns», Alexandermosaik (vgl. Abb. 43); die Bronzestatuen im Apollo-Tempel kommen (als Kriegsbeute aus Korinth?) nach Pompeji
89 v. Chr.	Lucius Cornelius Sulla erobert Pompeji
80 v. Chr.	Gründung der «*Colonia Cornelia Veneria Pompeianorum*» durch Publius Cornelius Sulla
73 v. Chr.	Spartax und die auf dem Vesuv revoltierenden Gladiatoren werden im «Haus des Priesters Amandus» in einer volkstümlichen Malerei verewigt
nach 30 v. Chr.	Ausbreitung der «Ägyptomanie»
ca. 20 v. Chr.	Marcus Holconius Rufus wird *sacerdos Augusti*; Augustus verleiht ihm den außergewöhnlichen Titel *tribunus militum a populo*

Stadtgeschichte | 155

Allgemeine Ereignisse	
14–37 n. Chr.	Herrschaft des Tiberius, der versucht, die Macht der Aristokratie wiederherzustellen
22 n. Chr.	der römische Senat weiht der «*Pietas Augusta*», einen Altar, als Anspielung auf die Solidarität zwischen Tiberius und seiner Mutter Livia
37–41 n. Chr.	Herrschaft Caligulas; der die Vorherrschaft des Prinzipats über den Senat wiederherstellt, sich auf die Gunst des Volkes stützt. Wiedereinführung der Zirkusspiele, Einführung orientalischer Gebräuche und Kulte
41–54 n. Chr.	Regierung des Claudius, der Prinzipat und Senat versöhnt und im Reich eine mit kaiserlichen Freigelassenen besetzte Bürokratie einführt
54–68 n. Chr.	Herrschaft Neros; der eine gegen den Senat gerichtete, auf die Gunst der Plebs und des Bürgertums gestützte Politik begründet; Finanzreform; erste Christenverfolgung. Verschwörung des Piso gegen Nero (65): Seneca, Petron u.a. werden zum Selbstmord gezwungen (66)
57 n. Chr.	Nero gründet eine Veteranen-Kolonie in Nuceria, für die Pompeji Ländereien abgeben muss
68–69 n. Chr.	Militärische Anarchie; Galba, Otho und Vitellius Kaiser
69–79 n. Chr.	Herrschaft Vespasians; er ordnet die unter Nero verschlechterten Beziehungen zwischen Prinzipat und Senat durch die *Lex de imperio Vespasiani*, saniert die öffentlichen Finanzen, fordert die von Privaten missbräuchlich besetzten Ländereien (*subseciva*) für den Staat zurück, führt neue Steuern ein und begrenzt die öffentlichen Ausgaben
79–81 n. Chr.	Herrschaft des Titus, der über Jerusalem gesiegt und die *menorah* nach Rom gebracht hat (Titus-Bogen); wenige Monate nach seinem Regierungsantritt wird er mit der Vesuv-Katastrophe konfrontiert
193–235 n. Chr.	Herrschaft der Severer
312–337 n. Chr.	Herrschaft Konstantins I.; aus Byzantion wird Konstantinopel (330 n. Chr.)

Pompeji

Ende 1. Jh. v. Chr.	städtebauliche Erneuerung und Bautätigkeit der augusteischen Zeit
15 v. Chr.–50 n. Chr.	Dritter Stil
22 n. Chr.	das Statuen-Programm im «Gebäude der Eumachia» feiert die «Concordia Augusta», eine Anspielung auf die Versöhnung zwischen Livia, ihrem Gatten Augustus und ihrem Stiefsohn Tiberius
	Der Sohn des Claudius stirbt auf dem Forum von Pompeji; er erstickt, als er einen in die Luft geworfenen Apfel mit dem Mund auffängt (Sueton, Claud. 27)
ca. 50–79 n. Chr.	Vierter Stil
62 n. Chr.	Erdbeben (Seneca, Nat. quaest. 6, 1)
59 n. Chr.	Schlägerei zwischen Pompejanern und Nucerinern am Amphitheater
73/74 n. Chr.	Enteignungen durch den Präfekten Titus Suedius Clemens als *restitutor locorum publicorum* (Suburbane Thermen, Villa Imperiale, Porta Nuceria, Porta Vesuvio); Dekorationen schlichter (Vespasianischer Vierter Stil)
79 n. Chr.	Vesuvausbruch, Zerstörung von Pompeji, Herculaneum und Stabiae; eine vom Kaiser gesandte Kommission von *consulares restituendae Campaniae* soll die Familien der Überlebenden unterstützen und das Kataster neu ordnen
3. Jh. n. Chr.	Anzeichen neuen Lebens in der Region und erste Bautätigkeit seit dem Vesuvausbruch
4. Jh. n. Chr.	Die *Tabula Peutingeriana*, auf der Byzanz dargestellt ist, verzeichnet den Ortsnamen Pompeji, obwohl von der Stadt nichts mehr zu sehen ist

CHRONOLOGIE DER GRABUNGSGESCHICHTE

Allgemeine Ereignisse

1734	Carlo di Borbone besteigt den Thron des Königreichs Neapel
1759	Carlo di Borbone verlässt Neapel, um als Carlos III. die spanische Krone zu übernehmen
1770	Wolfgang Amadeus Mozart besucht als 14-Jähriger mit seinem Vater Neapel und Pompeji
1798	König Ferdinando IV. flieht nach Palermo
1799	Der französische General Championnet ruft die «Repubblica Partenopea» aus
1806–1808	Giuseppe, der Bruder Napoleons, wird König von Neapel
1808	Napoleon ernennt seinen Schwager Gioacchino Murat zum König von Neapel
1815	Wiedereinsetzung der borbonischen Monarchie
1860	Garibaldi zieht in Neapel ein, später auch Vittorio Emanuele
1861	Das Königreich Italien wird ausgerufen
1915–1918	Erster Weltkrieg in Italien
1922–1943	Faschismus in Italien

Pompeji

1738	Beginn der Ausgrabungen in Herculaneum
1748	Beginn der Ausgrabungen in Pompeji
1749	Beginn der Ausgrabungen in Stabiae
1755	König Carlo IV. gründet die Reale Accademia Ercolanese
1758	J. J. Winckelmann besucht das Museo Ercolanese in Portici
1762	Camillo Paderni wird zum Direktor des Königlichen Museums in Portici ernannt
1763	Fund einer Inschrift (Titus Suedius Clemens) mit dem Namen der Stadt
1776	François Latapie veröffentlicht eine «Description des fouilles de Pompéi», den ersten Führer durch die Ausgrabungen
1777	Man beginnt den Umbau des «Palazzo degli Studi» (Universität) in Neapel zum Museum
1805	Überführung der Museumsbestände aus Portici ins Museum in Neapel
1863–1875	Giuseppe Fiorelli wird Leiter der Ausgrabungen in Pompeji
1864	Fiorelli beendet die Veröffentlichung der borbonischen Grabungsberichte, der «Pompeianarum antiquitatum historia» (3 Bde., Neapel 1860–1864)
1866	Fiorelli gründet die Scuola Archeologica di Pompei (im heutigen Ufficio dei Disegnatori)
1875	Fiorelli veröffentlicht seine «Descrizione di Pompei» mit dem ersten wissenschaftlich exakten Plan der Ausgrabungen, gezeichnet vom Ingenieur Tascone
1861–1879	Fiorelli lässt ein Modell von Pompeji bauen
1911–1923	Vittorio Spinazzola übernimmt die Leitung; die Via dell'Abbondanza wird ausgegraben
1923–1961	Amedeo Maiuri wird Soprintendente von Neapel und Pompeji
1981	Die Soprintendenza Archeologica di Pompei wird gegründet

LITERATUR

Aus Platzgründen beschränken sich die Angaben vor allem auf die hier abgehandelten Themen. Soweit möglich wird deutschsprachige Literatur bevorzugt. Für weitere Hinweise sei auf die Bibliographie von García y García verwiesen.

Bibliographien

H. B. Van der Poel, Corpus Topographicum Pompeianum, Bd. IV: Bibliography, Rom 1977.

V. Kockel, Archäologische Funde und Forschungen in den Vesuvstädten, Teil I: Archäologischer Anzeiger 1985, S. 495–571; Teil II: Archäologischer Anzeiger 1986, S. 443–569.

L. García y García, Nova Bibliotheca Pompeiana. 250 anni di bibliografia archeologica, Soprintendenza Archeologica di Pompei. Monografie 14, 2 Bde., Rom 1998.

Sammelbände und Ausstellungskataloge

Pompeji. Leben und Kunst in den Vesuvstädten, Katalog der Ausstellung in der Villa Hügel, Essen 1973.

B. Andreae, H. Kyrieleis (Hrsg.), Neue Forschungen in Pompeji und den anderen vom Vesuvausbruch 79 n. Chr. verschütteten Städten. Internationales Kolloquium Essen 11.–14. Juni 1973, Recklinghausen 1975.

M. Kunze (Hrsg.), Pompeji 79–1979. Beiträge zum Vesuvausbruch und seiner Nachwirkung, Stendal 1982.

L. Franchi dell'Orto, A. Varone (Hrsg.), Pompeji wiederentdeckt, Katalog der Ausstellung vom 30. Juli – 26. September 1993 in Hamburg, Rom 1993.

Unter dem Vulkan. Meisterwerke der Antike aus dem Archäologischen Nationalmuseum Neapel. Ausstellung vom 17. Februar bis 5. Juni 1995 in der Kunst- und Ausstellungshalle der Bundesrepublik Deutschland in Bonn, Köln 1995.

A. Ciarallo, E. De Carolis (Hrsg.), Homo Faber. Natura, scienza e tecnica nell'antica Pompei, Catalogo Mostra Napoli 27. III.–18. VII. 1999, Mailand 1999.

P. G. Guzzo (Hrsg.), Pompei. Scienza e Società. 250º Anniversario degli Scavi di Pompei. Convegno Internazionale Napoli, 25.–27. XI. 1998, Mailand 2001.

A. D'Ambrosio, P. G. Guzzo, M. Mastroroberto (Hrsg.), Storie da un'eruzione. Pompei, Ercolano, Oplontis, Catalogo Mostra Napoli 20. III.–31. VIII. 2003, Mailand 2003.

Allgemeines und Monographien

R. Etienne, Pompeji. Leben in einer antiken Stadt, Stuttgart 1974.

Th. Kraus, L. von Matt, Lebendiges Pompeji, Köln 1973, 1977.

H. Eschebach, Pompeji. Erlebte antike Welt, Leipzig 1978.

P. Zanker, Pompeji. Stadtbild und Wohngeschmack, Mainz 1994.

J.-A. Dickmann, Pompeji: Archäologie und Geschichte, München 2005.

Archäologische Führer

F. Coarelli/E. La Rocca, M. und A. de Vos, Lübbes Archäologischer Führer Pompeji, Bergisch Gladbach 1990.

Spezialisierte Zeitschriften

CronPomp = Cronache Pompeiane 1, 1975–5, 1979.
PHS = Pompeii, Herculaneum, Stabiae 1, 1983.
RivStudPomp = Rivista di Studi Pompeiani 1, 1987ff.
OpPomp = Opuscula Pompeiana 1, 1991ff.

«Campania Felix»

J. H. D'Arms, Romans on the Bay of Naples, Cambridge (Mass.) 1970.

U. Pappalardo, Le ville romane nel Golfo di Napoli, Neapel 2000.

Geschichte Pompejis

A. Maiuri, *Greci ed Etruschi a Pompei,* Memorie Accademia d'Italia 8, 4, 1944, S. 121–149.

P. Castrén, *Hellenismus und Romanisierung in Pompeji,* in:

Hellenismus in Mittelitalien. Kolloquium Göttingen 1974, Abhandlungen der Akademie der Wissenschaften in Göttingen 97, 1976, S. 356–362.

E. Lepore, *Il quadro storico*, in: F. Zevi (Hrsg.), *Pompei 79*, Neapel, 1983, S. 13–24.

M. Cristofani, *La fase etrusca*, in: F. Zevi (Hrsg), *Pompei*, Neapel, 1991, S. 9–22.

F. Zevi, *Pompei dalla città sannitica alla colonia sillana, per un'interpretazione dei dati archeologici*, in: Les élites municipales de l'Italie péninsulaire des Gracques à Néron. Actes de la Table Ronde Internationale de Clermont-Ferrand (1991). Neapel/Rom 1996, S. 125–138.

P. G. Guzzo, *Alla ricerca della Pompei sannitica*, in: Studi sull'Italia dei Sanniti, Mailand 2000, S. 107–117.

F. Coarelli (Hrsg.), Pompeji, München 2002.

Das Erdbeben von 62 n. Chr.

Archäologie und Seismologie. Die Vesuvregion zwischen 62 und 79, Kolloquium Boscoreale 26.–27. XI. 1993, München 1995.

A. Maiuri, L'ultima fase edilizia di Pompei (con aggiornamenti a cura di F. Pesando), Neapel 2002.

Ausbruch des Vesuvs

H. Sigurdsson/S. Carey/W. Cornell/T. Pescatore, *The eruption of Vesuvius in A. D. 79. Reconstruction from Historical and Volcanological Evidence*, National Geographic Research 1.3, 1985, S. 332–387.

C. Albore Livadie u. a., *Le eruzioni del Somma-Vesuvio in epoca protostorica*, in: C. Albore Livadie (con introduzione di H. Tazieff e G. Vallet), Tremblements de terre, éruptions volcaniques et vie des hommes dans la Campanie antique, Naples 1986, S. 55–62.

M. Grmek, *Le circonstances de la mort de Pline: commentaire médical d'une lettre destinée aux historiens*, in: Pline l'Ancient temoin de son temps. Atti del Convegno di Salamanca-Nantes 1987, Salamanca 1987, S. 25–43.

M. Gigante, Il fungo sul Vesuvio secondo Plinio il Giovane, Rom 1989.

E. Renna (mit einer Einführung von U. Pappalardo), Vesuvius Mons. Aspetti del Vesuvio nel mondo antico tra filologia, archeologia, vulcanologia, Neapel 1992.

C. Albore Livadie (Hrsg.), L'eruzione vesuviana delle Pomici di Avellino e la facies di Palma Campania (Bronzo Antico), Bari 1999.

Geschichte der Ausgrabungen und «Nachleben»

J. W. Goethe, Italienische Reise (= Goethe, Werke – Hamburger Ausgabe Bd. 11, Autobiographische Schriften III), München 2002.

W. Leppmann, Pompeji. Eine Stadt in Literatur und Leben, München 1966.

P. Werner, Pompeji und die Wanddekoration der Goethezeit, München 1970.

E. C. Conte Corti, Untergang und Auferstehung von Pompeji und Herculaneum, München 1978.

Soprintendenza Archeologica di Napoli (Hrsg.), Pompei e gli architetti francesi dell'Ottocento, Neapel 1981.

J. Göres (Hrsg.), Goethe in Italien. Ausstellung im Goethe-Museum Düsseldorf, Mainz 1986.

Italienische Reise. Mostra Pompei, Maggio-Agosto 1989, Neapel 1989.

Edward George Bulwer-Lytton, The Last Days of Pompeii, London 1834 (Deutsche Ausgabe: Die letzten Tage von Pompeji, Würzburg 1993).

Christopher C. Parslow, *Rediscovering Antiquity. Karl Weber and the Excavation of Herculaneum, Pompeii, and Stabiae*. Cambridge 1995.

A. Allroggen-Bedel, «Archäologie und Politik. Herculaneum und Pompeji im 18. Jahrhundert», Hephaistos 14, 1996, S. 217–252.

M. Pagano, Diari di scavo di Pompei, Ercolano e Stabia di Francesco e Pietro La Vega, Rom 1997.

S. De Caro, *Carolina Murat, Michele Arditi e Pompei*, in: Il Vesuvio e le città vesuviane, Neapel 1998, S. 225–240.

Giuseppe Fiorelli, La *Descrizione di Pompei*, Ristampa a cura di Umberto Pappalardo (con la collaborazione di Mario Grimaldi), Neapel 2001.

J.-A. Dickmann, Die letzten Tage von Pompeji – die Wiederentdeckung der antiken Stadt, München 2006.

Die städtebauliche Entwicklung

F. Noack, K. Lehmann-Hartleben, Baugeschichtliche Untersuchungen am Stadtrand von Pompeji, Berlin 1936.

H. Eschebach, Pompeji. Straßenbau in der Antike, Antike Welt 9. 4, 1978, S. 3–12.

L. Eschebach, Hafenstadt Pompeji, Antike Welt 20, 1989, S. 40–54.

S. De Caro, Nuove indagini sulle fortificazioni di Pompei, AION ArchStAnt VII, 1985, S. 75–114 Abb. 1–28.

S. De Caro, Saggi nell'area del Tempio di Apollo a Pompei, Neapel 1986.

S. De Caro, Lo sviluppo urbanistico di Pompei, in: Omaggio a P. Zancani Montuoro. Atti Convegno Napoli 5–12–1990, Neapel 1992, S. 67–90.

H. Eschebach, Die städtebauliche Entwicklung des antiken Pompeji, Heidelberg 1970; aktualisierter Nachdruck: Gebäudeverzeichnis und Stadtplan der antiken Stadt Pompeji, Köln 1993.

Die öffentlichen Bauten

J. P. Adam, L'arte di costruire presso i Romani. Materiali e tecniche, 1988.

L. Richardson Jr., Pompeii: an architectural History, Baltimore-London 1988.

W. Krenkel, Pompejanische Inschriften, Heidelberg 1963.

Das Forum

H. Lauter, *Bemerkungen zur späthellenistischen Baukunst in Mittelitalien*, Jahrbuch des Deutschen Archäologischen Instituts 44, 1979, S. 416–436.

K. Wallat, Die Ostseite des Forums von Pompeji, Frankfurt/Main 1977.

Die Basilica

K. Ohr/J. Rasch, Die Basilika in Pompeji, Berlin/New York 1991.

Das Gebäude der Eumachia

W. Moeller, *The Building of Eumachia: a Reconsideration*, AJA 76, 1972, S. 323–327.

K. Wallat, «Der Marmorfries am Eingangsportal des Gebäudes der Eumachia (VII 9, 1) in Pompeji und sein ursprünglicher Anbringungsort», ArchAnz 1995. 2 (1995) S. 345–373.

M. Grimaldi, Ritrovata la statua di Concordia dall'Edificio di Eumachia a Pompei, Eutopia n. s. 3, 2003, 33–63.

Öffentliche Verwaltung und Wahlen

J. Franklin, *Pompeii. The electoral programmata, campaigns and politics, A. D. 71–79*. Papers and Monographs of the American Academy in Rome 28, 1980.

H. Mouritsen, Elections, Magistrates and Municipal Elite. Studies in Pompeian Epigraphy, Rom 1988.

Wirtschaft und Gesellschaft

H. Geist, Pompejanische Wandschriften. 400 Originaltexte mit Übersetzung, München 1960.

W. Krenkel (Hrsg.), Pompejanische Wandinschriften, Hamburg 1960.

J. Andreau, Les affaires de Monsieur Jucundus, Rom 1974.

P. Castrén, Ordo Populusque Pompeianus, Rom 1975.

P. Zanker, *Das Bildnis des M. Holconius Rufus*, Archäologischer Anzeiger 1981, S. 349–361.

V. Gassner, Die Kaufläden in Pompeji, Wien 1986.

W. Jongman, The economy and society of Pompeii, Amsterdam 1988.

G. Camodeca, Tabulae Pompeianae Sulpiciorum, Rom 1999.

E. Cantarella/L. Jacobelli, A Day in Pompeii, Neapel 2003.

Privathäuser

E. J. Dwyer, Pompeian Domestic sculpture. A Study of five pompeian Houses and their contents, Rom 1982.

A. Hoffmann, *L'architettura*, in: F. Zevi (Hrsg.), *Pompei 79*, Neapel 1983, S. 97–118.

H. Mielsch, Die römische Villa, München 1987.

J. R. Clarke, *The Houses of Roman Italy, 100 B. C.–A. D. 250. Ritual, Space, and Decoration*, Berkeley 1991.

A. Wallace-Hadrill, *Houses and Society in Pompeii and Herculaneum*, Princeton 1994.

F. Pesando, *Domus. Edilizia privata e società pompeiana fra III e I secolo a. C.*, Rom 1997.

J.-A. Dickmann, Domus frequentata: anspruchsvolles Wohnen im pompejanischen Stadthaus München 1999 (= Studien zur antiken Stadt 4).

Das «Haus des Fauns»

B. Andreae, Das Alexandermosaik aus Pompeji, Recklinghausen 1977.

F. Zevi, «Die Casa del Fauno in Pompeji und das Alexandermosaik», RömMitt 105, 1998, S. 21–65.

A. Hoffmann/A. Faber, Die Casa del Fauno in Pompeji (VI 12). Pars I: Stratigraphische Befunde der Ausgrabungen in den Jahren 1961 bis 1963 und bauhistorische Analyse, Wiesbaden 2009.

Das «Haus der Vettier»

A. Sogliano, *La Casa dei Vettii in Pompei*, Monumenti Antichi dell'Accademia dei Lincei 8, 1898, S. 233–416.

W. Peters, *La composizione delle pareti dipinte nella Casa dei Vetti a Pompei*, MededRom 39, 1977, S. 95–128.

P. Kastenmeier, «Priap zum Gruße. Der Hauseingang der Casa dei Vettii in Pompeji», RömMitt 108, 2001, S. 301–311.

Das «Haus der Julia Felix»

F. Rakob, *Ein Grottentriklinium in Pompeii*, RömMitt 71, 1964, S. 182–194.

C. Parslow, Documents illustrating the excavations of the Praedia of Julia Felix in Pompeii, RivStudPomp 2, 1988, S. 37–48.

S. C. Nappo, *Fregio dipinto dal «praedium» di Giulia Felice con rappresentazione del Foro di Pompei*, RivStudPomp 3, 1989, S. 79–96.

Das «Haus mit den vergoldeten Amoretten»

F. Seiler, Casa degli Amorini Dorati (VI 16,7. 38). Deutsches Archäologisches Institut, München 1992 (= Häuser in Pompeji Bd. 5).

Das «Haus der keuschen Liebenden»

A. Varone, L'organizzazione del lavoro di una bottega di decoratori : le evidenze dal recente scavo pompeiano lungo via dell'Abbondanza, MededRom 54, 1995, S. 124–139 (Casa dei Casti Amanti).

Die pompejanische Wandmalerei

S. Augusti, I colori pompeiani, Rom 1967.

A. Barbet, C. Allag, *Techniques de préparation des parois dans la peinture murale romaine*, MEFRA 84, 1972, S. 935–1069.

K. Fittschen, *Zur Herkunft und Entstehung des 2. Stils*, in: Hellenismus in Mittelitalien. Kolloquium Göttingen 1974, Abhandlungen der Akademie der Wissenschaften in Göttingen 97, 1976, S. 539–563.

A. Laidlaw, The first style in Pompeii. Painting and architecture, Rom 1985.

A. Barbet, La peinture murale romaine, Paris 1985.

W. Ehrhardt, Stilgeschichtliche Untersuchungen an römischen Wandmalereien von der späten Republik bis zur Zeit Neros, Mainz 1987.

V. M. Strocka, Die Römische Wandmalerei von Tiberius bis Nero, in: Aventicum 5: Pictores per provincias, Avenches 1987, S. 29–39.

M. L. Anderson, Pompeian frescos in the Metropolitan Museum of Art, Bulletin Metropolitan Museum 45, 1987–1988, S. 56.

R. A. Tybout, Aedificiorum figurae. Untersuchungen zu den Architekturdarstellungen des frühen zweiten Stils, Amsterdam 1989.

R. Ling, Roman Painting, Cambridge 1990.

M. Aoyagi/G. Cerulli Irelli/S. De Caro/U. Pappalardo/W. J. Th. Peters/K. Schefold/E. Simon/V. M. Strocka/F. Zevi, Pompejanische Wandmalerei, Stuttgart/Zürich 1990.

Th. Fröhlich, Lararien- und Fassadenbilder in den Vesuvstädten. Untersuchungen zur volkstümlichen pompejanischen Malerei, Römische Mitteilungen Ergh. 32, Mainz 1991.

E. Thomas, *Zum Zeugniswert griechischer Beischriften auf römischen Wandgemälden der späten Republik und frühen Kaiserzeit*, MededRom 54, 1995, S. 110–123.

Harald Mielsch, Römische Wandmalerei, Stuttgart 2001.

Enciclopedia Treccani (Hrsg.), Pompei. Pitture e Mosaici, voll. 1–10, Rom 1990–2003.

U. Pappalardo, *Un frammento di pittura pompeiana a Berlino*, Jahrbuch der Berliner Museen 2001, N. F. 43. Bd., S. 57–61.

U. Pappalardo, *Eleganz, Lässigkeit und Intellektualität. Porträts aus dem kaiserzeitlichen Pompeji*, Antike Welt 4, 2004, S. 91–96.

D. Mazzoleni/U. Pappalardo, Pompejanische Malerei, München 2005.

Die «Mysterienvilla»

A. Maiuri, *La Villa dei Misteri*, Rom 1931 (verkürzt 1947).

F. L. Bastet, *Fabularum dispositas explicationes*, BABesch 49, 1974, S. 206–240.

U. Pappalardo, Beobachtungen am Fries der Mysterienvilla in Pompeji, Antike Welt 13.3, 1982, S. 10–20.

G. Sauron, La grande Fresque de la Villa des Mystères à Pompéi, Paris 1998.

P. Veyne, I misteri del gineceo, Bari 2000.

C. Cicirelli, M. P. Guidobaldi: *Pavimenti e Mosaici nella Villa dei Misteri di Pompei*, Neapel 2000.

Die Villa von Boscoreale

F. Baratte, Le trésor d'orfèvrerie romaine de Boscoreale, Paris 1985.

B. Conticello (Hrsg.), Il Tesoro di Boscoreale. Gli argenti del Louvre e il corredo domestico della Pisanella. Mostra, Pompei 20. VIII.–30. IX. 1988.

S. De Caro, La Villa rustica in località Villa Regina a Boscoreale, Rom 1994.

A. Oettel, Fundkontexte römischer Vesuvvillen im Gebiet von Pompeji. Die Grabungen von 1894–1908. Mainz 1996.

Die Gärten in Pompeji

H. Sichtermann, Gemalte Gärten in pompejanischen Zimmern, Antike Welt 5.3, 1974, S. 41–51.

W. Jashemski, The Gardens of Pompeii, Herculaneum and the villas destroyed by Vesuvius, New York 1979.

E. M. Moormann, Giardini ed altre pitture nella Casa del Frutteto e nella Casa del Bracciale d'oro a Pompei, MededRom 54, 1995, S. 214–228.

A. Ciarallo, Grünes Pompeji, Rom 2000.

Der Weinbau

W. Jashemski, *A Pompeian vinarius*, Classical Journal 62, 1966–1967, S. 193–204.

W. Jashemski, *The Discovery of a Large Vineyard at Pompeii*, American Journal of Archaeology 77, 1973, S. 27–41.

A. Tchernia/J.-P. Le Brun, Le vin romain antique, Grenoble 1999.

F. Senatore, Ager Pompeianus: *viticoltura e territorio nella piana del Sarno nel I sec. d. C.*, in: F. Senatore (Hrsg.), Pompei, il Sarno e la Penisola Sorrentina. Atti del primo ciclo di conferenze di geologia, storia e archeologia, Pompeji 1998, S. 135–166.

Die Bäckereien

B. J. Mayeske, Bakeries, Bakers and Bread at Pompeii, Michigan 1972.

B. J. Mayeske, A Pompeian Bakery on the Via dell'Abbondanza, in: Studia Pompeiana et Classica in Honor of Wilhelmina Jashemsky, New York 1988, S. 149–168.

Die römische Küche

Marcus Gavius Apicius, Über die Kochkunst – De re coquinaria. Deutsch-lateinische Ausgabe, kommentiert von R. Maier (Hrsg.), Stuttgart 1991.

W. Heraeus (Hrsg.), Cena Trimalchionis nebst ausgewählten pompejanischen Wandinschriften Heidelberg 1923.

A. Maiuri, La Cena di Trimalchione. Ccon commento archeologico, Neapel 1945.

E. Salza Prina Ricotti, L'arte del convito nella Roma antica, Rom 1983.

Die Textil-Industrie

V. Spinazzola, *Pompei alla luce degli Scavi Nuovi di Via dell'Abbondanza (anni 1910–1923)*, Bd. I–III, a cura di S. Aurigemma, Rom 1953, S. 189–210 (Officina Coactiliaria di Verecundus IX 7, 5–7); S. 763–785 (Fullonica Stephani).

W. O. Moeller, The wool trade of ancient Pompeii, Leiden 1976.

R. Angelone, L'officina coactiliaria di M. Vecilio Verucundo a Pompei, Neapel 1986.

Die Gesundheitsversorgung

H. Eschebach, Die Arzthäuser in Pompeji, Antike Welt 15, 1984, S. 3–68.

D. Russo, Il Tempio di Giove Meilichio a Pompei, Neapel 1991.

E. Künzl, Pompeji. Medizinische Versorgung einer römischen Stadt, Heidelberg 2000.

E. Künzl, Medizin in der Antike. Aus einer Welt ohne Narkose und Aspirin, Stuttgart 2002.

Die Wasserversorgung

H. Eschebach, Die Gebrauchswasserversorgung des antiken Pompeji, Antike Welt 10.2, 1979, S. 3–24.

J. Larsen, The water towers in Pompeii, AnalRomInstDanici 11, 1982, S. 41–67.

H. Eschebach, T. Schäfer, Die öffentlichen Laufbrunnen Pompejis. Katalog und Beschreibung, PHS 1, 1983, S. 11–40.

N. De Haan/G. C. M. Jansen (Hrsg.), Cura Aquarum in Campania, Leiden 1996.

Ch. P. J. Ohlig, De aquis Pompeiorum. Das Castellum Aquae in Pompeji. Herkunft, Zuleitung und Verteilung des Wassers, Nijmegen 2001

Badekultur

H. Eschebach, Die Stabianer Thermen in Pompeji, Berlin 1979.

L. Eschebach, Die Forumsthermen in Pompeji, Antike Welt 22, 1991, S. 257–287.

Erotik

L. Jacobelli, Le pitture erotiche delle Terme Suburbane di Pompei, Rom 1995.

A. Varone, L'Erotismo a Pompei, Rom 2002.

E. Cantarella/L. Jacobelli, Pompeji. Liebe und Erotik in einer römischen Stadt, Stuttgart 1999.

Th. A. J. McGinn, Brothels and Social History. In: J. Humphrey (Hrsg.), Pompeian Brothels, Pompeii's ancient history, mirrors and mysteries, art and nature at Oplontis & the Herculaneum «Basilica». Portsmouth, Rhode Island 2002 (= Journal of Roman Archaeology, supplementary series 47), S. 7–46.

Theaterwesen

M. Murolo, *Il cosiddetto «Odeo» di Pompei ed il problema della sua copertura*, Rendiconti Accademia di Archeologia, Lettere e Belle Arti di Napoli N. s. 34, 1959, S. 89–101.

H. Lauter, *Theater der Samniten und Latiner*, in: Hellenismus in Mittelitalien. Kolloquium Göttingen 1974, Abhandlungen der Akademie der Wissenschaften in Göttingen 97, 1976, S. 415–418.

M. Gigante, Civiltà delle forme letterarie nell'antica Pompei, Neapel 1979.

Gladiatorenkämpfe

M. Girosi, *L'Anfiteatro di Pompei*, Memorie Accademia di Archeologia, Lettere e Belle Arti di Napoli 5, 1936, S. 29–55.

A. Maiuri, Scavo della Grande Palestra nel quartiere dell'Anfiteatro, Notizie Scavi di Antichità 1939, S. 165–238.

K. W. Weber, Panem et circenses. Massenunterhaltung als Politik im antiken Rom, Mainz 1994.

E. Köhne, C. Ewigleben (Hrsg.), Gladiatoren und Caesaren. Die Macht der Unterhaltung im antiken Rom, Mainz 2000.

U. Pappalardo, *Gladiatoren in Campanien*, Archäologie in Deutschland, 2, 2002, S. 56–61.

Religion und Tempel

R. Koldewey, O. Puchstein, *Die griechischen Tempel in Unteritalien und Sizilien*, Berlin 1899, S. 45–49.

D. Orr, *Roman Domestic Religion: the Evidence of the Household Shrines*, in: Aufstieg und Niedergang der römischen Welt, II 16. 2, Berlin 1978, S. 1557–1591.

O. Elia, G. Pugliese Carratelli, *Il santuario dionisiaco di Pompei*, I–III, La Parola del Passato 34, 1979, S. 442–481.

V. Tran Tam Tinh, *La vita religiosa*, in: F. Zevi (Hrsg.), *Pompei 79*, Neapel, 1983, S. 56–64.

S. De Caro, *La lucerna d'oro di Pompei: un dono di Nerone alla Venere Pompeiana*, in: G. Greco/S. Adamo Muscettola (Hrsg.), I culti della Campania Antica, Rom 1998, S. 239–244.

J. De Waele (Editor), Il tempio dorico del Foro triangolare di Pompei, Rom 2001.

A. Martelli, *Per una nuova lettura dell'iscrizione Vetter 61 nel contesto del Santuario di Apollo a Pompei*, Eutopia 2, 2002, S. 71–81.

Kaiserkult und augusteische Ideologie

G. Niebling, *Der Tempel und Altar des Vespasian in Pompeji*, Forschungen und Fortschritte 31, 1957, S. 23–29.

P. Zanker, Pompeji. Stadtbild und Wohngeschmack, Mainz 1994.

D. Fishwick, *The inscription of Mamia again: the cult of the Genius Augusti and the temple of the imperial cult on the Forum of Pompeii, Epigraphica 57*, 1995, S. 17–38.

A. Small, *The shrine of the imperial family in the Macellum at Pompeii*, Journal of Roman Archeology, suppl. 17, 1996, S. 115–136.

M. Torelli, *Il culto imperiale a Pompei*, in: I culti della Campania antica (Atti del Convegno Internazionale di Studi in ricordo di Nazarena Valenza Mele, Napoli 15–17 Maggio 1995), Rom 1998.

Orientalische Kulte

O. Elia, *Vasi magici e mani pantee a Pompei*, Rendiconti Accademia di Archeologia, Lettere e Belle Arti di Napoli, n. s. 35, 1960, S. 5–10.

V. Tran Tam Tinh, Essai sur le culte d'Isis a Pompei, Paris 1964.

M. de Vos, L'egittomania in pitture e mosaici romano-campani della prima età imperiale, Etudes Préliminaires aux Religions Orientales dans l'Empire Romain 84, Leiden 1980.

R. Wild, *Water in the Cultic Worship of Isis and Sarapis*. Etudes Préliminaires aux Religions Orientales dans l'Empire Romain 87, Leiden 1981, S. 44–47, 76–85, 136.

V. Sampaolo (Hrsg.), Alla ricerca di Iside, Rom 1992.

Christen und Juden

H. Kähler, Das Kreuz als christliches Kultzeichen. Die frühesten Beispiele aus Pompeji und Herculaneum. Jahrbuch der Universität zu Köln 1969, S. 1–2.

A. Varone, Presenze giudaiche e cristiane a Pompei, Neapel 1979.

C. Giordano/I. Kahn, Jews in Pompeii, Herculaneum, Stabiae and in the Cities of Campania Felix (mit bibliographischen Notizen von L. García y García), Rom 2001.

Gräber und Totenkult

M. Della Corte, *Necropoli sannitico-romana scoperta fuori la Porta di Stabia*, Notizie degli Scavi di Antichità 1911, S. 106–111; 1916, S. 287–309.

V. Kockel, Die Grabbauten vor dem Herculaner Tor in Pompeji, Mainz 1982.

A. D'Ambrosio/S. De Caro, Un impegno per Pompei. Fotopiano e documentazione della Necropoli di Porta Nocera, Rom 1983.

V. Kockel, *Im Tode gleich? Die sullanischen Kolonisten und ihr kulturelles Gewicht in Pompeji am Beispiel der Nekropolen*, in: AA. VV., Römische Gräberstraßen, München 1987, S. 183–198.

S. T. A. M. Mols/E. M. Moormann, *Ex parvo crevit. Proposta per una lettura iconografica della Tomba di Vestorius Priscus fuori Porta Vesuvio a Pompei*, RivStudPomp 6, 1993–1994, S. 15–52.

Soprintendenza Archeologica di Pompei (Hrsg.), Pompei oltre la vita, nuove testimonianze dalle necropoli, Neapel 1998.

Erhaltung der antiken Stadt

L. Mora/P. Mora/P. Philippot, La conservation des peintures murales, Bologna 1977.

J. P. Adam/M. Frizot, Degradation et restauration de l'architecture pompéienne, Paris 1983.

L. Franchi dell'Orto (Hrsg.), Pompei. L'informatica al servizio di una città antica, Rom 1988.

L. Franchi dell'Orto (Hrsg.), Restaurare Pompei, Mailand 1990.

E. Furnari (Hrsg.), Neapolis. La valorizzazione dei beni culturali. Soprintendenza Archeologica di Pompei, Monografie 7, 2 Bde., Rom 1994.

BILDNACHWEIS

  3: GNU License 1.2/Sémhur

18: GNU License 1.2/Bobak Ha'Eri

42: GNU License 1.2/Saboulette

43: GNU License 1.2/Piero

52: Creative Commons Attribution License 2.5/AlMare

54, 58, 66, 82: Wikimedia/gemeinfrei

55: Creative Commons Attribution License 2.5/Patricio Lorente

64: GNU License 1.2/Longbow4u

78: GNU License 1.2/AndreasPraefcke

81: Creative Commons Attribution License 2.5/Magnus Manske

103: akg-images

104: akg-images/Erich Lessing

Alle weiteren Abb. vom Verfasser.

ADRESSE DES AUTORS

Prof. Dr. Umberto Pappalardo
Via Santa Caterina da Siena 37
I – 80132 Neapel

ANMERKUNGEN

[1] Friedrich Nietzsche, Die fröhliche Wissenschaft, Berlin 1924, Aphorismus Nr. 283.

[2] Julius Beloch, Campanien. Geschichte und Topographie des antiken Neapel und seiner Umgebung, Breslau 1890, 215 f. Fotomechanischer Nachdruck, Rom 1964.

[3] Italo Calvino, Die unsichtbaren Städte, München 2007, 18.

[4] Le Corbusier, Ausblick auf eine Architektur, Berlin 1963, 139.

[5] Le Corbusier, Ausblick auf eine Architektur, Berlin 1963, 138–139.